2019年度高校学科（专业）拔尖人才学术资助项目（gxbjZD62）建设成果

广播影视类"十四五"规划应用型教材

总主编 高晓虹

TV PROGRAMMES PLANNING

电视节目策划

主　编　许海潮

副主编　杨莉芳　王子琳

中国传媒大学出版社

·北京·

广播影视类"十四五"规划应用型教材
专家委员会

（以姓氏笔画为序）

图书在版编目（CIP）数据

电视节目策划／许海潮主编. -- 北京：中国传媒大学出版社，2022.5（2025.2重印）
ISBN 978-7-5657-2888-4

Ⅰ.①电…　Ⅱ.①许…　Ⅲ.①电视节目—策划—教材　Ⅳ.①G222.3

中国版本图书馆 CIP 数据核字（2020）第 270617 号

电视节目策划
DIANSHI JIEMU CEHUA

主　　编	许海潮
副 主 编	杨莉芳　王子琳
策划编辑	蒋　倩
责任编辑	蒋　倩　姜颖昳
责任印制	李志鹏
封面制作	宇宙尺度

出版发行	中国传媒大学出版社		
社　　址	北京市朝阳区定福庄东街 1 号	邮　　编	100024
电　　话	86-10-65450528　65450532	传　　真	65779405
网　　址	http://cucp.cuc.edu.cn		
经　　销	全国新华书店		
印　　刷	北京中科印刷有限公司		
开　　本	787mm×1092mm　1/16		
印　　张	16.25		
字　　数	246 千字		
版　　次	2022 年 5 月第 1 版		
印　　次	2025 年 2 月第 4 次印刷		
书　　号	ISBN 978-7-5657-2888-4	定　　价	49.80 元

本社法律顾问：北京嘉润律师事务所　郭建平

序　一

　　应用型高等教育作为高等教育发展中的一个重要类型，肩负着培养面向生产、建设、服务和管理第一线需要的高素质应用型人才的使命，在加快推进社会主义现代化建设进程中具有不可替代的作用。

　　近年来，随着我国新型工业化、建设社会主义新农村和创新型国家对高技能人才要求的不断提高，应用型高等教育既面临着极好的发展机遇，也面临着严峻的挑战。现实形势要求应用型高等教育必须体现时代精神和社会发展要求的人才观、质量观和教育观，改革与构建适应经济与社会发展需要的专业方向、专业结构、课程体系、教学内容、教学环节、教学方法以及教学手段，全面提高教学水平，在教学中充分体现"应用"二字，强化学生职业素质与职业能力的培养。

　　在应用型高等教育中，课程建设与改革是提高教学质量的核心，也是教学改革的重点和难点。根据技术领域和职业岗位（群）的任职要求，参照相关的职业资格标准，改革课程体系和教学内容，建立突出职业能力培养的课程标准，规范课程教学的基本要求，提高课程教学质量，是应用型高等教育深化内涵建设的必然要求。

　　基于上述应用型高等教育的发展要求，我们组织编写了本套丛书，把工学结合作为应用型高等教育人才培养模式改革的重要切入点，带动专业调整与建设，引导课程设置、教学内容和教学方法改革，并积极推动高等院校与行业、企业合作开发课程，抓好知识目标、能力目标和职业目标三个关键环节的落实，探索任务驱动、项目导向、理实一体、岗位实践等有利于增强学生职业能力的教学模式。并从适合应用型高等教育需求这个角度，做了以下尝试：

　　首先，在课程设置上，针对专业所在的职业领域，邀请企业的技术骨干、人力资源管理者及行业专家和院校的骨干教师，通过访谈、问卷和研讨，确定职业岗位对技能型人才在知识、技能和职业素质等方面的具体要求，结合目前专业教学的现状，共同分析讨论课程的设置，通过科学合理的课程布局，对课程进行了合理的调整，确立了课程门类及教学内容。

其次，在编写思路上，依照电视节目制作的认知规律和行业岗位的要求，构建由浅入深、循序渐进、基于工作过程的写作框架；按照学习的循序渐进性，梳理出相关课程的知识点；在每个学习单元的写作上，由任务驱动导入知识和技能点，再用工作任务、项目实践巩固知识技能，使用精准的知识点和针对性强的项目实践训练，有效地将知识转化为技能；并始终贯彻符合电视节目制作工学结合的教材编写理念；注重知识点、单项技能训练和以项目为实现目标的综合技巧训练相结合，突出它们之间的内在联系，让这些知识和技能在项目实践中有效融会贯通。

再次，在编写人员构成上，充分发挥跨地区与跨院校教师之间、院校与企业之间的团队协作，校企合作，校际联合共同开发教材。丛书的作者大都是长期从事专业教学、研究和实践，积累了一定的教学和实践经验的院校教学人员、企业、专业机构资深的工作人员。他们在对教材编写现状、学生岗位能力要求进行充分调研的基础上，吸收第三方社会调查机构的相关评价，制定职业能力培养的课程标准，规范课程教学的基本要求，并根据课程标准和要求进行教材编写，充分体现了应用型高等教育的专业性、职业性与岗位性等特点。

最后，在教学的积累上，丛书教材以讲义、校本教材或者培训教材等形式已经试用了数年，教学效果良好。同时，教材配有电子教案、课件、课程教学网站、实验素材等，方便随时、随地进行网络化学习的需求。

现在，我们将这套丛书呈现给广大读者，衷心希望教材能在相关课程的教学中发挥积极作用，并得到读者的青睐。我们也真诚希望同行专家和读者予以批评指正，使这套教材在教学实践的检验下，不断得到改进、完善和提高，为中国特色应用型高等教育的课程建设做出微薄贡献。

教育部高等学校新闻传播学类专业教学指导委员会主任委员

中国传媒大学新闻传播学部学部长、教授

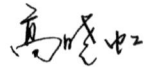

序　二

　　在担任2006—2010年教育部高等学校高职高专广播影视类专业教学指导委员会主任委员期间，我结识了一批热爱高等教育、献身高等教育的仁人志士，并一起努力推动相关专业建设与改革以及教材建设。

　　教材是保证高职教学质量的重要载体，一直是教指委的重要工作。我先后组织专门的师资力量编写出版了"影视动画专业""影视广告专业""主持与播音专业""新闻采编与制作专业"系列教材。本计划为广播影视类所有专业都编写一套系列教材，由于时间等方面的原因未能实现，深感遗憾。

　　今天，收到中国传媒大学出版社寄来"电视节目制作专业"主干课程教材编写印刷清样让我指导。我非常兴奋，兴奋的不是因为我水平高，而是感到当初未完成的事业有人继续。详细阅读了出版社送来的所有印刷清样，我认为这套教材有下列几个特点：

　　一是编写理念新：以校企合作、工学结合、教学做合一等职业教育理念指导教材建设，保障了人才培养的应用性、技能型。

　　二是编写体例新：以学习目标、任务导入、基本知识、专业技能、实训项目、考核评价为模块进行每一章节的编写，保障了学生学习的系统性和渐进性。

　　三是风格新：将理论和实践、理性和感性、简明和生动有机融合，保障了学生学习的积极性和高效性。

　　"电视节目制作专业"主干课程教材的编写,是深化该专业人才培养模式改革的重要途径和成果,也必将为高等院校相关专业人才培养提供有益的参考。

　　　　　　　　　　　　　全国广播影视职业教育教学指导委员会副主任委员

　　　　　　　　　　　　　　　　　山西传媒学院原院长、教授

　　　　　　　　　　　　　　　　　　　王建国

目　录

学习单元一
电视新闻节目策划

学习目标

1. 了解电视新闻节目策划的界定
2. 了解电视新闻节目策划的程序和方法
3. 了解电视新闻节目策划的要素
4. 熟悉电视新闻节目策划的基本流程
5. 掌握电视新闻特别节目的策划要点

案例学习与分析 ◄◄◄

《焦点访谈》栏目分析

一、《焦点访谈》的栏目简介

《焦点访谈》于1994年4月1日由中央电视台新闻评论部创办，是以深度报道为主、以舆论监督见长的电视新闻评论性栏目，时长13分钟，每晚19:38在中央电视台综合频道播出。栏目定位是：时事追踪报道，新闻背景分析，社会热点透视，大众话题评说。栏目自开播以来，受到党和国家领导人、社会各界观众的广泛关注和重视。它以深度报道为主，以舆论监督见长，是中央电视台收视率最高的栏目之一，多次获中国新闻界最高奖项。栏目平均每天收到数千条观众通过电话、信件、传真、电子邮件、QQ等方式提供的收视意见和报道线索。

二、《焦点访谈》的栏目特点

（一）焦点：找准选题，有的放矢

《焦点访谈》的选题原则为"领导重视、群众关心、普遍存在"。选择焦点，必须着眼于中国改革开放的主航道上，而不能把目光只盯在社会的阴暗面上，更不能把目光局限在改革当中出现的一些非主流的、一时又难以得到解决的问题上。的确，有些问题可能是改革当中出现的，但它也许只是一个枝节，不是主流，不能把它当作焦点。我们的焦点必须在党和政府的中心工作中寻找，在老百姓关注的热点中寻找，在具有典型意义的事件中寻找。

《焦点访谈》的选题渠道有很多：有记者的独立发现，有媒介同行的推荐，还有观众的来信、来电，以及对旧线索重新进行深加工、深开掘，此外还包括政府相关部门提供的选题以及与相关部门合作过程中发现的一些选题。

2019年10月26日，十三届全国人大常委会第十四次会议审议通过《中华人民共和国密码法》，习近平主席签署35号主席令予以公布，自2020年1月1日起正式施行。密码法是国家安全法律体系的重要组成部分，是我国密码领域的首部综合性、基础性法律。那么，密码法中所说的密码是指什么？密码与国家安全、经济社会发展，以及我们的日常生活有着什么样的关系呢？由此，《焦点访谈》做了一期《守护安全，密码在你身边》节目，于2019年12月30日播出。

（二）舆论监督：用事实说话

舆论监督本质上也是一种人民的监督，《焦点访谈》的平民视角使得普通老百姓愿意把它当作表达意愿的地方，曾经有观众说《焦点访谈》是"帮哑巴说话，扶盲人过河"。《焦点访谈》的舆论监督既有民意基础，又有政治基础，是在服从国家大政方针、稳定团结大局的前提下，反映民情民意的渠道，是群众表达声音的一个平台。

每到快过年之时，菜篮子里的猪肉价格就格外牵动人们的心，而肉价高低则取决于供求关系。2019年，因受到非洲猪瘟疫情的影响，猪肉供应一度紧张，导致肉价大幅度上涨。2019年9月，国务院办公厅发布关于稳定生猪生产促进转型升级的意见后，一场生猪产能"保卫战"在各地打响。那么我国生猪养殖业的现状如何？由此，《焦点访谈》做了一期《稳生猪生产、促产业转型》节目，于2019年12月29日播出。

《焦点访谈》坚持舆论监督的公开性、广泛性、报道和处理的及时性以及实名制。"用事实说话"，妙就妙在你可以把重音放在不同的地方，放在"用事实"上，说明是对事实的一种探求；放在"说话"上，就是强调在事实基础上进行的评论。《焦点访谈》是一个评论性的节目，用什么来评论呢？用事实来评论，我们的落脚点在"评论"，而这些评论是以事实为基础的。作为新闻评论性节目，我们要强调深度，一定要有媒介自己的立场和观点。

（三）度：深度、适度、高度

深度，深度报道是《焦点访谈》最早的定位，要告诉公众一个真实的事情，就应该穷尽事实的真相，因为事实不是平面的，是立体的，它包含着多个侧面，多个角度。但是，穷尽事实的"深度"并不意味着我们在报道当中就能把所达到的"深度"全盘端给观众，这就有个"适度"的问题。

截至2020年12月，我国网民数量已达9.89亿，人们的生活已经离不开互联网，大家在网上社交、购物、获取信息，同时互联网更是工作的好助手。但网上的很多信息真伪难辨，稍不留神，可能就会被误导甚至被骗。2019年12月2日，在西安举办的2019中国网络诚信大会聚焦了网络诚信问题。那么，在互联网上比较常见的不诚信的现象都有哪些，又会给我们带来什么危害呢？由此，《焦点访谈》做了一期《共创诚实守信网络空间》节目，于2019年12月14日播出。

"适度"是《焦点访谈》能够生存的核心原则，采取"适度"原则非常重要，否则光逞匹夫之勇，曝光相关问题之后结局有时很难收拾。另外，我们还要强调"高度"，对于记者而言，你的思想、观点和视野能达到多"高"很关键。记者眼中的大局，应该和整个国家和民族的大局相联系，不能停留在较低的认识水平上。栏目对历史负责、对社会负责、对人民负责。三方面结合，做到了深度、适度、高度的有机统一，达到了最佳的传播效果。

基本知识点

一、什么是电视新闻节目策划

电视新闻节目策划，是指策划人遵循新闻的基本规律和电视纪实特性，以事实为基础，以创意为核心，对已占有的信息进行充分的分析研究，确定可能实现的目标和效果，制定相关报道策略、规划，设计报道的方式、方法和技巧，以求得最佳采访报道效果的运筹与谋划。

新闻策划的客观基础是现实生活中有价值的新闻事实，新闻工作者对新闻事实进行初步的价值判断后形成新闻选题，再经过新闻价值和可操作性判断，留下具有较大新闻价值的选题进行策划。我们今天所进行的新闻策划更多是对一个单体新闻事实或一组系列新闻做出符合新闻规律的一种谋划，它可以是已经发生、正在发生或可预见的新闻，目的是为了采用最合适的新闻手段，以获得最好的新闻宣传效果。

二、电视新闻节目策划需要注意的问题

电视新闻节目策划是一项复杂的工作，是一个系统工程。为了求得最佳策划效果，策划者应注意掌握新闻的本质问题和策划中需要注意的一些问题。电视新闻节目策划作为一种创造性的活动，具有很强的自主性和灵活性，但这些特性的发挥必须遵循某种客观规律。既要真实、客观地反映新闻事实，又要符合电视新闻的特殊规律，更好地体现电视新闻的直观性、现场性。掌握这些客观规律和原则是策划者达到策划目的、实现策划效益的保证。电视节目策划中最基本的问题就是如何有效地收集、消化和整合再生资源，让其发挥内在的潜力。从这个意义上，我们可以这样认为：任何成功的策划都源于策划者对相关信息充分而成功的运用。

为此，在电视新闻节目的策划中，我们要把握以下几个问题：

（一）新闻策划要注意客观性

新闻报道的客观性，是指新闻事实不能随策划人的意志而改变。策划人可以最大限度地拓展自己的思维活动空间和实践活动空间，但是绝对不能扭曲事实和虚构新闻。事实在前，报道在后，这是新闻最基本的常识。新闻策划是关于

采访报道方式、方法和技巧的策划，而不是策划新闻事实，即无视新闻的客观规律去策划新闻、编造新闻。当然，有一种新闻现象应该区别开来，伴随着社会的进步和电视新闻业的改革发展，越来越多的电视新闻媒体不再满足于"守株待兔"式的报道，而是主动出击。2007年，节目《红灯记》在安徽电视台公共频道《夜线60分》栏目横空出世，连续取得了收视高峰，并在安徽省内掀起了一场规模宏大的文明行动，《红灯记》也迅速在江淮大地蹿红：阻止不文明的脚步，请交警给予闯红灯者罚款，爱心文明帽传递，记者阻截十大闯红灯牛人……一场声势浩大的整风行动由此展开。节目制作者根据文明礼仪宣传的要点，设计了一些街头测试，诸如过马路是否规范等题目，通过隐性拍摄的方式，发现身边文明、热心的榜样并予以奖励。通过节目放大文明、热心的行为，使它们具有更好的社会示范效应。从表面上看，这些内容好像是策划出来的。然而，从本质上看，被采访者的反应和表现是不以记者意志为转移的客观存在，记者的策划只是对报道方式的谋划与选择，是通过这种报道方式和方法将客观事实凸现出来。

（二）新闻策划要注意导向性

我们知道，新闻是报道事实的。但毋庸讳言，新闻具有导向性。导向分为正确的导向和错误的导向。和网络安全、金融安全一样，解决新闻舆论的安全问题已迫在眉睫，媒体在舆论导向的处理上要充分把握好电视新闻的本质特征，争取在第一时间、第一地点，通过我们的镜头将事件的现场和媒体的声音传达给受众，以争取报道和解释的主动权，形成并扩大媒体的影响力。导向性要通过客观事实的报道来体现，观众对直白的、说教式的导向已经丧失了兴趣，因此，电视媒体要想让观众接受自身的观点，就必须充分发挥自身的特点：通过快速而精心选择的客观事件来体现导向性，使媒体的信息成为受众手中的第一新闻来源。电视新闻节目的策划既要考虑如何以正确的舆论引导观众，又要考虑观众的需求，把握两头，做到上情下达、下情上传的巧妙结合，这才是节目策划的出发点。在许多情况下，观众的需求与导向并不矛盾。

（三）新闻策划要考虑效益性

随着中国经济体制的改革、计划经济市场经济的变革，电视节目制作者在注重节目的社会效益的同时开始追求经济效益。电视新闻节目无论何时都不能把经济效益作为唯一的原则，要实现社会效益和经济效益的双优。所谓社会效益就是要使策划的节目具有宣传、教育功能；经济效益就是要使策划的节目获得经济上的回报，从而创造经济财富。要取得良好的效益就要策划低成本的节目，在进行市场调研的基础上，最大限度地降低节目的制作成本是有效的竞争手段。电视是高投入的产业，但并非低投入就不能产生优秀的作品。被誉为"晨报加咖啡"的《凤凰早班车》就是一个低投入高产出的节目。《凤凰早班车》于1998年4月开播，是一档具有报纸摘要性质的节目。节目信息密集，节奏明快，画面也非常简单，节目的背景就是报纸。它把电视、广播、报纸、互联网的信息进行集约化处理，经过主持人林玮婕、黄橙子、全荃等的亲切表述，将节目信息传达给观众，是一档深受观众好评的节目。这档节目不仅弥补了凤凰卫视原先没有早间节目的缺憾，其低成本的运作还给凤凰卫视带来了可观的收益。开播7个月后，广告已订满，改变了节目早期收入为零的状况。从《凤凰早班车》开始，"说新闻"成为早间电视新闻传播最常使用也是最有效的传播手法。

（四）新闻策划要具有可操作性

在世界性新闻事件发生时，任何一家电视台都想到事件现场进行目击式报道，但是这样的策划必须建立在可操作的基础上。中央电视台在20世纪90年代末策划并派出水均益等8名记者远赴中东"直播巴格达"的方案，就是建立在中央电视台对这一方案具备可执行力的基础上。中央电视台经过多年的发展，已经在人力、物力、财力方面具备了相当的实力，在新闻理念方面也日益成熟。对于策划者来说，闭门造车、纸上谈兵不可取。如果不想让策划束之高阁，仅仅成为策划案，就必须把可行性作为首要标准来检验策划的内容和实施的成果。一个无法有效实施的策划是没有价值的策划。事实上，确实有许多策划因为实施的环境或策划方自身的能力等因素，导致整个策划无法得到有效实施。在最初的策划阶段要有天马行空、自由驰骋的思想，才能做出令人叫绝的策划，而当策划处于成型阶段就要进行求证，看其是否有实施的可能性。在实际操作中，也确实存在许多不具可行性的策划案被付诸执行，结果不仅未能达到策划者的预期效果，甚至还会产生了许多不良影响。这中间，主要存在两种情况，一种是策划过于超前，现阶段无法实施；另一种是策划超过了实施者的能力，结果弄巧成拙。

因此，可行性应该是任何一个新闻策划案需要考虑的一个方面。

（五）新闻策划要有前瞻性

前瞻就是对事情的前后变化和未来可能发生的事情及其可能出现的情况进行预测。策划人要有预见能力，能准确判断即将到来的形势或即将发生的事件，并进行相关的新闻策划。前瞻性从大的范围来说，是对社会形势（包括政策、社会思潮等）的预见能力；从小的角度来讲，是对某一行业发展的预见能力。新闻的前瞻性就是围绕正在萌芽的新闻热点，提前进行研究。这要求编采人员具有高度的新闻敏感，一线记者要及时反馈信息，策划人及时进行分析论证。策划人对某件事、某个项目应有前瞻性的把握，要把着眼点放在未来，而不是现在。策划是需要创意的，要有灵感。从这个角度来说，策划是一种艺术。前瞻性原则要求新闻要新，电视新闻节目更要不断出新，求变、求异，涉足别人未涉足的领域，报道别人未曾报道过的内容，选用别人未曾选用的主题，采取别人未曾采取的形式。只有在内容上、形式上、制作手法上、节目包装上不断出奇制胜、新意迭出，才能在媒体竞争中立于不败之地，独树一帜，取得最佳社会效益和经济效益。

（六）新闻策划要考虑权变性

新闻的权变性也可以理解为事实的伸缩和变化。事物是在不断发展变化的，一成不变的事实是不存在的。制定出策划方案后，策划人在实施过程中也要根据变化了的情况及时调整方案。策划是对正在发生的新闻事件的主动、积极的反映，主观随着客观的变化而变化，这是电视新闻策划者应该具备的素养。电视新闻节目策划要有一定的伸缩性，它表现在节目中就是在维持总体原则的前提下灵活变通。策划与方案的实施都有一个过程，在这个过程中，策划的环境和实施环境都会发生一定的变化，因此，执行者要随机应变，不能刻舟求剑。如果目标不能被灵活地修改和调整，就会导致整个策划无法进行。我们经常会遇到新闻事件发生过程中出现了突变因素进而导致原来的设计方案不再适用的情况，这种情况多发生在重大活动的直播过程中。直播中不可控的因素很多，因此在策划中，策划人要做好充足的预案，尽可能充分地估计事件发生的几种走向，做到防患于未然。策划越充分，策划成功的可能性就越大。总之，只有遵循和灵活掌握这些权变因素，才能使新闻策划得以顺利实施。随机应变，既是新闻策划中发生变化后采取的应急思维，同时也是新闻策划本身之要义。既然策划的对象是不断变化的事件，策划过程中必须有应变之策。及时应变可以减少损失，增强宣传效果。

三、新闻策划与策划新闻

新闻是对新近发生或正在发生的有新闻价值的事实的报道。新闻策划必须遵循用事实说话的原则，把握事实是新闻的本源。要认识到事实是第一性的，新闻是第二性的，先有事实才有新闻。任何精彩的策划都必须建立在事实的基础上，在节目策划中我们可以设计内容的表达方式，可以设计新闻的拍摄角度，但是不能设计事实本身。新闻策划与策划新闻是不同的两个概念，两者截然不同：

新闻策划是利用已经发生或将要发生的新闻事件，筹划、组织报道，以期达到某种宣传效果。新闻策划可以使有限的新闻资源的价值得到最大限度的利用，使其发挥出可能发挥的文化功能和宣传功能。它是新闻宣传最有效的实施方式。新闻策划是对客观发生的新闻事件的有效和充分的利用。

策划新闻，是为达到某种宣传效果或者是社会效果，而人为地策划一起可供媒体报道的事件。策划新闻的内容全部在主观的预想和操作之中，甚至连新闻事件本身都是人为策划的产物。

联合国教科文组织国际交流委员会在其报告《多种声音，一个世界》中指出："新闻失实的一个重要内容是以各种方式歪曲事件的形势和全貌，用不准确和不真实的报道代替确凿的事实。比如，突出强调并不真正重要的事件，或把毫无关系的事混合在一起，或者将部分零散的事实拼凑成一个似是而非的完整事实，或者对假定公众不会感兴趣的事实和事件保持沉默，而只提供假定公众感兴趣的东西。"

这段文字对新闻失实、造假新闻下了非常明确的定义。所以说，策划新闻即无中生有，干预事件的正常发展过程，人为制造新闻热点，小题大做。它严重背离了新闻策划的基本出发点，也对新闻策划形象造成了恶劣影响。因此，一些违背新闻发展规律的、与事实不符的假新闻都是我们应该严格规避的。

新闻本身不能也不应该被策划，这不单单是观念问题或是新闻原则问题，而是整个新闻事业的性质问题。在新闻策划中，新闻策划的对象是客观存在的新闻事件，离开了事实，新闻就成了虚构的，变成了制造新闻。在西方电视新闻界中，一些电视媒介为了在竞争中取胜，置新闻的原则于不顾，公然制造新闻以获取高的收视率，结果却是事与愿违，媒体因此丧失了在受众中的公信力。

电视新闻策划要受到两方面的制约：一是新闻的一般规律，二是电视新闻的特殊规律。策划人在进行新闻策划的过程中必须严格遵守这两方面的客观规律，避免新闻炒作和策划新闻。新闻炒作是严重背离新闻策划原则的，它或者拼命炒作本不重要的新闻，将其当作惊天大事来报道；或者片面追求经济效益，迎合某种不健康的需求；或者在获取新闻过程中采取了不正当的手段，违背了新闻客观公正的原则。

新闻炒作，是指媒体在报道过程中有意夸大或歪曲事实的某些细节或因素，使报道的角度、规模、结构、手法等与事实本身所具有的新闻价值属性不相称。其目的，则是为了获得新闻的轰动效应，追求市场销量。

除了新闻的一般规律外，电视新闻还有其特殊的规律。电视是视听兼备的媒介，因此现场性和直观性是电视新闻策划中要遵循的规律。切忌补拍、摆拍，否则就将新闻置于非常可疑的境地，影响新闻的传播效果。我们在拍摄新闻的时候，要以真实性为前提，拍摄的时间、地点要以新闻事件发生的时间、地点为准，不要摆拍，以免让人有一种做戏和不真实的感觉。另外一种失实的情况就是"补拍"。电视新闻是一门遗憾的艺术，新闻事件本身一经发生就再也不会重演。报纸、广播的新闻报道只能用文字或声音描述所发生的事件，而电视新闻却可以记录下事件的发展过程，使转瞬即逝的事物有了重现的可能。但是由于时过境迁，一些精彩的画面在记者到达之前就消失了，因此就有人想出"补拍"这一招术，这种"补拍"违背了新闻真实性、客观性的原则，是新闻报道中严格禁止的。虽然突发性重大事件的发生是不能被提前预知的，或者由于其他原因没能拍摄到事件发生的过程，但我们可以采取补救措施或者改变我们的报道计划，将重大事件的形象报道改成口播新闻，或者在新闻事件的现场以采访当事人或目击者的方式，让当事人或目击者向广大观众叙述事件发生时的情形。如果可能，还可以拍一些新闻事件的后续情况进行报道，虽然这不是重大事件的主要部分，但却是事件发展的延续，可以体现重大事件的结果或影响，同样可以较好地报道新闻。一些媒体为了吸引观众的眼球、获得良好的收视率而不惜制造策划一些虚假新闻，这无疑是杀鸡取卵，得不偿失。

四、电视新闻节目策划的基本步骤

电视新闻节目策划是一个完整的过程，从获得灵感到策划目标的确立再到策划意图的实现，整个过程是连贯而协调的。策划过程是一个比较辛苦的智力劳动过程，它大量耗费人们的心智。整个策划过程中，策划人要充分调动自己的潜能、积累和智力储备去认识、分析、构思、规划直至完成整个项目。在此过程中，要不断修正、完善策划思路。每一个成功的策划都要经历多次反复的修改，才能使策划效果达到最佳。作为一个完整的思维过程，我们一般把电视新闻策划的基本程序分为以下几个部分。

（一）选题的确定

一个成功的新闻策划，最重要的两个环节就是选题和执行，而选题就是新闻策划的命脉。新闻策划的选题不清，将会导致策划无主题、无目的，最终将导致策划的失败。

新闻选题是新闻采访选择的"题目"，是新闻报道的起点，新闻选题的质量直接影响到新闻报道的深度与传播效果，可以说，好的新闻选题是新闻报道成功的一半。具体到新闻策划而言，新闻策划的前期是以选题的策划为核心的。失去了有新闻价值的、具有可执行性的选题，新闻策划也就不存在了。随着新闻体制改革的不断深入，媒体之间的竞争日趋激烈，新闻选题日益成为竞争的焦点。确定选题是策划的第一步，选题是新闻策划的起点。

选题的确立要立足于以下几点：

1. 立足于观众的需求

观众的需求是决定报道内容的重要砝码。满足了观众的不同需求就能抓住固定的观众源，让你的媒体、你的节目为观众所认可。我们经常可以看到一档栏目每隔一段时间就要进行改版，在包装上、节目的环节设置上、内容的选择上都会进行不同程度的改良，这就是为了满足观众日趋变换的需求。观众在不同时期对节目的要求是不同的。早期，观众看新闻仅仅是满足获取信息的需求，到后来则想要了解一些新闻背后的东西。他们不仅希望知道新闻是什么，还希望知道为什么和对自己有什么影响。为了满足观众的需求，《焦点访谈》《新闻调查》等一批以背景分析见长的节目应运而生。也就是说，观众对电视节目的需求在不同时期、不同时段是不同的，当然不同文化层次的观众的需求也是不同的。

2. 符合舆论引导的要求

新闻不仅要满足受众的需求，还要体现自己的"议程设置"，起到引导舆论的作用。通过有组织、有特色、有意识的报道，形成一定的信息传播的攻势，吸引受众，有效地实现自己的传播意图。传播学中有一个概念叫"议程设置"，就是说传播者通过安排与设置传播内容来达到吸引观众、引起注意、树立理念的目的。这种议程设置实际上就是对所要传播的内容进行筛选和强调。虽然在新闻节目的整个报道过程中，传播主体可能对其个人的思想观点及倾向只字未提，但是这种观点已经通过新闻内容的展示或隐瞒而予以体现。这种传播方法一方面利用媒体的传播权利划分了传播重点，情无声息地强迫受众接受和关注某一类信息，另一方面也使受众在接受信息的过程中潜移默化地认同了传播主体的意识核心，这就是传播主体对受众客体的一种潜在的意识引导。

3. 考虑其他媒体的影响

新闻的竞争表现在选题上，是说同一新闻选题，往往有多家媒体共同选择报道，这就要求记者研究其他媒体的报道方式和选题特点，在角度选择、题材选择、报道的规模、评述、电视化的表述等方面做到与众不同，避免人云亦云。在选题上要把握热点、把握"三贴近"的原则，站在时代的前沿，捕捉新闻事实。《焦点访谈》的选题三原则值得我们借鉴：政府重视、群众关心、普遍存在。尤其在今天，"独家新闻"的概念已经发生了深刻变化，它已经不仅仅意味着抢到了第一落点和第一时间，还意味着独家观念、独家视角、独家方法。面对同一新闻事件，记者要力争挖掘出比别人更深入的新闻事实，通过对已知事实的重新安排，表达出新观点和思想，尤其是要让观众知道事实背后的事件成因。"横看成岭侧成峰，远近高低各不同。"同一个新闻事实，由于选择的报道角度不同，呈现出的效果就大不一样。新闻报道要出精品，就应该精心选择最能反映事物本质的、老百姓关注的角度去挖掘和制作。实践证明，有些报道由于角度选择得好，贴近了受众的生活，因此更加受到受众的欢迎。

（二）选题的分类

新闻选题有多种选择与分类方法，如按性质分类、按时机分类，等等。按照新闻报道时机的不同，可以把新闻选题分为配合式新闻选题、可预见性新闻选题和不可预见性（即时性、突发性）新闻选题。

1. 配合式新闻选题

这类选题主要是为了配合党和政府的中心工作。鉴于媒体的性质与功能，这类选题不仅大量存在，更是媒体报道的重点。这类选题的特点是有重大社会影响、新闻价值显著、事件发生有持续性但时效性相对较弱。选题范围包括党和政府强调的重要工作，社会生活中发生的重大事件，具有强烈时代精神的典型人物、典型经验，以及社会各阶层普遍关注的热点、难点、焦点等重大题材。这类选题是深度报道的绝好选题，是新闻策划的重中之重。对这类选题必须进行前期策划，也只有通过策划，这类选题的价值才能得到充分挖掘。

2008年奥运会确定在我国举办后，中央文明委、北京奥组委和首都文明委组织开展的"迎奥运、讲文明、树新风"活动于2006年正式启动。为此，《新闻联播》开辟专栏，连续播出了"迎奥运，讲文明，树新风"系列报道，重点报道北京市开展交通文明建设、改善社会公共秩序、开展窗口行业培训年、提高社会服务水平的主要做法和成果等相关信息，以全面提高公民文明素质和社会文明程度。该示例报道内容丰富多彩，既有《迎奥运——天津营造文明出色环境》等一些反映先进的经验和做法的报道，又有反映

《英语标识错误百出——小细节大形象》等值得关注的聚焦文明细节的报道。

2. 可预见性新闻选题

这类选题由尚未发生、可能发生或已发生的现象、问题或事件等引出。根据已有的经验或知识，推知即将发生的事件是这类选题的主要特点，同时，选题还具有事实的可预见性、新闻价值的不确定性、选题时效的未知性、较强的可操作性（因为有时间上的提前）等特点。这类新闻选题在生活中大量存在，具有一定的普遍性。可预见性新闻，顾名思义是指采访之前即已预知事件的发生地点、时间以及其他要素，记者可以事先经过策划和准备而拍摄的新闻。选题的范围包括：历年定期召开的党、政府、人大、政协等党政部门较为重要的会议；定期举行的一些重大活动；节假日、纪念日举办的活动。可预见性新闻选题对已经或正在发生的事实（事件）所带来的结果与影响做出新闻价值判断，并在进行价值判断后予以报道。这类新闻策划的重点在于首先要判断其新闻价值，然后再在肯定新闻价值的前提下对新闻的报道形式、时间安排进行策划。

3. 不可预见性（即时性、突发性）新闻选题

这类选题内容往往是带有一定的突发性、偶然性或灾难性的不可预测事件，事件发生过程无法预先得知或控制，策划更不可能提前进行。重大突发性事件也称非常事件，通常指战争、瘟疫、地震、火灾、洪灾、车祸、矿难、恶性犯罪等突如其来的重大事件。这类事件往往能引起民众的广泛关注并具有较强的震撼力，媒体对这类选题的反应直接关系到公众的知情权能否被满足实现，对此类事件的报道是检验一个媒体在受众中的公信力高低的直接标准。该类选题的特点是时效性极强、新闻价值较高、报道时间紧迫和群众关注度较高。这类选题的成功报道既是各个媒体的共同目标，又是媒体实力与能力的体现。2003年3月20日，伊拉克战争爆发，各国参与战争报道的媒体数量和记者数量、全程直播战争的媒体数量、对战争现场的传播速度等均为历史空前。早

在伊拉克战争爆发一个多月前就着手部署策划的中央电视台，在战争开始后立即投入人力，直播战争进程和各方反应。直播结束后，中央电视台又在每小时一次的《整点新闻》中继续报道战争新进展。这体现了中央电视台对突发性重大事件新闻价值的敏锐捕捉和重视，反映出广大人民群众对这场战争密切的关注程度。这些报道不仅传达了中国政府的原则和立场，而且反映了中国专家的观点和中国老百姓的看法，既让中国人了解了重大国际事件的全方位动态，也让外国人看到了中国政府与民众的立场和观点。中央电视台的这次报道把"为受众服务"作为出发点和立足点，将宣传寓于新闻报道中，既体现了媒体的导向，又满足了受众的信息需求，可以说是一次贴近实际、贴近生活、贴近群众的生动而有益的尝试。

节目的选题有报道价值是做好任何报道的前提，如果选题具有时效性、符合当前形势，且又是电视观众普遍关注的话题，节目自然会受到观众的认可。如果选题陈旧，制作又没有新意，就无法留住观众。选择具备重大意义或极具典型色彩的选题是吸引观众的有效方式。在确定选题时要注意围绕热点，力求创新。新闻策划是创造性的劳动，一味照搬别人的做法或延续传统的做法不容易产生好的效果，甚至是行不通的。只有通过精心策划，以独特的视角报道出来的新闻，才能出奇制胜。我们不能否认，借鉴别人的成功经验能使策划少走一些弯路，这也是策划的捷径之一，但是我们不能一味照搬照套，而应该有自己的特点和个性。

（三）信息资料的收集

一个好的项目策划，是从信息的收集、加工、整理、利用开始的，而好的开始就意味着成功的一半。因此，信息资料的收集是项目策划的基础性工作，也是关键性的原则。信息是一种无形的财富，是指导人们行为的基础条件。要做好一个策划，也要进行信息的收集、加工、串联、传递、整合。没有一个系统的信息占有过程，项目策划更是无从谈起。占有信息要注意日常资料的储备，及时了解党的方针政策，在节目的创办、播出或者改版的时候要根据不同情况进行特别的调研。策划者必须时刻了解最新的信息，不断地对媒体自身的信息包括一些从业人员的相关信息、媒体的资料信息、同行业的相关信息进行收集整理，做到知己知彼，百战不殆。

（四）新闻价值的判定

新闻价值具有显性和隐性两个层面，显性层面是指新闻事件作为客体表露出的显而易见的价值。隐性层面是指新闻事件与整个社会环境发生联系时所具有的价值。对于隐性价值的挖掘和报道能使新闻的深度和广度得以进一步拓展。

如当某地泥石流造成严重滑坡，使大量的村民和财产遭受巨大损失，人员的伤亡、财产的损失是显而易见的，是一种显性的新闻价值。但是在事件背后所隐藏的乱砍滥伐、毁林开荒、忽视环境保护意识就是隐性的新闻价值。新闻策划的目的就是在于发现并促成隐性新闻价值向显性新闻价值转化。作为一个策划人就是要透过现象看本质，才能做出有前瞻性、有深度的报道。

美国心理学家马斯洛指出：人的需求包括五个层次，即生理需求、安全需求、爱和归宿的社会需求、尊重的需求、自我实现的需求。从人类不同层次的需求出发，我们可以将新闻价值的关注点放在：

· 新闻的实用价值——报道与受众的衣、食、住、用、行有关的实用信息。

· 新闻事实的信息价值——提供给受众更多具有新鲜性、重要性、接近性、显著性、冲突性、趣味性、人情味的新闻信息。

· 新闻事实的宣传价值——宣传党的方针、政策。作为党和政府的喉舌，宣传是新闻媒体的重要职能。

总之，记者判断事实是否具有报道价值，就得从新闻的实用价值、信息价值、宣传价值等方面入手。对于复杂的新闻事实，策划者要保持清醒的头脑和对相关政策的把握度，准确锁定有助于挖掘新闻事实本质的现象，对其进行深度开掘。只有这样才能把握新闻事实的本质，实现新闻价值的最大化。深度的实质是新闻事件与社会、与特定的人群的关系，是各种社会关系交织而成的"复合体"。深度的破解也就是分解事实，分析事实形成的环境，事实形成、变化发展的原因及其给周围带来的重大影响。记者应通过了解事实本质、性质、特点等要素来逐步挖掘事实内核。

（五）策划方案的形成与实施

在获得有效的信息并进行价值判断后，策划人员所要做的就是对节目策划方案进行拟定。节目策划者要根据节目的内容、特点确定对应的受众群体，再制作出符合他们口味的节目。电视行业是一个综合性很强的行业，特别讲究协调性和配合性。要选择经验丰富、有思想、有创意的从业者参与制作活动，最大限度地发挥他们的潜能，这也是防止资源浪费的一种有效形式。策划者根据受众的需求、栏目的要求来确定节目的形式、规模、表达方式、角度等，从而确定节目的具体实施方案。

确定方案以后，就要安排好实施中的各个环节。节目实施的过程是一个以策划者为核心的行为操作过程，因此在节目实施过程中要有全局意识，不能仅仅满足于做好自己的某一环节而忽视对整体的配合和把握。各个环节要建立起一种和谐合作的关系，以便在节目制作过程中更好地沟通。

（六）策划效果的总结

策划的最后一关就是策划实施后效果的评估和总结。效果评估是通过多种渠道对节目策划进行全面审核，它包含对节目制作质量、社会效益、市场价值等方面的审核。策划部门据此了解节目播出以后的效果，进而提出节目的改进措施和修改方案，以便于在以后的节目制作中不断完善和进步。节目的评估方法多种多样，目前我们使用的评估方法有收视率调查法、欣赏指数调查法和专家调查法等。

1. 收视率调查

收视率调查是目前电视台用来评价电视节目播出效果的一种常用的有效方法，各大电视台基本从20世纪80年初期就开始运用，成为常规的使用方法。到了90年代，随着电视台及电视频道数量的迅猛扩张和电视媒介市场化的快速发展，电视收视市场的竞争加剧，作为反映电视观众收视行为和偏好的主要指标，收视率在节目编排、广告投放决策以及电视节目评估中的作用越来越被业内人士认可。在这种背景下，中国收视率调查得以快速发展，收视调查更加精确、专业。中央电视台索福瑞媒介研究（CSM）、AC尼尔森公司分别对全国各级电视台进行收视率调查。很多电视台将收视率作为衡量节目质量的一个重要方面，同时收视率与节目的评比、人员的配置及电视台对该节目的人力、物力投入密切相关。

2. 欣赏指数调查法

欣赏指数调查法用于调查观众的满意度。我国的欣赏指数调查开始于1998年，1999年中央电视台将这种调查方式作为衡量栏目品质的一个评价标准。具体调查内容包括对频道或栏目的满意度、知名度、收视率、总体评价、艺术观赏性等方面。这种调查方法的优势在于它弥补了其他调查法在节目艺术性、思想性、观赏性评价方面的一些缺憾，使调查的内容更加细化和全面客观。

3. 专家调查法

专家调查法就是媒体聘请一些相关领域的学者、专家对节目进行评价，这部分评价相对来说比较专业。专家的把脉往往会将一些建设性的意见提供给节目策划者，为未来节目的走向提供可借鉴的新思路。

在对反馈内容进行总结后就要对节目的类型、内容进行分析，找出节目存在的不足和必须改进的地方。对于观众喜爱的板块或内容，可以在下期节目中加大其在节目中的比重。最大限度地将节目的构成与观众的喜好联系在一起，策划出既有市场份额又有品位的电视节目，这也是策划人要追寻的目标。

总之，电视新闻策划是以事实为基础、以价值为前提、以创意为核心的感性认识和理性思维活动。重点就是对报道选题、报道内容、报道手法进行策划。如对突发性事件的报道，要关注受众想要了解事件真相的心理，注重时效性，力争先声夺人；配合性宣传报道，重在把握事关全局的社会、经济的发展状况，从人们极度关注的问题中选题，在深度上做文章；社会活动报道，关键是要有明确的活动主题和报道思想，注重活动本身的创意；新闻评论，重在选题和评论技巧。

五、电视新闻特别节目的策划

（一）特别节目的含义

特别节目和常规节目不一样，有明确的主题。比如，制作最大的特别节目——春节联欢晚会的原因就是在传统的大年夜，观众能够阖家团聚，坐在电视机前欣赏一台喜气洋洋的晚会。而期盼团圆这个主题就是办晚会的基础。有了特别的主题就有特别的收视人群和特别的播出时间。这三个特别决定了特别节目也需要特别的包装。特别节目的特别之处在于它在节目形式、节目内容上与常规节目有不同之处。

对于一些特别重大或者新闻性强、影响深远的新闻事件，常常会采取特别节目报道的方式。特别节目的选题一般是针对特别的节日、假日、纪念日，又或是配合党和政府中心工作和重大宣传任务而策划。重大宣传活动、大型电视系列片、专题片等电视节目，都是提升频道形象、扩大频道影响力的重要手段。

2015年到2016年间，各级电视台都加强了直播节目的策划、制作、播出力度，新闻频道逐渐实现直播节目的常态化。大型特别节目的策划是以电视台或频道为单位进行的，因而更要紧扣频道定位，体现频道特色。如每年3月15日前后，中央电视台都要配合"315消费者权益日"举办大型宣传采访活动和专题晚会，这对于中央电视台经济生活频道定位的强化、频道品位的提升、频道品牌的创建和观众收视率的提高都有很好的促进作用。

新闻要吸引观众的"眼球"，首先内容要"新""快"，所以新闻策划的着眼点应该放在选题策划上，特别节目的策划更要遵循这一原则。

（二）特别节目策划技巧

1. 特别节目选题策划要善于抓住"热点"

"热点"是一定社会阶段和一定社会环境下为受众所关注的问题或事件。发掘"热点"的一个重要原因是新闻的多变性，一个新闻事件越"显著"越"重要"，其新闻价值越大，受众对此也就越关注。所以，当新闻"热点"发生了，媒体要抓住时机进行选题策划，机不可失，时不再来。比如2015年5月，国家七部委联合下文，发布了《关于做好稳定住房价格工作的意见》，对稳定全国房价做出了八点指示，将抑制房价过快增长、打击炒房卖地作为阶段工作的重点。围绕这一阶段的工作重点，各媒体都做出了相应的安排与策划，尤其是在房价居高不下的北京、上海、杭州，媒体反应强烈，纷纷在一些重要的新闻栏目里做出系列连续报道，反映了政府、市民、房地产开发商、投资者、银行等方方面面对这一决策的观点和看法。这些与百姓生活息息相关的政策的发布、实施，无疑是观众关注的焦点，也是这一段时间报道的热点。

2. 特别节目选题策划要与重大的"节"或"日"互动

中国传统重大的"节"有春节、中秋节等；重大的"日"有香港回归日等。因为这些"节"或"日"，受众要么重视它们的传统因素，要么重视它们的重大意义或象征性，因此在选题策划时，可以纵向或横向进行分析。媒体通过与重大"节"或"日"的互动，凸现节目的新闻内核，吸引受众的目光，从而使自身在竞争中处于有利地位。

例如在迎接新千年的报道中，中央电视台的《相逢2000》通过英国广播公司（BBC）牵头组织了一次国际大联播，中央电视台向50多个国家、78家电视台提供了40多分钟的节目，把中华世纪坛的庆典、长春的舞龙、三亚和泰山等地迎千年日出的活动，现场直播给全世界30多亿观众。同时，中央电视台换取了23小时10分钟的节目源。24小时直播的《相逢2000》开创了中国电视直播史上全球联播的先例。这次直播以我国媒体为主，与西方主流媒体展开合作，是扩大我国国际影响力的具有突破性的重大举措。这样大手笔的策划当然要有一定的经济实力和制作实力才能胜任。同样，在新千年的其他相关报道中，各家媒体也使出了浑身解数来吸引观众，有的纸质媒体做出了一千版策划，还有一些电视栏目根据自己的定位进行了相关活动的报道策划，比如贵阳电视台的《新闻空间》栏目就根据自己栏目的特点策划了《喜迎新千年》的特别报道。

所以说，节庆活动是一个策划的富矿，如果开采得好，就会挖出有价值的宝藏。

3. 特别节目要有特别的时间、特别的形态和特别的组织

特别节目一般不在某一栏目中播出，而是在临时开辟的某一时间或时段播出。比如针对香港回归，中央电视台进行了连续72小时的直播，这也是中国电视新闻史上时间最长的特别节目，其他所有节目都为这次直播节目让路。特别节目在报道的组织、形式、内容、包装等方面都和常规节目不同，要求有良好的策划机制，以保证策划顺利完成。

总的来说，由于内容和形式的独特性，特别节目能产生一定影响的社会效应，成为电视节目策划的重点，对其的策划是电视市场竞争中最常见、最有效的手段。从某种意义上讲，特别节目能够凸显节目自身价值，提高收视率和市场占有率，树立媒体形象，形成强大的社会影响力，制造新的收视高峰，同时向社会传递新时期的社会思想和主流意识。因此，用大型特别节目来提升栏目价值和频道价值的方式，已经为众多电视栏目组所认同和采用。

项目实践

实践项目一

项目名称：电视新闻选题策划文案的撰写

实践目的：新闻选题是新闻频道或节目实现价值最大化的根本保障，选题策划在较大程度上决定了电视新闻策划的成败。

实训条件：多媒体视听教室、投影仪、网络

实践要求：

目标指向性。电视新闻选题的确立必须有明确的目的，要依据一定的标准来实行。

现实可能性。电视新闻策划必须在现有条件下实施，反映现有状况，取得现实效果。要考虑在选题具体实施过程中，参与报道人员和经费是否充足、采访工具是否准备妥当。

系统规划性。选题策划要重视同一选题下各个具体报道之间的关联和融合，将分散或连续的多个报道有效地组织在一个主题下，形成整体的最优传播效果。

结果前瞻性。对选题进行分析与评估，预测新闻播放后可能产生的积极和消极影响，对选题的实际结果有比较准确的估计，从而优化选题，对新闻的实际采制过程进行有效的控制。

实训步骤：

（1）解读项目与调研；

（2）外部环境的调查与把握；

（3）战略分析与竞争状况调查；

（4）确定策划方案与目标；

（5）编制策划文案；

（6）收集反馈信息并分析评估。

项目实践结论：确定选题是策划的第一步，选题是新闻策划的起点，前期新闻策划是以选题为中心的。

实践项目二

项目名称：电视新闻采访策划文案的撰写

实践目的：采访占据着电视新闻节目制作过程中最基础的一环，其行为本身往往是节目的主体，采访素材更是节目的构成因素和基本形态。

实践要求：

（1）熟悉和研究已（或将）发生的事件、采访对象的基本情况；

（2）查阅相关资料和专业知识，掌握采访对象所涉行业基本态势；

（3）判断采访对象的利益格局与可能心态，寻找可能的介入角度和突破口；

（4）有针对性地提出采访请求或有针对性地拟订采访提纲；

（5）判断对方的回应心态，调整自身姿态，努力促成采访；

（6）商定较适宜的访问时间、地点、方式；

（7）检查有关物资准备情况，提前10分钟赶到约定地点。

实训步骤：

（1）选择报道角度；

（2）实施前期采访；

（3）拟定采访计划。

项目实践结论：电视新闻在很多情况下是需要通过记者的采访获取事实的真相，了解真相之间的关系，采访的内容指引着电视视听要素的获取，对编辑过程中解说词的撰写及其他相关过程也有重要影响。

思考题

1. 选择一档你熟悉的电视新闻节目，并对其策划方案进行评析。

2. 试述目前电视新闻节目存在的问题及发展对策。

3. 如何理解电视新闻节目的策划。

4. 结合实例说明我国电视新闻节目实践中的策划要素。

5. 电视新闻特别节目策划的着力点有哪些？请举例说明。

经典节目案例分享 ◀◀◀

《新闻调查》栏目分析

一、《新闻调查》的栏目简介

《新闻调查》是中央电视台最具深度的调查类栏目，创办于1996年5月17日，每期节目时长45分钟，每周一期。首播时间：周六21:30—22:15，独播频道：CCTV-13，它以展现记者的调查行为为表现手段，以探寻事实真相为基本内容，以做真正的调查性报道为追求目标，崇尚理性、平衡和深入的精神气质，为促进和推动社会和谐进步发挥着点点滴滴的作用。

二、《新闻调查》的栏目特点

一个选题要称得上调查性报道，必须具备三个条件：第一，调查的内容是损害公众利益的行为；第二，这种行为被掩盖；第三，调查是记者独立展开的。

　　《新闻调查》栏目是独立的电视媒体调查，是电视媒体自身开展的调查行为，并非报道他人的调查行为和调查结果。借助司法或是纪委的力量所做的大案要案属于调查节目，不是调查报道，因为它不是独立调查。 2020年对于中国人来说是一个特殊的年份，因为按照既定计划，中国在2020年要确保农村贫困人口实现脱贫，贫困县全部摘帽。在如此强调脱贫时间的情况下，如何保障脱贫的质量，贫困县将按照什么样的程序来摘帽？《新闻调查》栏目组来到贫困县数量全国第一的云南省调查采访，制作了一期《贫困县如何摘帽》节目，于2019年12月28日播出。

　　对于电视调查性报道来说，出境记者的表现尤为重要，他既是调查行为的主体，同时也是一个节目的结构元素，他是调查行为的实施者、调查过程的表现者，是栏目的外化标志和品牌形象。而调查记者正是《新闻调查》最优势的节目构成要素。《新闻调查》记录和展示的，是出镜记者如何通过各种各样的手段进入事实本身一步步获取真相的过程。从这个角度看，《新闻调查》更多的时候是在"拍摄自己"。

　　调查记者必须有独家发现，这种发现对于揭示事实真相具有推动的作用，能够深化节目的主题。大溪乡污水处理厂位于长江三峡瞿塘峡口，每天，1200名村民产生的约150吨生活污水在那里被处理后排入长江。大溪乡所在的巫山县处于渝东北地区，是三峡库区的核心地带。经记者调查发现，关于乡镇污水处理运行出现的问题，背后原因复杂。困难重重的乡镇污水治理，到底该如何破解？《新闻调查》做了一期《破解乡镇污水难题》节目，于2019年12月7日播出。

　　作为调查行为的主体，记者的行为贯穿节目的始终。在调查过程中，记者提出问题，求证问题，得出结论或者判断。完整地揭示真相是调查性报道的最高境界。《新闻调查》的每一期节目都完整地展现了记者的调查过程。

三、《新闻调查》栏目评析

《新闻调查》栏目有自己的个性和特色，同时也有一些有待提升的方面。

首先是选题扩展的问题。社会热点当然要关注，但有些新闻背后的东西我们也应该加以考虑。举个例子：关于酒后驾车，节目往往主要报道案件的始末，却没能引申到法律上思考，我们的舆论所形成的压力在量刑过程中、在确定责任人的法律责任过程中究竟起到了什么作用？我们怎么来看待这些作用？最终不一定会有一个明确的答案，但是问题的提出可能会对法律的建设和完善起到推动作用。现在我们的社会正处在转型期，面临很多问题，如科学、技术、信息时代、数字化生存等。《新闻调查》可以跟进这类时代热点，采用一种比较好的形式，寻找一个切入点去做这样的选题。

其次是信息含量的问题。既然要给观众提供信息，就要尽可能地去获取更多的意见和观点。在评价一件事情或者评价一个人物的过程中，一定会有各种各样的观点，当然这些观点要经过我们的筛选才可以被呈现，但是我们应努力把尽可能多的东西告诉观众。

最后是在故事情节的叙述方式上应再精致一点，要用心良苦而不着痕迹。最好不要老老实实地从头讲起——从头讲起也得注意方法：画面、声音、图像、字幕的配合。电视图片所含的信息跟文字所含的信息应该是互补的，甚或是互证的。

学习单元二
电视谈话节目策划

学习目标

1.了解电视谈话节目的界定

2.了解电视谈话节目的特点

3.了解电视谈话节目的主持人的功能及对其的要求

4.了解电视谈话节目的选题与嘉宾

5.熟悉电视谈话节目的现场录制与后期制作流程

案例学习与分析 ◀◀◀

简洁适度，惊喜连连

——天津卫视访谈节目《你看，谁来了？》赏析

明星访谈节目是最常见的一类谈话节目：《艺术人生》《鲁豫有约》《非常静距离》《金星秀》《康熙来了》……这些节目风格各异，或煽情、或亲和、或搞笑、或直接……也都曾获得高收视率，广受欢迎。相比之下，天津卫视的谈话节目《你看，谁来了？》似乎并不具备什么独特优势，但仔细品味，你会发现，观看这个时长60分钟的节目犹如夏日品尝清爽可口的凉拌菜，未必胃口大开，但清新愉悦，神清气爽。

一、内容简洁适度，风格轻松自然

当下许多电视节目追求快节奏、大信息量、炫酷特效……轰炸观众眼睛和耳朵。该节目则与此相反，追求适度平和、轻松自然的风格。

每期节目时长为60分钟左右，邀请一位嘉宾和他（她）的三四位老友见面，聊说往事，让观众既了解了嘉宾的经历，也理解了他（她）的性格。所邀嘉宾主要为资深演艺明星，老友主要是嘉宾合作过的同行，也有一起长大的发小，还有嘉宾帮助过的朋友等。由于采访嘉宾和不同老友，节目自然划分出多个段落，每个段落实际访谈时间为10—15分钟，访谈期间穿插嘉宾过去影视作品的内容剪辑。

比如2019年7月6日播出的采访斯琴高娃那期节目，邀请了斯琴高娃的三位老友萨日娜、于月仙、李明珠，最后还有一位年轻演员方旭主动上台接受采访。萨日娜讲述了自己从小到大对斯琴高娃老师的仰慕，提到了斯琴高娃老师对她的影响；于月仙讲述斯琴高娃老师对她的帮助和疼爱；李明珠则讲述

了和斯琴高娃老师一起拍戏的趣事。在访谈中，于月仙和斯琴高娃老师唱蒙古族歌，李明珠则和斯琴高娃老师唱京剧。每位老友接受访谈10—12分钟，之后方旭上台访谈8分钟，讲述了和高娃老师结为"姐弟"的过程。整个节目条理清晰，自然流畅，每个人所谈内容都涉及斯琴高娃老师人生中的某段时光，组合在一起让观众看到了斯琴高娃老师的许多人生经历，也领略了她的多才多艺，还通过斯琴高娃老师讲述三次从马上摔下的故事体会到演员工作的危险，感受到了她对待艺术的执着精神。60分钟的节目转眼而过，并没有让观众觉得信息不足，也没有让观众觉得信息过多、过满。

《你看，谁来了？》所邀请的嘉宾大多为具有相当艺术造诣之人，他们作品众多，人生经历丰富，能够挖出的传奇故事一定不少，但节目并不追求这种传奇性，而重在以细节体现人物本质，传递正能量。比如2019年8月10日播出的采访老演员方子哥那期节目中，先播放了刘家成导演发给方子哥的视频，让观众认识到方老师擅长做菜、喜欢照顾人的性格。然后，三个房间先后走出方老师的三位老友刘金成、许娣、石小满，分别谈和方老师交往的点滴细节。刘金成说方老师在剧组没戏的时候，会去寻找剧组周围的美食，张罗一桌子菜等拍完戏后看大家吃，自己却不怎么吃。许娣说，和方老师合作演戏很愉快，因为他从不迟到，也没那么多事。石小满说平常人表达同意的观点时一般说"好，行"，而方老师则一定会说"好好好，行行行"，还提到方老师跟人吃饭时不愿坐上座，等等。这些细节都突出地显示了方老师"老好人"的性格特征。整个节目如老友聊天，不急不缓，轻松自然。

二、设置悬念，谜底惊喜

主嘉宾朋友的出场方式是这个节目的亮点，即让主嘉宾提出5个问题后猜想来的朋友是谁。提问前，插入该朋友"非正面"的画面增加神秘性，提升观众好奇心，然后再由嘉宾提问。主嘉宾提出的问题既有共性，也有个性。一般都会问性别、年龄、籍贯、职业、有无合作过等，也会问最后一次见面时间、认识多少年，还有要求用语音回答的。而为了故意给主嘉宾的猜想制造障碍，那些朋友的回答五花八门，其"逗心"的过程颇具趣味。

2018年9月1日播出的采访蔡明的那期节目中，猜测第一个嘉宾时，蔡明提出这样的问题：你是男士还是女士？你跟我拍过戏吗？合作过电影、电视剧还是小品？在问过这样三个问题后，她自信满满，认定对方是丫丫（佟丽娅）。于是直接问："你是佟丽娅吗？"笑过之后重新问："咱们是一起在浙江拍戏吗？"原本以为对方一定回答"是"，谁知对方的答案却是"还真不是"，于是蔡明顿时懵了，自言自语道："猜不到了。"想了半天又问："你是女孩还是演过我的女儿？"结果对方的回答是："不太可能。"这下蔡明更懵了。此时五个问题已经问完，无法再多问。经主持人提醒后，她恍然说道："我基本知道是谁了——娄乃鸣。"然而主持人问："确认吗？"她又含糊了："你……应该是……"终于，大门打开，出来的既不是佟丽娅，也不是娄乃鸣，而是蔡明二十年未见面的闺蜜——沈丹萍。

整个猜测过程颇具起伏性，蔡明的表现时而自信，时而含糊。此种场景无法事先排练，一切都是现场发生的，所以特别真实，给观众的代入感也特别强。蔡明猜测二号门内嘉宾时同样具有起伏性，门内嘉宾的刁钻回答引发全场猜疑不断。蔡明问："你是男士还是女士？"对方答："绅士男。"蔡明又懵了，她说："我周围绅士男挺少的。"再问："你认识我多久了？"对方答："五十多年。"显然这个说法是夸大的。聪明的蔡明猜出对方是在"抖包袱"，说明对方是搞喜剧的，于是问："我们是合作者吗？"对方答："曾经合作过。"追问："你多大了？"回答："正当年。"蔡明嘀咕："你都认识我五十多年了，你凭什么正当年？"最后一个问题，蔡明问："你是导演还是演员？"对方答："也是导演，也是演员。"蔡明彻底糊涂，说："不知道。你自己出来吧！"主持人提示说："李文启老师又是导演又是演员吗？"蔡明反复思考后，对二号门大喊："李文启老师！"结果从门里走出来的是潘长江。蔡明怔住，全场欢呼，所有人意外又惊喜！

三、主持得法，互动出彩

主持人是访谈节目中特别重要的元素，甚至可以说，主持人的风格就是节目的风格。《你看，谁来了》中两位主持人各有所长，彼此互补。

女主持人王芳少年时学过钢琴、手风琴、声乐和舞蹈，后来成为北京电视台主持人，主持过北京卫视多档电视栏目，如《快乐生活一点通》《选择》《谁在说》等，还主持过湖北卫视《大王小王》的栏目，内蒙古卫视的栏目《马兰花开》。

男主持人王为念，山西人，主持节目中经常穿插方言，显得活泼有趣。他原为戏曲演员，在不少影视剧中饰演过角色，1996年进入中央电视台，此后参加了近10届中央电视台春晚的录制工作。2001年，因在中央电视台春晚上为春晚创作动效剧《过年我当家》而开创了动效剧表演的先河。2008年，因王芳的邀请而开始参与综艺节目《谁在说》的录制，把王为念从幕后推到了台前。2012年，与王芳共同担任湖北卫视情感节目《大王小王》的主持人。

可以看出，两名主持人均多才多艺，艺术修养深厚，生活阅历丰富。相比之下，王芳偏重逻辑思维，条理性很强，她负责掌控全场，引导节目的发展。王为念擅长歌舞，负责搞笑、互动。在采访方子哥那期节目中，王为念和许娣边舞边唱《北风吹》；采访斯琴高娃那期节目中，王为念和高娃老师对唱民歌；采访蔡明那期节目中，王为念和潘长江搞笑不断；采访关牧村那期节目中，王为念精心选了三个年轻的女中音组成"牧村组合"，作为送给关牧村老师的礼物……

制作上，《你看，谁来了》2017年版和2018年版都以蓝色和金色为色彩基调，呼应天津卫视台标的颜色，2019年版以黄色、咖啡色为色彩基调，显得深沉又明亮。后期制作朴实简单，不前卫不花哨，现场观众以女性为主，既有年轻人，又有中老年人。2019年版在正面大屏幕的基础上，又增加了一块侧面屏幕，将节目进程中需要播放的视频、照片挪至侧面屏幕，正面屏幕主要播放具有动画效果的栏目名称，这使得栏目的标识更加醒目，给观众的印象也更加深刻。

基本知识点 ◀◀◀

一、电视谈话节目的界定

在西方，电视谈话节目被称为"Talk Show"，港台的翻译家把它翻译过来，就成了现在电视从业人员都很熟悉的一个词：脱口秀。这个译出来的新名词不仅在读音上与原词极为相似，而且意思也很传神。

顾名思义，"脱口秀"指"脱口而出的谈话表演"。这种脱口而出、现场即兴发挥的特点正是电视谈话节目的主要特征，也是它的魅力所在。

由于是现场的即兴谈话，电视谈话节目就不可能先写好脚本，因此也就不可能像其他类型的电视节目那样，可以完全按制作者的安排进行。即使主持人事先做好了大量准备，对每一个问题都胸有成竹，谈话现场还是常常会出现一些出人意料的情况。

"即兴"是电视谈话节目的生命。正是在即兴谈话中，主持人和嘉宾的个人魅力得到了淋漓尽致的发挥，那些在碰撞中产生的奇思妙想、奇言妙语给观众带来了新的启示和美的享受。从这种意义上来说，电视谈话节目的最佳形式应该是"现场直播"。在现场直播中，嘉宾、主持人、现场观众的一切言谈、反应都是原汁原味、未经修饰的。同时，现场直播能为场外的观众带来"现场感"，观众参与的意愿更强。在国外，许多电视谈话节目是现场直播的，国内的电视谈话节目虽然因为种种原因很少现场直播，但是在制作过程中，制作者们还是以"准直播"的标准来要求自己，尽量让节目呈现出"谈话场"的原貌。[1]

二、电视谈话节目的特点

经过二十多年的发展，中国电视谈话节目已经有了很大的进步。比起当年《实话实说》的一枝独秀，如今的中国电视谈话节目可以说是群芳竞艳。除了数量增多之外，今天中国的电视谈话节目还有如下一些特点：

第一，节目形式多种多样。

从节目的表现形式上看，不仅有现场观众参与的谈话节目，如《实话实说》《对话》等，也有无现场观众的谈话节目，如《今日谈》；不仅有带嘉宾的谈话节目，也有不带嘉宾的谈话节目，如《当代工人》；不仅有在演播室现场录制的谈话节目，也有利用卫星通信技术，让不同地域的嘉宾同时进行交流的谈话节目，如《时空连线》。

从节目的播出形式上看，不仅有录制播出的谈话节目，也有现场直播的谈话节目。

从节目的类型上看，有辩论型谈话节目、讨论型谈话节目和叙事型谈话节目。

第二，节目制作越来越精良。

随着电视技术的发展和谈话节目自身的发展，中国电视谈话节目的制作越来越精良。

我们把《实话实说》早期的节目与现在的节目对比就会发现，无论是舞台背景的设计、主持人与嘉宾座位的设置，还是灯光、摄像、镜头切换、后期剪辑等技术方面，都有了很大提高。《实话实说》的早期节目还带有当时颇受观众欢迎的《正大综艺》节目的痕迹，这一点从主持人与嘉宾座位的设置上就可以看出来，嘉宾坐在一个很高的桌子后面，被安排在舞台的一侧，主持人则站

---

[1]　奇言妙语"脱口秀" [N]. 中华新闻报，2003–04–23.

在另外一侧，这种设计似乎是要让嘉宾参加一场智力问答比赛，而不是参加一个谈话节目。随着经验的积累和对谈话节目认识的逐渐加深，今天的《实话实说》已经改变了早期的设计，嘉宾不再坐在桌子后面，而是坐在舒适的木椅上，在演播室的中间，直接面对现场观众，主持人则坐在嘉宾的旁边。舞台也设计得宛如一间古色古香的会客厅，这样的设计体现了谈话节目模拟日常生活中人际交往的特点，拉近了节目与受众之间的距离。

今天，越来越多的电视谈话节目开始自觉地提高节目制作质量。在开播之前，许多谈话节目制作部门都会邀请专家进行精心策划，大到节目的定位、样式、结构，小到嘉宾坐什么样的椅子、用什么样的水杯都要经过仔细分析，力求节目一开播，就能以一种相对成熟的风格吸引观众。这推动着电视谈话节目不断走向成熟，用普通百姓的话来说，就是节目"越来越好看了"。

第三，谈话节目呈现出分众化趋势。

针对不同的受众需求来制作电视节目，是当今世界电视节目发展的一个潮流。这不仅是电视节目日益增多、竞争日趋激烈的结果，也是电视商业化进程的内在要求。

在电视发展的前期，由于节目数量少，供不应求，受众对电视这一新兴事物抱有强烈的新奇感，因此虽然电视节目制作者有时并不太在意受众的需求，制作出的节目也可以拥有数量众多的受众。随着电视的发展，频道不断增加，节目数量越来越多，观众可以选择的范围随之变大，从前那种死守一个频道从早看到晚的状况一去不复返了，观众在不同频道之间转换的速度变得越来越快，往往在观看某个节目几秒钟后就能决定是否继续观看。

为了吸引观众的注意力，节目制作者必须重视观众的收视心理，把观众的收视需求作为自己制作电视节目的一个重要参考因素。此外，靠播放广告赚取收入来维持节目播出，一直是电视赖以生存的商业经营模式，这种模式使得电视节目的制作单位重视商家投放广告的根本依据：收视率。在节目不断增多，受众总量相对固定的情况下，单个节目的收视率势必呈下降趋势。在这种情况下，如何提高收视率就成为节目制作者面对的最大问题。随着理论研究与实践的发展，人们发现，受众并非像传统传播理论认为的那样是一个抽象的群体，每个受众群可以细分为不同的层次。只有根据受众的不同需要，有的放矢地制作节目，才能收到更好的收视效果，节目的收视率也才能相对稳定。

三、电视谈话节目的主持人

（一）主持人的地位与功能

主持人是电视谈话节目的核心，这是由谈话节目的形态特点决定的。与其他形态的节目不同，谈话节目的主持人不能只是拿着事先写好的串词，根据导演的要求进行一番职业化的处理后，就面对镜头开始工作——谈话节目需要主持人付出更多的努力。

如前所述，即兴交流是谈话节目的重要魅力所在。即兴谈话无法事先写好脚本，因此带有很多的不可预知性，编导与策划即使事先进行了充分的准备，考虑到了各方面的因素，现场录制时仍然会产生各种意外。面对现场的这些变数，编导与策划是无能为力的，唯一能解决问题的只有主持人，因此主持人的反应能力直接影响到节目的质量。

美国的电视谈话节目强调突出主持人的号召力，许多谈话节目直接被冠以主持人的姓名，如《唐纳休秀》《奥普拉秀》《莉基秀》《与大卫·莱特曼共度夜晚》，等等，许多谈话节目在挑选主持人时也倾向选为大众熟知的明星。采用这种"明星策略"是因为电视节目制作者在长期实践中意识到：谈话节目十分依赖主持人的个性色彩和个人魅力，观众常常因为喜欢某位主持人而成为该节目固定的收视者。从某种意义上说，主持人就是节目最有效的"金字招牌"，把主持人培养成明星或由已经成名的明星来担任主持人，便意味着节目能拥有成千上万的崇拜者，节目的收视率、影响力也会随之上升。以著名主持人奥普拉·温弗瑞为例,《奥普拉秀》使她拥有了巨大的知名度和影响力,以至于她在《奥普拉秀》中介绍的书籍常常名声大振。一本名为《爱的归复》的书经奥普拉的推荐,在1992年售出上百万册,成为当年的畅销书,该书的作者也因此而一举成名。明星主持人所拥有的巨大的影响力也由此可见。

在中国,谈话节目的制作者们也充分意识到了节目主持人的重要性。《实话实说》的制片人时间曾说:"可以说,没有崔永元,就没有今天的《实话实说》。"①他的这个评价充分说明了主持人在谈话节目中所处的中心地位。对《实话实说》而言,崔永元的主持让节目在创办初期迅速赢得大量观众的喜爱,使节目站稳了脚跟,崔永元的主持是节目保持高收视率的重要保证。有一段时间,《实话实说》曾经启用过其他的主持人,但这些主持人却难以像崔永元那样受到观众的喜爱。中央电视台调查中心提供的1997年4月前的数据表明,崔永元比其他同样主持《实话实说》的主持人,主持的节目的收视率要"高出0.115个百分点,与当时的收视率平均值相比,这意味着收视人数增加了约9.3%"②。这个数据表明,《实话实说》的相当一部分观众是为了观看崔永元的主持才观看节目,他们认可的是崔永元那种机智、幽默、平民化的主持风格。随着时间的流逝,人们把《实话实说》与崔永元视为一个共同体,由此而"爱屋及乌",崔永元的风格也就是《实话实说》的风格。由此我们可以看出,谈话节目与主持人的关系可以称得上是互为表里。谈话节目为主持人提供了一个充分展示自己才华与个性的空间,而当主持人的风格形成,并与节目融为一体时,主持人就成为节目的灵魂,成为节目吸引观众的一面旗帜。

主持人作为谈话节目的核心,具体来说,主要体现在以下两个方面:

第一,主持人参与前期策划过程。

谈话节目的主持人作为现场谈话的组织者和引导者,事先必须对谈话的内容和参与谈话的人有一定了解,对谈话的范围、层次、脉络做到胸有成

---

① 时间,乔艳琳.《实话实说》的实话[M].上海:上海文化出版社,1999:11.
② 时间,乔艳琳.《实话实说》的实话[M].上海:上海文化出版社,1999:439.

竹，这样现场录制时才能应付自如。所以主持人应该在节目的前期准备阶段就介入。

谈话节目的前期准备工作主要包括确定选题，收集整理有关信息，选择嘉宾，开策划会讨论谈话的结构、层次、表现形式，设计各种技术手段的运用等。虽然在这一系列过程中，制片人、策划、编导各有分工、各司其职，但他们都要及时地与主持人进行沟通交流，以便主持人全面地掌握节目的进展情况。

具体说来，在节目前期，主持人应做的有以下几项工作：

1. 掌握与选题有关的信息

无论是编导、策划还是主持人，全面了解与选题有关的信息是非常重要的。信息掌握得越充分，在设计谈话的内容、寻找合适的话题切入点时就越能有更多的选择。主持人掌握的信息越多，他对节目的理解就越深入，现场主持时发挥的自由度也越大。

与选题有关的信息一般包括选题所涉及的事件的来龙去脉、相关的背景知识、人物的经历等。不同类型的谈话节目选题取向有所不同，主持人对信息的了解也应各有侧重。

知识类谈话节目的选题通常有很强的知识性和专业色彩，主持人要根据选题的要求有针对性地、系统地了解相关的专业知识。例如《健康之路》的选题基本上是一些对观众关心的疾病的诊断与治疗，主持人就要了解一些选题涉及的疾病的相关专业知识，对疾病的症状、发病率、危害等方面都要有充分的了解，这样在现场与专家谈起来才能听得明白、问得到位。

新闻类谈话节目的选题与新闻事件息息相关，主持人事先要了解新闻事件的来龙去脉，并时时关心它的最新动态。同时由于新闻类谈话节目一般不仅限于就事论事，主持人还要阅读大量与之相关的材料，对新闻事件的深层背景、内在原因、持续影响有一定了解。曾主持凤凰卫视《一点"两岸三地"谈》节目的陈鲁豫，还同时主持着另一档新闻节目《凤凰早班车》，她每天都要阅读大量的报纸、资料，在头脑中储存大量的新闻信息，因此，她在主持《一点"两岸三地"谈》时各种信息资料信手拈来，显得得心应手。

娱乐类谈话节目的样式有很多，有讲述故事的个案型节目，也有对焦点问题进行讨论的讨论型节目，还有"跑题跑不停"型的清谈型节目。不同样式的节目要求主持人掌握的信息是不同的，个案型节目要求主持人要尽可能多地掌握细节，对当事人的性格、经历也要有所了解；讨论型节目要求主持人吃透话题，从各种渠道了解人们对该话题的不同反应，还要向有关专家、学者请教，使自己的认识更全面、更深入，达到更高的层次；清谈型节目的主持人则要重视日常的积累，从各种报纸、杂志中汲取自己需要的东西，做生活的有心人，因为经历过的事情、听到的各种趣闻甚至平时与朋友间的交流都能成为节目中谈话灵感的来源。一个生动的例子就是《锵锵三人行》的主持人窦文涛，他常常在节目中拿着手机，念出朋友给他发送的短信息，以此来营造话题。

总而言之，主持人在前期对选题各方面的信息进行充分了解是十分重要的。随着主持人占有、消化各种信息程度的加深，主持人对选题从理性到感性再到理性的把握也会越来越深入。

2. 了解参与谈话者的想法，掌握其谈话方式

在前期准备的过程中，寻找嘉宾、确定人选是一项十分重要也很艰巨的工作。一般而言，这项任务是由策划、编导去完成的，但这并不意味着主持人就不需要参与其中。协助编导找到合适的嘉宾，了解嘉宾的观点、想法，熟悉其谈话方式，这些都是主持人进行准备工作的一个重要环节。

嘉宾是现场谈话的主要参与者，是主持人直接面对并与之交流的人。现场谈话的氛围如何，谈话的过程能否"出彩"都与嘉宾有着直接的关系，主持人只有真正做到"知己知彼"，才能够"百谈百胜"。

不同的谈话节目主持人与嘉宾事先进行沟通的方式也不同。

有的主持人在节目录制前一般不与嘉宾见面，《实话实说》的主持人崔永

元就是这样。这主要是因为担心嘉宾在与主持人交谈后受到影响，进而改变原来的观点和态度；或是由于把要说的话提前说了，到现场反而少了新鲜感。但是主持人事先不与嘉宾进行交流，并不意味着主持人就放弃了对嘉宾的了解。《实话实说》采用的方式是：由策划先了解嘉宾的情况，了解清楚他的态度、个性、谈话方式后再详细地反馈给崔永元，这样崔永元同样也能够详细地了解嘉宾的情况。这种间接了解嘉宾的方式非常依赖于策划的经验累积。

有的主持人则愿意在节目录制前与嘉宾进行接触，采取打电话的方式，或者与嘉宾见面聊天，在直接的语言交流中了解嘉宾。这种直接交流的优点在于主持人能够直接判断与自己交谈的这位嘉宾是否是现场谈话的合适人选。作为在录制现场与嘉宾面对面交谈的人，主持人对嘉宾的判断直接关系到现场谈话的质量，如果节目的编导不是很有经验，由主持人与嘉宾直接进行交流是非常有必要的。当然，主持人在前期与候选嘉宾交流时，充当的应该是"倾听者"的角色，要多听嘉宾的观点，多留意他的谈话方式和说话的特点，尤其要留意嘉宾的兴奋点在什么地方，什么问题能让嘉宾提起兴趣。主持人不能向嘉宾灌输自己的意图，更不能让嘉宾改变他的观点来迎合节目需要。总之，主持人不能让嘉宾为了节目的需要成为一个虚假的谈话者。

3. 参与策划会，与策划、编导充分沟通

策划会是集思广益、群策群力，采用"脑力震荡"的方法来对节目内容和形式进行设计的一种非常好的形式。现在大多数谈话节目都采用这种形式来进行节目的设计与策划。

一般而言，在确定选题之后，编导或负责选题的策划要根据搜集到的信息设计出一个最初的文案，再与制片人、主持人、节目组内部的策划或邀请来的专家一起开策划会，对文案进行修改，这样的策划会一般要开两到三次。在每次策划会后，编导与主持人还要就策划会上提出的各种建议进行沟通与交流，充分消化和吸收其中富于创造性的精华部分。

作为谈话的引导者和直接参与者，主持人参与策划会有助于清晰地把握住谈话的脉络，更全面深入地了解策划和编导的意图。此外，主持人也能充分地发挥自己的主动性和创造性，在策划会上大胆地提出自己的构思和设想。主持人参与策划会，对节目最终操作性文案的形成和落实起着非常重要的作用，这也是谈话节目以主持人为中心的独特表现。

4. 设计问题，完成节目文案

节目文案是由编导、策划与主持人共同完成的。其中，编导和策划主要负责确定节目的内容、结构、话题层次以及切入的角度，主持人则要把具体的问题设计出来。

主持人自己设计问题是由谈话节目的特性决定的。现场谈话的即兴发挥要求主持人能够随机应变，根据嘉宾的反应和现场谈话的氛围来控制谈话的节奏、走向，保证既能把话题充分打开，又能在该"言归正传"的时候及时回到谈话的主脉络，这种对现场的控制常常是通过主持人的提问来实现的。在一个谈话节目中，主持人需要准备提出大量问题，如果所有这些问题都由编导、策划来设计，主持人仅凭自己的记忆力记下这些问题，他对节目的理解是不可能深入的，而现场往往会出现应对不及时的尴尬场面。由主持人自己设计问题，既检验了主持人对前期资料、信息的掌握情况，又能够及时发现存在的问题。主持人在设计问题的过程中常常要预测嘉宾和观众的反应，这其实也是对节目现场进行一次提前的"演习"。有了这样一个设计问题的过程，主持人对选题的理解程度就加深了，在现场才有可能发挥得灵活自如，真正做到随机应变、反应敏捷。

第二，现场谈话主要依靠主持人来进行控制。

经过前期的精心策划，谈话节目的制作接下来就到了最关键的部分：现场谈话的正式录制。主持人对节目录制是否成功起着重要的作用，尤其一些谈话节目采取了现场直播的播出方式，如果主持人发挥不好，节目的失败将直接呈现在电视观众面前；即使采取了录制播出的方式，主持人表现不好也会给后期编辑带来非常大的困难。崔永元认为，"主持人的现场发挥直接关系到节目的成败。节目策划得再好，主持人现场变成了大傻瓜，这个节目就很傻，后期编导再有本事，也不能妙手回春"①。

谈话现场的主持人充当着三个重要角色。

1.参与现场谈话的谈话者

与嘉宾和现场观众一样，主持人在现场也是一个谈话者。他用富有个性的语言与嘉宾或者观众交流，表达自己的观点，表明自己的态度，与现场的人一同享受着谈话的乐趣。主持人以平等友好的态度对待嘉宾，向嘉宾提出问题，共同就某一个问题进行讨论，并在适时的时候对嘉宾的发言进行总结或评点。同时，主持人还与现场观众进行交流，倾听现场观众的意见，询问他们的真实想法。他与现场观众的谈话扩大了交流的范围，活跃了现场的气氛，推动谈话向更深层次展开。

2.现场谈话的组织者

主持人掌握着现场的主动权，通过提问、暗示等技巧调动嘉宾的情绪，控制谈话的走向，调节谈话的节奏。

主持人在嘉宾与观众间进行协调。在谈话中，主持人要注意让每位参与节目的嘉宾都有发言的机会，不能"厚此薄彼"。当嘉宾的观点或意见出现分歧时，主持人要让不同的意见都能得到充分的表达，并且有讨论的机会。当"交锋"过于激烈时，主持人要适时化解，使嘉宾的"口舌之争"得以平息。主持人还要在嘉宾与现场观众之间架起沟通的桥梁，让现场观众参与谈话，鼓励他们发表观点，加入讨论，使谈话保持活跃的气氛。

---

① 时间,乔艳琳.《实话实说》的实话 [M].上海：上海文化出版社,1999：108.

3.大众的传播者

录制谈话节目的演播厅是一个既封闭又开放的空间。说它封闭，是因为演播厅是一个有着固定容量的空间；说它开放，是因为通过电视转播，演播厅里的节目同时被传递到千家万户，拥有成千上万的观众。尽管在录制节目时，主持人只能看到身处演播厅里的嘉宾和观众，但这并不意味着主持人就不需要同场外的观众进行交流。主持人在主持节目时应始终把场外的观众装在心中，面对大众进行传播。这一点经常被许多谈话节目主持人忽视。

缩短观众与电视间的距离，把更多的观众带入演播厅所营造的情境中，主持人才能实现作为"大众的传播者"的功能。要实现这个功能，主持人就要学会面对摄像机镜头说话，因为摄像机镜头代表的是场外观众的眼睛。[①]

（二）主持人的必备素质

作为现场谈话的组织者与参与者，谈话节目主持人只有真正打开嘉宾与观众的心扉，让他们真实地表达自己的观点、想法，流露自己真实的情感，才能营造出成功的"谈话场"，节目才会精彩。

要让嘉宾打开心扉并非易事。在演播室这个陌生的环境中，在高强度的灯光照射下，同一群并不熟悉的人谈话，嘉宾自然容易拘谨和紧张，再加上摄像机时时刻刻都在提醒嘉宾还有无数双眼睛注视着他，嘉宾就更不敢说出心里话了。

如何消除嘉宾的紧张与拘谨，就成为主持人面临的一个难题。虽然在节目的前期策划中，编导与策划可以设计一些有助于嘉宾放松的方法，但主要还是要靠主持人在谈话过程中通过语言、神态等来感染他们，使他们慢慢放松下来。要做到这些，主持人必须具备一定的修养和素质。[②]

---

① 柴延峰.中国公共辩论型电视谈话节目研究[D].曲阜：曲阜师范大学，2010.

② 梁民.谈话节目主持人的必备素质[J].声屏世界，2003（1）.

1. 主持人要有亲和力

不同类型的电视节目需要不同气质的主持人。新闻节目主持人要显得有权威感，要睿智，能够一针见血地指出问题的实质；综艺节目的主持人则要活泼大方，能够活跃节目气氛；对谈话节目而言，主持人则需要有亲和力。

"亲和力"是能让别人感到亲切和放松的一种气质与魅力。

"亲和力"体现在以平等的态度对待嘉宾。具体来说，就是对待普通人，不能看不起对方，不要在言谈举止中流露出轻视的态度；在对待名气大、社会地位高的嘉宾时，也不要处处奉承迎合，表现出卑躬屈膝的态度。在这方面，崔永元是一个很成功的主持人。《实话实说》是"站在平民的立场，关注平民的生存境遇，揣摩平民的所思所想"的一个谈话节目，邀请的嘉宾大多是平民百姓，带来的是平民的呼声。崔永元的主持就体现了"平民化"的特色，他朴实的语言、诚恳的行为举止及投入的情感无不透露出他对嘉宾与观众的尊重，他"以一种平等的心态、平和的方式，取得了节目在民众中的亲和力"。①

2. 主持人要具备很强的"说"与"听"的能力

谈话节目是以语言交流为主体的节目，要求主持人具备很强的语言能力，尤其是即兴口语表达的能力。

一个人的语言能力不是与生俱来的，而是"在一定的生理素质和心理素质的基础上，经过教育、培养，特别是在实践活动中不断吸取他人的智慧并总结积累自己的经验而形成和发展起来的"②。因此虽然人人都会说话，而且每天都要与别人进行交流，但是每个人的说话水平却有高低之分。语言能力不仅反映一个人对词语的运用、语法的使用以及对表达技巧的掌握程度，还反映说话人的思维水平、知识层次及个性心理特征。

谈话节目主持人还要培养自己的即兴口语表达能力。作为公众人物，主持

---

① 时间, 乔艳琳. 《实话实说》的实话 [M]. 上海：上海文化出版社, 1999: 66.
② 吴郁. 主持人的语言艺术 [M]. 北京：北京广播学院出版社, 1999: 187.

人使用的"口语"与日常生活中人们所说的"大白话"不同，它富于个性色彩，抛弃了日常随意性口语的模糊与粗糙，吸取了局面语规范、简洁的长处，能够给观众带来审美享受。谈话节目主持人的口语带有强烈的即兴色彩，常常脱口而出，这就要求主持人具有丰富的知识储备和很强的理解力，能够迅速抓住对方谈话中的要点，调动自己的知识储备，在头脑中快速地组织话语并表述出来。在口语表达的过程中，主持人不仅要反应敏捷，还要特别注意逻辑的清晰和语言的通俗易懂。

除了"能说"之外，主持人还要"会听"。有许多主持人都有很强的语言表达能力，能够滔滔不绝地说很长时间，但是这些主持人主持的谈话节目却常常受到观众的批评，原因就在于他们"不会听"。

主持人首先要耐心地倾听别人都说了什么，只有明白了别人的意思，才能判断出何时该说，何时不该说，何时该多说，何时该少说，怎样说才能达到理想的效果。说到底，谈话节目主持人的"说"是要以"听"为前提的，"说"与"听"是一个互动的过程。①

有许多著名的谈话节目主持人都很善于倾听对方的谈话，有的主持人甚至把"善于倾听"发展成自己的独特风格。美国电视谈话节目主持人奥普拉·温弗莉在主持节目时，总是"仔细地倾听嘉宾们的谈话，并且利用谈话的内容把主题步步引向深入"，"温弗莉的同情和倾听使她在观众中极有人缘，被当作'每一位妇女的朋友'和'一个好打听的邻居'，想要了解并且愿意理解每一个人"。②温弗莉在倾听嘉宾谈话时表现出来的耐心，以及她根据谈话内容"把主题步步引向深入"的能力，使她在调动嘉宾积极性和现场观众的热情方面表现得极为出色。

①　梁民. 谈话节目主持人的必备素质[J]. 声屏世界, 2003（1）.
②　斯克特. 脱口秀: 广播电视谈话节目的威力与影响［M］. 苗棣, 译. 北京: 新华出版社, 1999: 249.

3. 主持人要机智灵活，现场反应要迅速

即兴谈话要求主持人在短时间内迅速理解嘉宾的意思，并做出合适的回应。

主持人的机智灵活有先天遗传的因素，但与自身后天的文化修养、经验积累、人生阅历也有很大关系。主持人应当具备良好的文化素质和修养，能够不断汲取新的知识养分，不断更新自己的知识结构。只有知识储备充分了，主持人的头脑才可能快速运转，如果头脑空空，一问三不知，那是不可能产生什么让人拍案叫绝的精彩话语的。

除了具备一定的文化素质和修养外，主持人拥有丰富的阅历，对人情世故较为练达也很重要，它使主持人能够具备良好的心理素质，在情况突转时也能处变不惊。而且更重要的是，它使主持人具有一种对生活的敏感，能够及时察觉到现场的种种变化，并灵活推进谈话，调节现场气氛。

4. 主持人要有幽默感

谈话节目的现场录制工作一般要持续一两个小时乃至更长。在长时间的谈话过程中，嘉宾和观众很容易感到疲乏，特别是在话题不那么吸引人的时候，这种疲乏感更是明显。这时就需要调节嘉宾和观众的情绪，让他们适当地轻松一下，从而使现场的气氛重新活跃起来。调节嘉宾与观众情绪最有效的方法是设法让他们笑起来。在笑声中，嘉宾和观众的疲乏自然而然地被涤荡一空，紧张的情绪也得以宣泄，谈话就能重新回到积极活泼的轨道上来。要让嘉宾和观众发出笑声，就需要主持人有幽默感。

幽默是有效的润滑剂、缓冲剂和黏合剂。笑声能够缓解观众的紧张情绪，使观众放松疲惫的身心，使人际关系重新变得和谐。作为谈话节目的主持人，拥有幽默感不仅可以让自己显得平易近人，赢得别人的好感，而且在主持节目时更能举重若轻，轻松掌控现场。[①]

---

① 该部分内容引自梁民发表于《声屏世界》2003年第1期的文章《谈话节目主持人的必备素质》。

四、电视谈话节目的选题与嘉宾

拥有一个出色的主持人，谈话节目就初步具备了成功的基础。但是光靠一个主持人是远远不够的，还要有互动的另一方——嘉宾。"巧妇难为无米之炊"，好的选题也是必不可少的。只要选题精彩，嘉宾出色，再加上主持人的成功表现，谈话节目就能获得长久的生命力。

（一）选题

俗话说，"好的开端是成功的一半"。对于一期具体的节目来说，选择到好的话题就意味着在通向成功的道路上迈出了第一步。对于制片人来说，选题的确定则意味着以后更多的经济投入，所以无论是策划者还是节目的制作者，对待选题都是很慎重的。

选题环节的操作有多种方式。有的栏目成立了"选题组"，选题组的策划人负责搜集各种信息，从中挑选出适合自己节目的选题；有的栏目由编导自己寻找选题；还有的栏目充分发动观众，设立奖励，鼓励观众提供选题。由专门的选题组负责搜集选题是一种科学、经济的分工方式，它能够保证选题质量的稳定，同时也使编导把精力集中在节目的制作上。但是在这种选题方式下，如果不能加强节目编导与选题组的交流，在操作过程中，编导对选题的认识往往不如负责选题的策划人深刻，因此有时会把握不好选题的重点所在。由编导自己寻找选题，可以充分调动起编导对选题的兴趣，编导对选题的认识也会相对深入，但是由于编导的水平参差不齐，对节目的认识也不一致，找到的选题往往质量、风格有较大的差异，而且寻找选题的过程也大量耗费编导的精力。发动观众提供选题不失为一种很好的补充渠道，但不能作为选题的主要来源，因为观众对节目的定位和操作缺乏了解，难以有的放矢，提供的选题往往不适用，而且这个渠道也很难长期稳定地坚持下去。

不论选题的来源如何，栏目都要定期召开选题会，邀请有关的专家进行讨论，确定哪些选题是可行的，哪些选题无法进行操作。一般而言，确定选题要考虑如下几个方面的因素：

1.栏目定位

谈话节目的选题和栏目的定位紧密相关，因此节目制作者必须从栏目的定位出发，选择合适的话题或角度。

对栏目进行定位是每个栏目在开播之前都要做的一项工作，一般包括确定栏目的基本功能、受众群以及样式和风格等内容。不同的栏目有着不同的定位。举例来说，《相约夕阳红》这个谈话节目的基本功能是"满足老年人的精神需求，给老年人以精神慰藉，加强与老年人的思想交流和沟通"[①]，该节目每期时长为25分钟，受众群主要是老年人，节目在演播室里录制，有观众参与录制；而《国际双行线》的基本功能则是"关注人类共同的话题，探讨东西方文化差异与冲突，现场报道中外典型事件，实现真正意义与形式上的国际交流"，节目时长为50分钟，受众群主要是知识分子，现场观众由中外人士组成，所有嘉宾、现场观众以及主持人均配备有中英文同声传译设备。

不同的栏目定位使得不同节目的选题各有特色。《相约夕阳红》的选题集中在老年人关心的话题上，谈他们的情感与体验，于是就有《孔英上学》《卜婆婆》《母女之间》《为健康喝彩》等说老年人事、抒老年人情的精彩节目；《国际双行线》的选题则围绕着中外文化的交流与碰撞进行，无论是《爱情故事》《喝酒的人》，还是《远离毒品》《我看<卧虎藏龙>》，都力图挖掘出不同文化背景下的不同观念，展示不同观念的碰撞与交织。栏目定位的不同决定了《相约夕阳红》与《国际双行线》基本上不可能采用同样的选题，即使它们偶尔会谈到同样的内容，也是从不同的角度进行操作的。此外，即使是同一嘉宾，在不同的栏目，谈话的内容也依栏目的定位而有所不同。在中国成功加入世界贸易组织后不久，《实话实说》与《对话》都曾邀请龙永图作为嘉宾，但是谈的内容却

---

① 阚兆江.相约夕阳红[M].北京:中国大百科全书出版社,2001:5.

有很大差异。《实话实说》邀请龙永图探讨的是成功加入世界贸易组织会给普通中国人的生活带来什么变化，而《对话》邀请龙永图谈论的却是人才问题。这种角度上的差异同样是因为栏目定位的不同造成的。

2.卖点

确定选题，除了要考虑栏目的定位，还要考虑选题是否具备"卖点"。"卖点"是选题最能吸引观众、最有创意的地方。找到了具有"卖点"的选题，节目的收视率才会有保证。

明星、名人可以成为谈话节目的"卖点"，但对明星和名人的选择要结合节目的定位来进行。举例来说，《对话》的定位是新闻性、开放性和前沿性，所关注的是中国经济的发展，它的受众群主要是关注中国经济发展的高知识层人士，因此节目邀请的名人主要是一些企业界巨子和政府官员，其中既有全球500强的外国企业家，如维亚康姆公司时任总裁萨默·雷石东、诺基亚时任首席执行官约玛·奥利拉，也有中国企业家，如联想集团的前任总裁柳传志等。这些重量级人物的出现不仅吸引了大批观众的注意力，也提升了节目的谈话层次。与《对话》不同，《艺术人生》是一个娱乐性很强的谈话节目，其受众群是普通人，受众范围广，因此邀请的嘉宾基本上是演艺圈人士。

新闻事件和新闻人物也可以成为谈话节目的"卖点"。时效性与轰动效应是这类选题吸引人关注的重要原因。美国的电视新闻谈话节目在这方面做得很好，在新闻事件发生的当天，观众就可以在节目中看到当事人，或是由有关的专家发表自己的看法、分析事态发展。这就使得电视谈话节目不仅能成为许多历史事件的见证者，而且在某种程度上也以自己的力量在改变着这些历史事件的进程。在中国，也有许多谈话节目以新闻事件和新闻人物为选题。例如凤凰卫视的新闻类谈话节目就体现出这种求新、求快的特点。以"9·11事件"来说，凤凰卫视不仅迅速地组织了现场直播，而且推出了专门的谈话节目。在随后几天里，《时事开讲》等新闻谈话节目邀请有关方面的专家从各个角度对这个震惊全球的事件进行了分析和评论。

除了社会关注的热点问题，焦点问题也能成为节目的"卖点"。例如中国成功加入世界贸易组织后，人们普遍关心加入世界贸易组织会给中国经济、企业发展、人民生活带来什么样的影响。因此选择"中国加入世界贸易组织"为话题，从不同的角度切入，就能吸引不少观众的注意力，这样的选题就很有卖点。除了这种全民关心的热点、焦点问题，特定观众群的需求也能成为"卖点"，例如每年大学生的就业问题都会牵扯到许多家庭的心，以"就业问题"为话题，也能得到不少观众尤其是青年学生的关注。《对话》就曾经做过一系列以"人才"为话题的节目，其中几期就谈到了人们普遍关注的就业问题，受到了观众的好评。

悬念与新奇感也能成为节目的"卖点"。美国的电视谈话节目有很多选题就是立足于满足观众的窥视欲望与好奇心理，把各种奇闻逸事作为话题，让观众感到闻所未闻，见所未见，这样的选题在一定程度上能够提高节目的收视率，但负面作用也不小。中国电视谈话节目不能像美国电视谈话节目那样走极端，但也可以有所借鉴，吸收其合理因素，利用选题的新奇感及其所具有的悬念作为"卖点"。例如《相约夕阳红》的《为健康喝彩》，谈论的是一个70多岁的老人为什么要坚持练健美，健美给他的生活带来了什么。这样的选题就既有悬念，又让观众感到很新鲜。

3.可操作性

一个选题要由设想变为现实，必须具备一定的条件。这些条件既包括节目制作人员的素质、技术条件等节目自身内在因素，也包括政策限制、嘉宾意愿等外在因素，也就是选题的"可操作性"。

对于以明星、名人为主角的谈话节目而言，嘉宾的意愿在很大程度上决定着选题的可操作性，只有嘉宾愿意参加节目，并且表现出愿意与编导合作的态度，选题才能真正进入操作阶段。新闻性选题的可操作性则常常受到政策方面的影响，因此在确定一个选题是否可行时，制片人与策划者要考虑周全，多了解相关的资讯和政策，以免选题在操作过程中因为遇到无法克服的障碍而半途而废。

在确定节目选题的时候，节目制作者不能只靠主观臆测，仅凭"想当然"来考虑问题，除了邀请专家进行选题的"可行性"论证之外，不断总结节目制作的经验，根据观众的反馈来确定选题也是很有必要的。《相约夕阳红》的节目制作者在这方面就深有体会。在节目开办初期，《相约夕阳红》曾经做过一些节目，谈论的是"老来俏好不好""秧歌扰民怎么办"等"看似与老年人非常相关、也很值得讨论的问题"，但是节目播出后却没有引起什么反响。随着节目制作经验的增加，《爱的奉献》与《孔英上学》等节目在观众中引起强烈共鸣，这使节目制作者意识到，"与老年人生活贴近的，老年人感受特别深切的事情，才是老年人最为关心的"。于是，在实际操作中，节目组要求编导在申报选题之前，"必须经过采访，必须走到老人中间。不能想当然，更不能仅凭想象说一句'我估计老年人对什么问题感兴趣'"[①]。这就提醒我们，深入调查、依据事实说话的方法是很重要的。

由于要考虑到栏目定位、卖点、可操作性等多方面因素，一般而言，谈话节目粗选的选题数量要十倍于精选的和落实的数量。

（二）嘉宾

广义上说，谈话节目的嘉宾指的是被邀请到节目现场参与录制的所有人，其中包括现场的观众；狭义的"嘉宾"指的则是坐在主持人身边，参与现场谈话最多，也最为观众关注的某位或某几位人士。在不做特别说明的情况下，我们使用的都是"嘉宾"的狭义概念。

嘉宾在节目中的主要功能是参与现场谈话。在主持人的引导下，嘉宾可以自由地表达自己的观点、讲述自己的故事、释放自己的情感，也可以与主持人

---

① 阚兆江.相约夕阳红 [M].北京:中国大百科全书出版社,2001:8.

或观众就某个问题展开讨论。

　　嘉宾的数量不是固定的，节目编导可以根据节目的需要决定嘉宾的数量。有的谈话节目没有区分现场观众和嘉宾，如《当代工人》。在这个节目里，主持人不与某个或某几个特定的对象进行交流，而是直接面对一群人，与他们就某些问题展开谈话。不过像《当代工人》这样的谈话节目很少，大多数谈话节目都会邀请一定数量的嘉宾。一般而言，谈话节目的嘉宾数量在1—5位之间较为合适，因为嘉宾数量过多会给主持人协调和组织现场带来很大的困难。当节目中有多位嘉宾时，主持人不仅要保证每位嘉宾的观点都得到充分的表达，还要协调他们之间的关系，照顾好每个人，避免厚此薄彼。但如果嘉宾的数量过多，主持人很难照顾周全，有可能出现有的嘉宾没有说话机会或谈话不充分的情况，有些问题因此而无法得到深入的讨论。一般说来，嘉宾的人数最好不要超过5位。如果节目确实需要安排数量很多的嘉宾，那么可以采取以下两种方式：

　　第一种方式是让嘉宾分组上场。主持人在前期设计时，可以根据谈话的内容、层次确定出少数的主嘉宾，这几位主嘉宾可以从始至终留在主景区。其他的嘉宾则分为几个组，根据谈话的进程在合适的时候上场。《朋友》《艺术人生》采用的都是这样一种方式。以《艺术人生》为例，其每期节目都会确定一位演艺界人士作为主嘉宾。随着谈话的展开，与这位主嘉宾有关的人，例如亲人、恋人、好友，便会被主持人根据谈话的内容先后邀请上台来参与到谈话中。这些嘉宾被邀上台后，并不会一直坐下去，当与他们有关的段落结束后，主持人就会友好地把他们请下台去，接着与主嘉宾继续展开后面的谈话，当谈话进行到某一阶段时，主持人会再邀请新的嘉宾上场。这种方式较为适合叙事型的谈话节目。

　　第二种方式是只在主景区保留少数几位主嘉宾，其他的嘉宾安排在台下前排就座。《实话实说》《对话》《相约夕阳红》等许多谈话节目都采用这种方式。采用这种方式的好处在于免去了嘉宾上下场的麻烦，而且台下的嘉宾可以随时参与到谈话中来。这样的方式特别适合讨论型的谈话节目。

除了考虑嘉宾的数量之外，节目编导还要考虑嘉宾的搭配和平衡。首先，嘉宾的性别最好不是清一色的男性或女性，而是男女搭配。其次，嘉宾要有角色分工。在节目邀请的嘉宾中，既要有理性的、逻辑思维强的，也要有感性的、直觉敏锐的；既要有性格沉稳的，也要有富于激情的；既要有说话严谨的，也要有爱开玩笑的……总之，嘉宾的搭配要讲究"和而不同"，这样才有可能从不同的角度看问题，也才可能有碰撞和交流。如果只请同一类型的人来当嘉宾，现场谈话往往会因为缺乏不同声音而变得淡而无味。

嘉宾是谈话节目的主角，嘉宾的表现直接关系到节目的成败。因此并不是任何人都可以作为嘉宾被邀请到节目现场的，谈话节目的嘉宾要经过节目制作者认真选择。

一般而言，挑选合适的嘉宾要考虑以下几个因素：

首先，嘉宾要有较强的语言表达能力。嘉宾与主持人一样，要能说会道，善于表达自己的思想和情感，能够清楚地叙述自己经历过的事情，不能颠三倒四，更不能半天说不出一句完整的话来。嘉宾的能说会道应该建立在真情实感的基础上，不一定要有华丽的辞藻，但一定要发自内心，是经过自己思考的有感而发。

在挑选嘉宾时，节目编导要注意避免选择这样一些看似能说的人：

（1）在生活中非常能说，机智幽默，观点也很独特，但是一到聚光灯下，面对镜头就患上"失语症"的人；

（2）没有自己的语言，一开口就打官腔、唱高调，把别人当作教育对象的人；

（3）喜欢高谈阔论、引经据典，说起话来唯恐自己水平不高、理论不深，但是缺乏真情实感，没有亲身体验的人；

（4）喜欢充当"演讲者"，说起话来滔滔不绝，但听不进别人意见，不愿意与别人交流的人。

其次，嘉宾要有人格魅力。嘉宾不一定要长得漂亮，也不一定要语出惊人，嘉宾可以是一个很普通的人，但是一定要拥有某种让人喜欢的特点和气质，当他出现在镜头前时，能够焕发出迷人的光彩。《相约夕阳红》就经常邀请到这样的嘉宾。例如在《为健康喝彩》中那位60岁开始练健美的老人，他的乐观和他对体育运动的激情就深深打动了观众；再比如那位八十几岁高龄仍然管理着企业的卜婆婆，她幽默的言谈、爽朗的笑声、浑身焕发的活力都给观众留下了深刻印象。

最后，嘉宾应当是某一话题的专家或是与话题有着密切关系的人。邀请专家时要考虑到专家的权威性和说服力。对叙事型谈话节目而言，则要尽量邀请到当事人。

此外，不同定位、不同类型的谈话节目对嘉宾的要求也不同。举例来说，辩论型谈话节目对嘉宾的内在修养就有较高的要求，它要求嘉宾要具备绅士风度，在辩论中能够待人宽厚，不会把辩论变为人身攻击。

在确定了所需嘉宾的条件后，节目制作者就要开始寻找合适的人选了。节目制作者可以在自己认识的人中进行选择，也可以通过报纸、网络定期发布选题，在对选题有兴趣的人中进行选择。制作者有必要对嘉宾候选人进行多次采访，或是召开多次见面会，考察这些候选人的语言表达能力，最终找到合适的人选。找到合适的嘉宾后，制作者还应当准备一份详细的嘉宾资料，让主持人能充分了解他们的性格、经历、谈话方式，以备现场谈话之需。

在做个案型节目时，常常会遇到选题非常好，但是嘉宾的表达能力却不强的情况。其实，这样的情况还是可以进行一些补救的。比如，在节目前期可以多制作一些短片，用短片来弥补嘉宾的叙述。同时，编导还可以尽量多请一些了解嘉宾事迹的人到现场，通过引入他们的叙述来丰富观众对主嘉宾的了解。《相约夕阳红》曾经制作的《走进墨脱》中，节目的中心嘉宾即那位老人对于主持人的问话，常常只用一两个字就回答完了。为了弥补嘉宾叙述的不足，现场不仅播放了介绍墨脱情况、记录老人进山过程、希望小学建成后老人讲课的多段短片，而且还邀请到了老人的家人、单位领导、朋友来叙述这个过程。次嘉宾的出色表现，弥补了主嘉宾的不足，不仅使观众完整地了解了老人的故事，而且也感动了全场。观众不仅没有因为老人的不善言辞而着急，反而更深切地感受到老人的可爱与伟大。[①]

五、电视谈话节目的现场录制与后期制作

（一）现场录制

经过前期的策划工作，谈话节目就进入了关键的现场录制过程。

现场录制是一个令编导和主持人非常紧张的过程，因为它充满了不可预知性。虽然前期策划中节目制作者对"说什么""怎么说"都进行了周密的设计，但在谈话的过程中，常常还是会出现许多出人意料的情况。可以说，现场录制是在控制与失控之间进行平衡的一个过程。

现场的元素有很多，其中较为重要的有以下几个：

1. 现场观众

作为公众的论坛，参与到现场谈话中的人自然是越多越好。观众越多，现场谈话的气氛就越活跃，各种观点的交锋也越激烈。现场观众不仅能够有效地营造和烘托谈话的氛围，而且作为场外观众的代表，现场观众起到了沟通场内外的积极作用。

现场观众的主要功能是参与现场谈话。在被邀请到节目现场的观众中，有一些是编导事先沟通过并有意安排在现场发言的，这部分观众被称为"预埋观众"或"钉子观众"。安排这部分观众实际上是为了活跃现场交流氛围。中国人一般不愿意主动表达自己的思想，许多人虽然很有想法，但是看到周围没有人发言，就变得谨慎起来。如果事先安排一些观众提问来带动场上的气氛，就可

---

① 阚北江. 相约夕阳红[M]. 北京: 中国大百科全书出版社, 2001.

以避免"冷场"。预埋观众的第二个作用是实现编导的某些特定意图。在现场，主持人碍于自己的身份不方便向嘉宾提问部分问题，编导可以把这些问题安排给预埋观众，让观众来询问嘉宾。此外，当节目里有一些需要观众参与的、带有表演性质的设计时，也可以事先安排好适合的人选。有了预埋观众，节目的进行就更有保障一些。当然，对谈话节目而言，最好的境界是现场观众完全投入谈话中，愿意即兴发言、参与讨论。在安排预埋观众时，编导应该尊重对方的想法和意愿，从那些符合自己需要的人中找出合适的人进行沟通，让对方自愿参与，不能把自己的想法强加给别人。

到现场参与谈话的观众应是由节目组精心挑选出来的。节目组一般可以通过网络征集观众，也可以通过公关公司来寻找合适的观众。但是不论通过哪一种途径，编导都有必要在节目录制前同观众进行沟通，把那些对话题真正有兴趣的人，而不是只想当看客的人请到现场。在这方面，做得较好的节目有《实话实说》《对话》《艺术人生》。《对话》不仅关心观众的想法，把观众的问题融入节目的设计中，还对观众的外表和衣着有具体的要求，这与它邀请高档次嘉宾的定位是相符合的。《艺术人生》的嘉宾是演艺界人士，该节目的现场观众有的对嘉宾的演艺生涯经历倒背如流，有的甚至收藏着连嘉宾自己也找不到的作品专辑。有了这样的观众，现场交流一定会精彩得多。在现场观众的选择上花费的精力越大，现场录制时得到的回报也越多。

2. 场地设计

大多数谈话节目都是在演播室中录制的。在中国电视谈话节目中，只有《当代工人》长期坚持在外景录制，以工厂、货场、机场、林地为场地，树立了独特的风格。一般说来，外景场地对灯光、摄像等技术要求很高，不好控制，而且在露天环境中，由于有许多外在因素的干扰，谈话的氛围很难形成，因此还是在封闭的演播室里录制谈话节目效果较好。

演播室谈话节目的场地设计一般可分为主景区和观众区。主景区是主持人与主嘉宾谈话的区域，是现场的中心；观众区是次嘉宾和现场观众所处的区域。

一般而言，现场观众的参与程度决定了主景区和观众区距离的远近。现场观众参与得越多，观众区离主景区越近。《艺术人生》为了方便观众参与，营造出一种观众与嘉宾间很亲密的氛围，观众区离主景区非常近，观众就坐在离嘉宾和主持人四五步远的地方。而在观众参与较少或不参与的节目如《朋友》和《爱心世界》中，观众区离主景区就比较远。

主景区是主持人同嘉宾谈话的主要区域。如何安排主持人与嘉宾的座席是一个值得研究的问题，因为在真实的交谈中，谈话者们总是自然地形成一个圆形的位置配置，以便于交流。

在一个节目中，特别是当有现场观众的情况下，中心谈话者的最佳占位方式应该是排成一条直线面对观众，这也是各类舞台表演普遍遵循的一个原则。显然，在主景区席位安排上，存在着一个既要便于主持人、嘉宾进行交谈，又要方便现场和电视观众观看的矛盾。过分重视表演效果，把主景区座位排得太直，迫使谈话者扭着脖子说话，不但画面不舒服，也会影响到谈话松弛自然的气氛；而过于注重真实谈话氛围，把主景区座位排得太圆，让现场观众看嘉宾的背影也显然不妥，给机位处理也增加了难度。

不同的谈话节目由于风格不同，诉求点不同，在处理这个矛盾时方法也各异。《锵锵三人行》由于没有现场观众，且又是一档特别重谈话气氛的清谈式节目，便把座席完全安排成圆形；有些节目仍然选择直线排列，看重的是直面观众的表演形态；而目前大多数谈话节目则采取了折中的办法，就是把圆形和直线两者结合起来，把主景区的席位排列成弧线形，或是略微变体成直角形、雁阵形。

与主景区相对的观众区的布置应该与主景区的配置思路一致。简单地说就是以直线对直线、以圆形对圆形、以弧线对弧线。以两排直线相对是典型的剧场方式，突出的当然还是"脱口秀"中的"秀"字。用观众座席的大圆形围绕谈话者座席的小圆形最有利于再现最有日常谈话意味的谈话。欧洲有一些谈话节目运用这种方式，气氛很好，但它对于现场机位高度的要求非常高。还有一种以两个马蹄相对的方式布局座席，实际是把两个圆形各留一个开口，在考虑到现场观众的同时把营造谈话氛围的可能性提高到最大的程度，重庆台的《龙门阵》采用的就是这种方式。使用最多的还是两个相对的弧线的安排方式，弧度的大小则因为编导对自己节目的不同理解而相差甚远；有的弧度很小，接近于直线，有的弧度很大，差不多是两个半圆。

无论采用哪种设计，设计者都要从节目定位出发，并且考虑演播室的具体情况。好的现场位置设计能够很好地展示节目的风格与个性，让观众产生深刻印象，也有利于谈话流畅地进行。

3. 场外介入

扩大谈话的范围，实现场内外的互动一直是电视谈话节目制作者追求的一个目标。为了实现这一目标，热线电话和网络被引入谈话节目现场，成为场内外联系的有效工具。热线电话一般只适合在现场直播的谈话节目中运用，美国著名的新闻谈话节目《拉里·金现场秀》就把热线电话接入作为一个重要元素，极大地扩展了谈话场的范围，把小小的演播室同整个世界连接在一起。在我国，过去上海东方电视台的《东方直播室》和现在山东济南台的《泉城夜话》都充分利用了热线电话来实现节目同广大电视观众的互动。

互联网在谈话节目中的运用值得我们注意。近年来计算机网络迅速普及，网络社区、网络聊天室造就了一个大众论坛，网络论坛与作为另一种类型的大众论坛的电视谈话节目具有同质性，这使得网络论坛很容易融入谈话节目中，能够很自然地把论坛空间开拓到远距离的用户端。网络介入的另一个好处在于它的可控性较强，网络接入内容可以通过编辑筛选后再出现在节目中，可避免发生技术事故或其他重大问题。此外，一些录播节目可以在录制过程中进行网络直播，并把直播时网民的介入适当编入最后的节目中。这种半直播方式在一定程度上解决了录播节目无法实现场外互动的难题。《东方时空7周年特别节目》在这方面做过一次很好的尝试，但到目前为止，半直播式的网络介入还没有作为常规方式出现。

除了电话和网络之外，利用卫星技术连接不同地域的人，让更多的人参与谈话也是当今电视谈话节目发展的一个趋势。例如《对话》就曾经利用卫星技术连接台湾地区与大陆，制作了一期名为《两岸髓缘》的精彩节目。

谈话节目正式录制之前，常常要有一个"热场"的过程。所谓"热场"就是主持人在节目正式开始之前先给观众讲一些笑话、幽默小故事，或是带领观众做一些小游戏，让观众在笑声中放松下来，然后在不知不觉中开始正式的谈话。这个过程可以有效缓解观众进入演播室的紧张情绪，使谈话能够在轻松愉快的氛围中进行。同时，摄像也可以在热场的过程中抓拍一些观众表情很好的画面，为后期剪辑做准备。

（二）后期制作

电视谈话节目的后期制作没有复杂的特技处理，相对而言要简单一点。如果谈话节目采用的是现场直播的方式，就不需要进行后期制作了。但是在中国，由于绝大多数的谈话节目还是采取录制播出的方式，后期制作就变得十分重要。

在后期制作中，编导对谈话节目的认识直接关系到剪辑完之后节目的面貌。

有的节目制作者认为谈话节目是现实生活中人际交流的延伸，谈话节目应该真实地反映日常谈话的状态，后期剪辑要忠诚于现场谈话的真实性，因此在剪辑时不能做太大的变动，保留现场的原汁原味最重要。这样的节目制作者被称为"纪实派"，他们剪辑出来的节目同现场录制的情况大致相同。

有的节目制作者则认为可以在后期剪辑中对现场谈话进行很大的调整，例如，后面谈论的内容可以放到前面，没有掌声的地方可以加掌声。总而言之，现场谈话的真实性可以部分地被改变，只要节目好看就行。这样的节目制作者被称为"剪辑派"，经过他们剪辑的节目同现场谈话的情况往往有很大的不同，节奏和结构都发生了改变。

"纪实派"和"剪辑派"的差异可以通过节目录制时间与播出时间看出来。比如，现场录制在一个半小时至两个小时之间，剪辑后节目播出时间在一个小时左右的谈话节目，一般没有经过很大加工，基本反映出了现场谈话的真实状况；而录制时间不变，剪辑后播出时间却不到半小时的节目通常经过了很大的调整，现场情况同播出的节目有很大不同。

事实上，由于可能会存在主持人没有经验、嘉宾说话很啰唆、出现技术故障等特殊情况，现场谈话有时会出现节奏缓慢、跑题严重甚至暂时中断的问题。所以，后期剪辑是提高节目质量的一个重要手段。关键问题在于怎样剪辑才能体现出谈话节目的特性和魅力。

电视谈话节目的魅力在于把大量的受众带到现场的即兴谈话中，进行一种当下的讨论。对电视谈话节目的受众而言，现场感是最吸引人的一个因素。现场直播是产生现场感的最佳方式，在直播中，无论是观众还是嘉宾，对下一刻将会发生什么全都一无所知。而对于非现场直播的谈话节目而言，制造"现场感"，让观众感觉如同在看直播节目是非常重要的。

要让节目有"现场感"，后期剪辑时就要重视和保持"谈话场"的完整。谈话的过程不是杂乱无章的，而是有逻辑的、有层次的，现场的氛围和情绪变化也是随着谈话的内容上下起伏的，这些因素组合在一起，就构成了一个完整的谈话场。如果在后期剪辑时编导没有"场"的意识，对谈话的内容断章取义，随意调整结构，就会出现现场氛围和情绪前后不连接、谈话"气脉"不顺畅的毛病。有的节目甚至出现上一个画面主持人坐在嘉宾对面谈话，下一个画面主持人在观众中提问，再下一个画面又跳回嘉宾对面谈话的情况，这样的剪辑割裂了现场，让观众难以理解。

要让节目有"现场感"，导演在剪辑时还要注意保留一些能够体现现场特色的细节，如嘉宾的口误、用语的重复、谈话中出现的停顿、主持人在观众中穿梭的过程等。我们在一些谈话节目中常常会看到，由于后期编辑"下刀"太狠，这些细节全都被剪掉了，例如，主持人刚刚在主景区说完"下面我们听一听现场观众的看法"，下一个镜头中主持人就已经出现在观众席当中了。这种表面看来干净利索的剪辑方式，实际上却相当于在告诉电视观众：这个节目是经过后期精心编排和删改过的，并非真正的现场再现。观众也就由此有理由进一步怀疑，谈话的内容是不是也已经按照编导的意图被篡改了呢？

总之，不论是"剪辑派"还是"纪实派"，在后期制作中都应该特别注意保持节目本身的"现场感"，要努力让观众感到谈话就是在节目播出的这个时间段中自然进行的，节目只是对这场谈话的传真和再现。

项目实践

实践项目一

项目名称：撰写一期访谈节目的策划文案

实践目的：了解访谈节目的策划流程

实训条件：多媒体视听教室、投影仪、网络

实践要求：对所策划的节目的具体内容、结构、形式等进行考虑。具体而言，包括根据选题确定具体内容，节目各部分的结构安排、表现手法、拍摄方法、剪辑风格、电视手段的运用等。策划方案的具体内容包括节目策划的目的、节目内容、节目定位、节目形式、人员设置、时间进度、经费预算等。

在写作策划案时，应做到简明扼要、形象生动、条理清晰、逻辑性强，具有可操作性。

实践项目二

项目名称：拍摄制作一期谈话节目

实践目的：通过一期谈话节目的拍摄制作，使学生掌握电视谈话节目制作的基本流程，同时检验电视节目策划方案的科学性和可行性。

实践要求：节目的拍摄制作应严格按照构思创作、现场录制、编辑混录等流程进行，节目组学生按照制片人、编导、摄像、主持人、嘉宾、后期编辑等岗位进行分工，共同完成一期节目的制作。要求作品具有完整性，片头、节目内容、字幕及片尾一气呵成，能系统地体现节目策划的基本框架。

思考题

1. 什么是电视谈话节目？

2. 电视谈话节目的选题策划要点是什么？

3. 选择一档你熟悉的电视谈话节目进行阐述，并对该节目的策划方案进行评析。

4. 目前电视谈话节目存在的问题与发展对策是什么？

经典节目案例分享

深入浅出　聊社会万象
——凤凰卫视谈话节目《圆桌派》赏析

一炷香、四杯茶、几碟点心，相比曾经的《锵锵三人行》，《圆桌派》多了几件道具，推杯换盏间，其乐融融的氛围更浓郁了。《圆桌派》所选话题集中为当下社会生活现象，讨论者从三人变为四人，时长也由半小时增加到一小时，信息量更大，探讨也更为深入。

一、全球高度，视野广阔

《圆桌派》的主持人窦文涛和主要嘉宾马未都、许子东、梁文道等都是文化精英。他们文化背景深厚，对东西方文化均有了解。

窦文涛毕业于武汉大学新闻专业，曾供职于广东人民广播电台。加入凤凰卫视后主持过多档节目，1998年推出闲谈节目《锵锵三人行》。

马未都，收藏家、古董鉴赏家，观复博物馆创办人及现任馆长，曾在中央电视台《百家讲坛》任主讲人，主讲系列节目《马未都说收藏》，《中国网》专栏作家、专家，同时也是畅销书作家。

许子东，华东师范大学中文系文学硕士，美国加州大学洛杉矶分校（UCLA）东亚语言文化系文学硕士，香港大学哲学系博士，现任香港岭南大学中文系教授。

梁文道中学时在我国台湾地区接受教育，15岁时回到香港。香港中文大学崇基学院哲学系毕业后，游走于我国内地、港澳地区和台湾地区。

马家辉，台湾大学心理学系学士，美国芝加哥大学社会科学硕士，美国威斯康星大学社会学博士，香港传媒人、专栏作家、文化评论学者，台湾问题研究员。

强大的嘉宾团队使得《圆桌派》的选题和节目中探讨问题的切入点都具有高度。

2019年8月1日播出的《日本：从北野武离婚看日本文化》节目，在选题上已经跨越时空，谈话内容则涵盖日本的历史、政治、经济、文化等，深入探讨了日本民族精神、当下呈现的问题等。由于邀请的嘉宾蒋丰是《人民日报》海外版《日本月刊》的主编，蒋方舟有一年日本生活经历，马未都则多次去过日本，主持人窦文涛本人读过很多日本文艺作品，所以围绕节目主题展开的讨论内容丰富，有见地、有深度。

在《佛系：你真的无所谓吗？》这一期节目中，窦文涛首先谈到台湾和香港地区当下许多年轻人"佛系"的生活状态，许子东则谈内地传统的"儒家"式家庭教育，梁文道谈日本的年轻人因为经济压力喜欢收集各种商店饭馆的"优惠券"，马家辉提到欧洲国家给国民发"基本收入保障"，保证人民可以自由选择自己喜爱的生活方式……

2018年4月6日播出的《看戏：看门道与看热闹》这一期节目，虽然聊的是传统文化，但依然将古今中外的历史文化元素融为一体。在谈到京剧的男演女和女演男的现象时，王蒙借法国文化部部长的话说："男演女和女演女，各有各的风格，各有各的魅力；女演男和男演男，也各有各的风格，各有各的魅力。中国京剧中男演女的现象千万别没了。"之后，梁文道引据日本歌舞伎、坂东玉三郎，认为这种现象在亚洲是常见的。谈到京剧演员的发音问题时，窦文涛以西方声乐发音作参照，请教王珮瑜。谈到票友和角儿之间的相辅相成关系时，梁文道举例指出，19世纪维也纳成为音乐之都的主要原因是有一流的观众，欣赏钢琴演奏的台下观众也都会弹钢琴。

由此可以看出嘉宾们聊天方式的独特，跨文化、跨时空的论证方式是此节目的常态。

二、观点多元，一针见血

2018年2月9日播出的《佛系：你真的无所谓吗？》这一期节目中，许子东分析佛系青年产生的大背景是"社会环境秩序固化""买不起房子、拿不到好成绩、改变不了命运"。窦文涛说起河南高考学生，早上4点起床，在学校吃中饭、晚饭均只有半小时，晚上11点回去睡觉。"年轻人太累了！"考上大学后也不一定找得到工作。窦文涛认为，在这种情况下，年轻人的生命力都弱了。梁文道表示同意，并且指出，过去20年新出现的各种社会价值观支持年轻人做一个新的选择，即"不争"，只安心过自己的快乐生活。

2018年2月2日播出的《渣男：如何一眼识别渣男？》这一期节目中，嘉宾李玫瑾指出，中国人应付现实做得很好，对于长远之事则做得不好。这和语言有很大关系，比如德语多为长句，培养了德国人的长远思维；汉语多为短句，难以训练中国人的长远思维。窦文涛指出，生活中有些矛盾的根本问题是因为人有时过于执着，所谓"有条件要上，没条件创造条件也要上，反正非干成不可"，于是大家经常对撞。嘉宾李玫瑾则一针见血地指出，人和人生活经历不一样，早年生活匮乏的人占有欲特别强，反之，千金散尽的人一定是早年生活不匮乏的人。节目的结尾，李玫瑾给当下的家庭教育提出建议：孩子上了初中后，父母应当教孩子如何识别异性，哪些品质是最重要的。当下孩子谈恋爱都是从文学作品上、电视剧上学来的，而很多文学作品是荒谬的，很多婚恋片中过日子的方式也让人无法理解……

"一针见血"让观众觉得直接到位，"观点多元"则启发观众不要偏颇。

三、幽默诙谐，玩笑不断

在《演员，是怎样一种生物》这期节目刚开始时，窦文涛为拉近和嘉宾蒋雯丽的关系，对马家辉说："她（指蒋）最早是蚌埠自来水厂一个女工，我们家呢不是自来水厂，但是是水泵厂，很接近！"蒋雯丽会意大笑。节目中，马家辉说起自己的演戏经历：有一次他在许鞍华的电影中扮演了一个角色，后来却全部被剪掉，一秒不剩。许鞍华很会说话，安慰他说："我研究了一下，历史上从来没有那么英俊的汉奸。"众人大笑。后来他又说起做主持时采访周润发、梁朝伟的逸事：周润发永远都是先重复一遍问题再回答一句话；梁朝伟则惜字如金，简单回答，比如问他："伟哥，你有什么梦想？"他的回答永远都是一句话："我的梦想，世界和平！"

《看戏：看门道与看热闹》节目一开始时，窦文涛拱手对王蒙老师说："王蒙老爷子万寿无疆。"王老师笑说："你就是要送我走的那感觉啊！你怎么还没走啊？"众人大笑。

《佛系：你真的无所谓吗？》节目开头总结了当下年轻人的几种生活方式，生动有趣："佛系——都行、可以、没关系；儒系——稍等、抱歉、对不起；法系——免谈、不见、按规矩；二系——哈哈哈哈哈哈哈；仙系——哈、啊、怎么了。"

此外，主持人窦文涛把自己放得很低，每次来一位新嘉宾，他并不是简单地作介绍，而是夸奖一番，强调自己对对方的仰慕。向别人提问时，窦文涛会说："我向您问个愚蠢的问题……"颇为谦虚低调。另外，窦文清常常自嘲，不惧暴露自己的缺点，常常说自己"贪婪"，时常提及自己的过去，甚至爆料自己的隐私。

《演员，是怎样一种生物》这期节目中，窦文涛说起自己小时候在自家门口给邻居演戏，一会儿演杨子荣，一会儿演阿庆嫂，可以连着演两小时。说的时候，手舞足蹈，一下子就能引发观众联想，画面感很强。之后，提及自己为全厂职工演戏时，用柳条系裤子，系了一个死结，结果演完之后解不开还尿裤子的糗事。

四、深入浅出，信息丰富

谈话节目的话题深浅度是比较难把握的，谈得过深会缩小观众群，过浅又会使节目失去应有的品格。要做到深入浅出、信息丰富是非常不容易的。

《演员，是怎样一种生物》这一期节目中，嘉宾蒋雯丽深入谈及表演的精髓：如何评判一个演员是否是好演员？如何在披上角色外衣的同时走进角色灵魂？为塑造角色，增肥30斤和穿一个胖袄有何不同？如何克服拘谨、解放天性？好莱坞的演员如何拍戏？作为导演，如何挑选小演员？为什么演员应该向孩子学习？豁得出去就一定能当演员吗？……这些内容仿佛给观众上了一堂表演启蒙课，不艰涩，也不简单。

该期节目的结尾"圆桌派词典"环节解释节目中提到的词语如下：《克莱默夫妇》、斯坦尼斯拉夫斯基、丹尼尔·戴-刘易斯、所知障、达斯汀·霍夫曼、马丁·斯科塞斯……从这些词汇中我们也可以看出节目的专业性和信息量。

《日本：从北野武离婚看日本文化》这一期节目的信息量也非常大，从北野武的离婚漫谈开来，涉及日本社会各方面：在日本人眼里，北野武是怎样一个存在？日本人的民族性格是什么？如何形成的？为何日本地铁站内自杀事件高发？日本国内为何那么干净？他们是如何做好垃圾分类的？"定年离婚"是怎么回事？……这些内容足可以让想了解日本文化的观众咀嚼多遍。

节目最后的"圆桌词典"环节解释了节目中提到的一些名词：《楢山节考》、荒木经惟、俳句、和歌、《源氏物语》、千利休、太宰治、备前烧……这些词汇涉及日本文学、电影、摄影、茶道、美术，等等。

《圆桌派》第一季（2016年）豆瓣评分8.9分，第二季（2017年）9.1分，第三季（2018年）9.1分，第四季（2019年）8.6分，分数体现了观众对节目的喜爱。笔者认为，该节目提升的空间在于深度，虽然节目中的嘉宾们知识渊博，但特别专业的话题还需要更加专业的嘉宾，比如京剧、表演等。

学习单元三
电视娱乐节目策划

学习目标

1.了解电视娱乐节目的基本元素
2.了解电视娱乐节目的结构方式
3.了解电视娱乐节目的发展走向
4.熟悉电视娱乐节目的策划流程
5.掌握电视娱乐节目的策划要点

案例学习与分析 ◀◀◀

《中国好声音》

一、节目简介

《中国好声音》是一档由上海灿星文化传播有限公司与浙江卫视联合打造的大型励志专业的音乐评论节目。《中国好声音》的原型来自*The voice of Holland*，中国节目模式版权交易公司IPCN从荷兰制作公司手中将中国地区的制作播放版权引进交由上海灿星文化传播有限公司，灿星公司则与浙江卫视合作，由灿星公司制作节目，浙江卫视播出节目。2012年7月13日，《中国好声音》首播后引起高度关注，被国家广电总局表彰为2012年广播电视创新创优栏目之一，根据ＣＳＭ媒介研究数据显示，《中国好声音》前三季节目的分期收视率相当火爆。

2016年1月27日，"The Voice of..."的模式创造者和版权拥有者Talpa Global BV发表声明指出，其已在2016年1月22日向星空华文国际传媒有限公司提出了临时禁止令，禁止星空华文国际传媒有限公司制作及播放《中国好声音》节目（第五季），为了避免版权争议，浙江卫视将《2016中国好声音》暂时更名为《中国新歌声》。《中国新歌声》成为一档原创的新音乐选秀节目，"红色转椅"被"导师战车"所替换，节目的形式也有所改变。《中国新歌声》的节目赛制与原《中国好声音》节目赛制相似，都是以导师分组、导师间争夺战和冠军争夺战组成，虽然已经更名成为一档新的音乐选秀节目，但是"新歌声"的热度并没有减退，2016年7月15日第一集的播出就以收视率3.843的傲人成绩一举拿下当天收视率冠军。而2018年后，《中国好歌声》节目再次将名字改为《中国好声音》。

二、节目特色分析

在选秀节目白热化的今天，各大卫视的电视音乐选秀节目争先恐后竞相加入。在一批同质化平民选秀节目大有没落之势时，《中国好声音》却以独有的特色火爆银屏。

（一）转椅成为标志

盲选阶段，导师背对舞台坐在转椅上，选手出场的时候，导师只能通过屏幕看到歌词，听学员的声音，在确定要选择选手的时候，导师会按下按钮转身，椅子便会转向舞台，导师便会看到

自己选择的选手。《中国好声音》一爆而红，舞台上这把醒目的红色转椅功不可没。红色转椅已然成为"好声音"的一个标志。

（二）导师成为隐性主持人

《中国好声音》节目主持人华少虽然担当主持人，但是他从台前走到了幕后，退居到第二现场。在其他的节目中导师或者是"毒舌角色"，或者仅仅是嘉宾的角色，而在好声音的舞台上，导师起到推动节目进程、带动现场气氛、引导节目风格的核心作用。

（三）制作团队强大

《中国好声音》的制作团队是曾经制作过一系列选秀节目的"灿星制作"，打造《中国达人秀》的原班人马，同时，《中国好声音》有一个非常强大的音乐团队。首先，音响师金少刚曾是2008 年北京奥运会负责音响效果的音响总工程师。乐队总监是负责过孙楠、李健、水木年华、羽泉、郑源等演唱会的刘卓，键盘手是李海郡，贝斯手是李九君，鼓手是卢炜等，他们曾是王菲、那英、孙楠、韩红等一线明星的演唱伴奏队。

（四）体现节目公平性

《中国好声音》不仅要寻找好声音、发现好声音，而且无时无刻不在传递着公平、平等的力量。导师背对学员，凭借自己的专业水准以及对音乐的领悟选择自己喜欢的学员。这种"只闻其声，不见其人"的方式使导师们只关注参赛者的歌声，并不了解参赛者的身高、长相、身材、家境等如何，这使得一大批音乐爱好者在好声音中找到了展现自己的天地，圆了他们登上舞台的梦想。[①]

基本知识点 ◀◀◀

一、电视娱乐节目的基本元素

元素也称要素，是组成事物的最小单位，是事物可分析出的最小单位。就电视娱乐节目形态而言，其基本元素不外乎题材、叙事、娱乐和视听四大类。

（一）题材元素

题材是电视娱乐节目形态构成中最易观察的元素，在早期的电视娱乐节目中曾经是形态划分的主要标准。即使在更强调电视娱乐节目形态结构性的今天，题材元素依然十分重要。

与题材概念相关的，还有素材和主题两个概念。就电视娱乐节目形态来

---

① 本案例综合参考了郭瑶发表于《传播力研究》2018年第6期的文章《〈中国好声音〉节目特色分析》和2017年云南大学杨舒迪的硕士论文《〈中国好声音〉媒介融合传播策略研究》。

说，题材是从素材中选出来的，是素材之精华；而主题则是从题材中提炼出来的，是题材之灵魂。在电视娱乐节目形态的创制实践中，应遵循"积累素材，选择题材，提炼主题"①这一基本原则。

就中国电视娱乐节目形态而言，其题材元素，应是主流娱乐文化和多元娱乐文化的和谐统一、是世界娱乐文化和民族娱乐文化的和谐统一、是现代娱乐文化和传统娱乐文化的和谐统一、是大众娱乐文化和精英娱乐文化的和谐统一、是高雅娱乐文化和通俗娱乐文化的和谐统一，和谐统一于弘扬主旋律、提倡多样化的中国特色社会主义娱乐文化。②

何谓"主旋律"？其本意是指多声部演唱和演奏的音乐中一个声部所唱或所奏的主要曲调，其他声部只起润色、丰富、烘托和补充的作用。主旋律与电视娱乐节目联系在一起，是一种反映社会进步总潮流的时代精神。一般来说，主旋律包括两个方面的内容：一是张扬社会美好的东西；二是鞭挞社会丑恶的东西。从这个意义上说，一切反映真善美、鞭挞假恶丑的电视娱乐节目形态，都属于主旋律电视娱乐节目形态，都是中国特色社会主义娱乐文化的有机组成部分。最后需要强调的是，"主旋律作品并非简单化的政治性作品，它应当是思想性、艺术性、观赏性融为一体的力作"③。

（二）叙事元素

一切叙事艺术均起于生活，止于美。建构美的未来是中国电视娱乐节目形态的叙事理想。

叙事和人类历史共同产生，而且从一开始就是娱乐和传播意义上的，即通过事件的叙述传递信息，以求得生存和发展。在电视娱乐节目形态研究中引入叙事元素这一理论视角，是为了把握电视娱乐节目形态的本质及其变迁的依据。

---

① 冯晨. 谈老舍解放后的话剧创作［M］//冯晨. 子夜集. 长春: 吉林人民出版社, 2001: 33.
② 冯晨. 文艺, 再扬革命英雄主义旗帜［M］//冯晨. 子夜集. 长春: 吉林人民出版社, 2001: 23.
③ 冯晨. 浩气长存天地间——谈电视连续剧《苍天在上》［M］//冯晨. 子夜集. 长春: 吉林人民出版社, 2001: 70.

电视娱乐节目形态的叙事元素包括事件、时间、地点、人物、原因、过程、结果和意义八种。其中，事件、时间、地点和人物属于基本叙事元素，传播的是构成电视娱乐节目内容的最原始、最直接的显性信息；原因、过程、结果和意义属于拓展叙事元素，承载的往往是隐藏在节目文本表象之下的隐性信息，需要对节目文本做进一步的深入挖掘才能获得。

在叙事元素的运用方面，最根本的是语态问题。所谓语态，即说话的态度和叙述的方式。纵观中国电视语态的发展变化，根据传播者对观众说话的态度和叙述的方式不同，有学者把电视语态归纳为四种，即新华语态、平民语态、悬疑语态和叫卖语态。[1]电视娱乐节目的语态同样可作如此划分，只是其变化速度更快，变化程度更大，其中尤以电视娱乐节目主持人语态的变化最为典型。需要指出的是，电视娱乐节目语态的变化是在原有基础上的叠加，而非取代。电视娱乐节目形态的推陈出新，客观上需要语态的多样化。这些语态没有绝对的"好"或"不好"，只有运用得"恰当"或"不恰当"。不同的语态适用于不同形态的电视娱乐节目，恰到好处地运用多种语态有助于电视娱乐节目形态取得良好的传播效果。

（三）娱乐元素

电视观众有"求乐"的正当需求，电视娱乐节目也就有合理满足观众娱乐需求的责任。文化、信息和艺术等内容都可以用娱乐元素来承载，并转换成人们可以用一种轻松心态听之、看之、笑之的游戏。譬如，中央电视台《挑战主持人》栏目的宗旨是让观众在"真人秀"中看出乐趣，而不是为了挑选主持人，尽管这个栏目也曾真正地挑选过主持人；再譬如，各种"鹊桥"式栏目的宗旨是满足观众窥视男女举止的乐趣的需求，而不是以成就一段"姻缘"为终极目的。

以《综艺大观》为代表的电视综艺节目在中国电视荧屏兴盛多年，曲艺在

---

① 高红波.中国电视语态的变迁[J].电视研究,2008(11).

以娱乐为宗旨的综艺杂糅中扩大了娱乐消遣元素而减少了艺术鉴赏元素，被组合成满足观众娱乐休闲心态的节目。在观众欣赏经验尚少，可供收视内容不多的时期，这种节目很好地聚集、娱乐了观众。当这个时期渐行渐远，在分众传播、娱乐新观众渐趋兴起时，电视综艺节目逐渐淡出观众的视野。以湖南卫视《快乐大本营》节目为起点，整个中国电视界经历了一场娱乐观念的变革，电视从业人员逐步意识到娱乐不必依附于曲艺。"游戏""益智""真人秀"对各个年龄层的观众的参与欲、求知欲和好奇心的调动力，为越来越多的电视从业人员所熟知，电视的娱乐方式，电视观众的各种娱乐喜好被不断地开掘，譬如从社会信息内容中开掘出《锵锵三人行》（凤凰卫视）、《东方夜谭》（东方卫视）、《今晚》（中央电视台），从文化知识内容中开掘出《幸运52》《开心辞典》（中央电视台），等等。

（四）视听元素

电视娱乐节目形态的视听元素，可进一步细分为视觉元素和听觉元素两大类。其中，电视娱乐节目形态的视觉元素可进一步细分为画面、字幕、动画和图表等子元素；而电视娱乐节目形态的听觉元素可进一步细分为音响、同期声、解说和音乐等子元素。

总之，电视娱乐节目形态是由基本元素和差异元素共同构成的。在电视娱乐节目形态简单的时期，电视娱乐节目形态的基本元素大多是稳定的，显见的差异元素比较少。形态划分的基本点通常是内容题材、播出时间和收视对象等外在标准。这些电视娱乐节目形态界线分明，有很强的稳定性，加之创新元素不多，变异的可能性也相对较弱。随着电视娱乐节目的差异元素越来越多，电视娱乐节目形态分类的标准不断被解构，电视娱乐节目形态的演化和变异呈现出一种加速发展的态势。

二、电视娱乐节目的结构方式

结构这个概念最先被使用在建筑领域，接着便推广到绘画和音乐理论中，最后又推广到文学和戏剧等其他种类的艺术中。结构对于任何具有形态的事物来说都是至关重要的元素。

就电视娱乐节目形态而言，有结构的相对稳定性才会有形态的相对稳定性，而就一个节目和其他节目的关系而言，还需要有结构的差异，才能彼此区别。无论从哪个方面来说，都需要创新电视娱乐节目形态的结构方式。从理论上说，有多少种电视娱乐节目元素的结构方式，就会有多少种电视娱乐节目形态。从这个意义上来说，电视娱乐节目形态创新正从"内容为王"的时代进入"元素为王"[①]与"结构为王"的时代。在创作实践中，电视娱乐节目形态的结构方式可谓千变万化，而最核心的不外乎模仿式、孵化式和嫁接式三种。

（一）电视娱乐节目形态的模仿式结构

广义的创新包括模仿式创新与自主式创新。模仿是现实世界广泛存在的现象，事实上，人类大部分知识都是学习和模仿他人得来的。模仿不等于完全复制，模仿式创新和自主式创新一样，都是电视娱乐节目形态结构方式创新的策略之一，采用模仿结构的电视娱乐节目形态并不是不具备创新能力，因为节目形态的相互模仿是自然而然的事情，尤其是在现代大众传媒发达的情况下。任何一种成功的电视娱乐节目形态，都有其深刻的内在原因和独特之处。同时，与原创式结构相比，模仿式结构可节省前期市场开发中的成本，降低市场风险，增强传媒产品竞争力。因此，模仿式结构是电视娱乐节目形态研发中最常见、最有效的结构方式之一。

"无传承便无创新，只传承无变异生命便停滞，创新便无从产生。"[②]电视

---

① 孙宝国. 试论区域性电视元素的内涵与价值 [J]. 电视研究, 2006 (9).
② 仲呈祥, 张应辉. 传承与变异 [N]. 光明日报, 2004-08-18.

娱乐节目形态的模仿式结构首先表现在电视传媒对电影、报刊、广播和网络传媒娱乐产品结构方式的传承与变异上。

在电视传媒诞生和发展早期，电视娱乐节目的形态是简单粗糙的，它受电影、广播和报刊的影响很大，而体现自身传媒特性的东西不多。最初的娱乐节目形态是传承电影、报刊和广播娱乐产品的结构方式，进行电影、报刊和广播娱乐产品结构方式的电视化。后来，随着电视传媒的发展，电视从业人员开始根据电视传媒自身的特征，不断完善电视娱乐节目形态的结构方式，变异出电视传媒特有的娱乐节目形态。

电视娱乐节目模仿电影、报刊和广播娱乐产品形态结构方式的事例不胜枚举。许多电视娱乐节目形态都有电影、报刊和广播娱乐产品结构方式的基因，如电视电影就是电视娱乐产品模仿电影娱乐产品的结晶。电视传媒通过对其他传媒的这种模仿，能够以较少的人力、财力和物力，迅速研发出新的电视娱乐节目形态，取得较好的传播效果，实现社会效益和经济效益的双丰收。

电视娱乐节目形态的模仿式结构，还体现在对其他电视娱乐节目形态结构方式的传承与变异上。

信息全球化的时代是资源共享的时代。境外已然成功的包括策划、制作、播出和营销方式等环节在内的电视娱乐节目形态设计模版，也是一种宝贵的资源。如在目前人们耳熟能详的电视娱乐节目形态中，许多都是欧美日等国家与中国香港地区和台湾地区的原创。在世界范围内，电视娱乐节目形态的模仿式结构有一个大致的路径，即北欧—美国—日本—中国香港和台湾地区—中国内地：美国模仿北欧国家的电视娱乐节目形态；日本模仿美国的电视娱乐节目形态；中国香港地区和台湾地区模仿日本的电视娱乐节目形态；中国内地模仿中国香港地区和台湾地区的电视娱乐节目形态。不过，近年来，中国内地电视媒体模仿境外新兴电视娱乐节目形态的速度几乎与母版同步了。模仿境外经过检验的相对成熟的电视娱乐节目形态的结构方式，应该说无可厚非，因为创新风险低，成功概率大，往往比自主研发与试验原创电视娱乐节目形态省时、省人、省钱、省力、省心。问题的关键是要注意汲取境外电视娱乐节目形态结构方式的灵魂和精华。

中国内地电视娱乐节目形态的模仿式结构，首先表现在剧情类娱乐节目形态之中。

曾经留学美国学习戏剧的英达在20世纪90年代初便开始走上了制作"模仿剧"这种捷径。他并不讳言其制作的每一部片子都是以国外成功的案例作为范本，譬如，《我爱我家》的摹本是美国电视情景剧《全家福》、《中国餐馆》的摹本是《干杯》(Cheers)、《家有儿女》的摹本是《成长的烦恼》、《闲人马大姐》的摹本是《罗珊妮》(Rosanne)、《欢乐青春》的摹本是《朋友们》等。

除了英氏影视艺术有限责任公司直接模仿美国情景喜剧外，在中国电视系列剧创作中，也有一些带有明显模仿色彩的电视剧，如《永不放弃》模仿《急诊室的故事》、《危情24小时》模仿《24小时》、《好想好想谈恋爱》模仿《欲望都市》、《美丽主妇》模仿《疯狂的主妇》、《大宋提刑官》模仿《犯罪现场》、《远东第一监狱》模仿《越狱》、《丑女无敌》模仿《丑女贝蒂》、《加油，优雅！》模仿《傻女孩不能上天堂》等。①

2001年播出的20集电视系列剧《永不放弃》通过发生在某医院急诊科里的一个个鲜活的事件，通过每一个事件中个人和急诊科医护人员的行为，从多个侧面表现了剧中人物在现代生活中的生存状态。《永不放弃》的编剧罗点点直言不讳："《永不放弃》是我照着美国电视剧的模式编出来的。"②

2004年播出的32集电视系列剧《好想好想谈恋爱》，被称为中国内地版的《欲望都市》，讲述了都市单身女性的爱情故事。这部剧与《欲望都市》在角色设置、人物性格、命运发展和台词方面都非常相似，该剧导演刘心刚也指出："从题材、主题、叙事结构、节奏、影像风格上，我们都从《欲望都市》中找到

① 郭艳民. 中国电视剧创作访鉴美国电视剧的方法及思考[J]. 现代传播—中国传媒大学学报, 2009 (1).

② 佟彤. 大将罗瑞卿的女儿罗点点——从急诊室走出的写作者 [N]. 北京晨报, 2001-12-24.

了风格模式的参照点。"①

2005年，中央电视台播出的电视系列剧《大宋提刑官》模仿了美国医疗系列剧和侦探系列剧的某些创作手法，并且做得比较成功。导演阚卫平在谈到《大宋提刑官》的创作手法时这样表示："如果按照一般的古装戏拍，不能体现出悬疑推理的特点，所以，我借鉴了美国《犯罪现场》的拍摄手法，采用了闪回、电脑物技等手法，我给这部戏的定义就是'首部古装纪实悬疑剧'。"②

2007年在上海东方电视台电影频道播出的电视系列剧《远东第一监狱》的制片人周冰冰也毫不避讳地说："该剧的拍摄初衷就是受美剧《越狱》在中国大热的启发，想做一个中国越狱的题材，于是将时代放到了20世纪二三十年代的白色恐怖时期，讲述共产党员在特务遍布、屠刀林立的大上海滩，营救被捕地下党员的故事。该剧不但将故事主题提升到红色主旋律的高度，又巧妙地将《越狱》的概念贯穿全剧。"③

2008年9月28日晚，改编自墨西哥系列剧《丑女贝蒂》的电视系列剧《丑女无敌》第一季在湖南卫视金鹰剧场首播，播出期间最高收视份额达到9.7%，引发了网络口水战的同时也创下了湖南卫视自制电视剧的收视奇迹，"林无敌"的丑女励志概念也一度成为当年热门的文化现象之一。《丑女无敌》可以说是一个"全赢"的电视剧，收视率及口碑俱佳。湖南卫视趁热打铁，于2009年1月12日推出第二季，力争让"丑女"热度不减。

2009年，上海文广新闻传媒集团与北京慈文影视联手打造中国内地首部季播时尚励志电视系列剧《加油，优雅！》。该剧从2009年暑期开始在上海东方卫视播出，第一季40集。这部共200集的时尚励志电视系列剧改编自墨西哥热播电视系列剧《傻女孩不能上天堂》。曾出演《七剑》《家》《血色迷雾》《金耳环》《五号特工组》等影视剧的王丽坤出演女主角"康优雅"——一个漂亮、有

---

① 潘昕. "克隆剧"也看会抄不会抄, 业内人士称无伤大雅[N]. 新闻午报, 2005-02-24.
② 任嫣. 分段播出吊胃口《大宋提刑官》借鉴美剧[N]. 北京娱乐信报, 2005-06-03.
③ 潘昕. 《远东第一监狱》开播　中国版《越狱》不和美剧对决[N]. 新闻午报, 2007-09-24.

才华且自立、自强的当代"灰姑娘"。

在中国内地非剧情类电视娱乐节目形态之中，模仿式结构也不胜枚举。

1994年10月23日，北京电视台模仿日本电视节目形态，经过本土化改造，开办了集游戏、益智、动物秀和真人秀于一体的大型电视娱乐栏目《东芝动物园》。该栏目开播12年，在全国电视观众中产生了广泛的影响。

1997年7月11日，湖南电视台的《快乐大本营》栏目开播，迅速在全国刮起一股"快乐旋风"。

1999年1月2日，北京有线电视台的《欢乐总动员》栏目在一片欢乐的气氛中亮相。

随后，全国各大电视媒体竞相抢滩这个刚刚开发出来的娱乐市场，比较知名的电视游戏栏目还有江苏卫视的《非常周末》和东南卫视的《开心一百》等。

1998年1月24日，上海东方电视台推出全国首档婚恋类电视娱乐栏目《相约星期六》，但真正产生全国影响的当属湖南电视台的《玫瑰之约》。

1998年7月16日，湖南电视台的婚恋类电视娱乐栏目《玫瑰之约》开播。制片人贺大明称"节目对台湾的《非常男女》有所借鉴，整合了综艺、谈话、服务等各种节目形态，目标是既有欣赏价值又有实用价值，有服务性也有娱乐性"。[①]《玫瑰之约》拥有遥遥领先的收视率，曾在一年内为湖南电视台带来2000万元至2500万元的广告收入。从1998年开播至2003年停播的五年间，《玫瑰之约》配对成功了上千对恋人，其中有200余对踏上了红地毯，步入了婚姻殿堂，并诞生了50余个"玫瑰宝宝"，《玫瑰之约》一时间成了全国最具号召力的"电视红娘"。

继《相约星期六》《玫瑰之约》之后，中国内地涌现了30余档同形态栏目，如北京电视台的《今晚我们相识》、海南电视台的《男女当婚》、陕西电视台的《好男好女》、重庆电视台的《缘分天空》、福建电视台的《真情相约》、武汉有

---

① 杨晓凌. 解码电视湘军[M]. 北京: 中国传媒大学出版社, 2009: 193.

线电视台的《相思树下》、辽宁电视台的《一见倾心》、吉林电视台的《浪漫之旅》、河北电视台的《心心广场》、河南电视台的《谁让你心动》和北京有线电视台的《浪漫久久》等。

中央电视台2001年创办的《百家讲坛》栏目火了以后，全国随即涌现了一批类似的栏目，如北京卫视的《中华文明大讲堂》、上海电视台纪实频道的《文化中国》、江苏电视台城市频道的《万家灯火》和安徽电视台公共频道的《新安大讲堂》等。

2002年2月，由位于英国伦敦的弗莱蒙特媒介公司制作的才艺选秀类电视真人秀节目《流行偶像》在英国独立电视台（ITV）首播。该节目将传统才艺表演元素与电视纪实元素相结合，为一些梦想一夜成名的年轻歌手提供了向观众展示才艺的舞台。这个节目很快被引入美国，由此出现了2002年6月美国福克斯电视网（FOX）制作播出的《美国偶像》（*American Idol*）。这两个节目流传到中国内地，就催生了湖南卫视的《超级女声》。

个别经过模仿的电视节目形态与母版电视节目形态不仅节目内容、环节设置，甚至连节目名称都大同小异。对于这种现象，有学者曾有如下评价："浮华有余，真趣奇缺，资源浪费不少，价值创新无多，过眼即成烟云，隔年不如鸡肋。"①

需要指出的是，"模仿并不必然意味着侵犯别人的知识产权或对国外产品的克隆，模仿也可能是合法的"②。模仿不构成侵犯知识产权的行为。模仿式结构与全盘照猫画虎的单纯的仿制或克隆是有区别的。单纯的仿制或克隆不含有自己特有的结构方式，而模仿式结构虽然不是从零开始，但却有自身的努力和由此产生的独到之处。模仿通常会涉及专利技术、技术秘诀、商标和合作权等方面的知识产权，在知识产权所覆盖的地区和市场中，模仿的电视媒体只要

① 陆地，高菲. 包围、突围或入围——2009年中国电视产业市场大趋势［M］//崔保国. 2009年：中国传媒产业发展报告. 北京：社会科学文献出版社，2009：22.
② 谢伟. 模仿的定义、重要性及其分类［J］. 科学管理研究，2008（3）.

依据相应的产权法律，按适当的方式给模仿标本提供者以符合法律、双方认可的物质和精神补偿，就不会构成侵权。就电视娱乐节目形态来说，以结构方式为主要内容的版权输出本身就是节目产业运作的一部分，版权交易双方在这个过程中完全有可能实现双赢的目标。①

电视娱乐节目形态版权意识的出现，是电视娱乐产业发展的必然结果。对于形态提供方来说，它使流通链条缩短，赢利空间增大，同时保护原创也是对节目版权和知识产权的尊重；从形态购买方来看，其虽然要付出一定额度的版权费，但较之于从零开始的研发以及不可预知的市场，模仿节目的优势还是显而易见的，在某种意义上，这是一条避免走弯路、提高投入产出比的有效途径。

中国内地电视业在模仿境外电视娱乐节目形态的操作中，大都进行了本土化改造，其中不乏成功案例。譬如中央电视台的《开心辞典》，虽然是以英国独立电视台《谁想成为富翁》为制作蓝本，却对保持节目形态的文化可适性与结构新颖性的关系非常注重，从"家庭梦想"理念的设计到某些专场比赛，无不体现着节目主创人员的本土化努力。

（二）电视娱乐节目形态的孵化式结构

新的电视娱乐节目形态，往往或多或少地遗传了一些传统或特别电视娱乐节目形态的基因。许多新的电视娱乐节目形态，是由传统或特别电视娱乐节目形态孵化或派生出来的。

新的电视节目形态由电视节目制作机构组织，主要从以重大活动为题材的特别节目孵化而来，是电视节目形态创新的一种重要方式。

中央电视台第二套节目2005年推出的电视游戏节目《超市大赢家》，本是《生活》和《前沿》栏目在2004年"五一""十一"及春节期间联合推出的假日特别节目。这档特别节目每次连续播出七集，反响良好，连创三次该频道假日特

---

① 孙宝国. 电视新闻节目形态的结构方式[J]. 中国广播电视学刊, 2008（7）.

别节目平均收视第一的佳绩。由于收视效果较好，该节目在该频道2005年4月改版时就被常态化，变为了一档70分钟的周播节目。

常态化后的《超市大赢家》继续倡导"健康生活、理性消费"的理念，将节目的触角深入生活的最前沿，充分展现普通老百姓在生活中的购物技巧与智慧，释放百姓的购物激情，展示身处不同职业、不同文化、不同地域和家庭的人们的消费技巧和消费观念。节目包括五个环节，分别是考验生活常识的"智能比拼"、比拼生活观察力的"火眼金睛"、考验消费经验的"精挑细选"、体现选手默契程度的"心有灵犀"和较量生活智慧的"争分夺秒"。

同时，正如《幸运52》以商标作为节目积分的道具，将商标巧妙地糅合在节目中一样，《超市大赢家》节目开辟了商品传播的崭新形态。当今广告传播中，商品直接进入节目往往会受到很多限制，而《超市大赢家》利用超市的独特优势，将商品道具化，不仅满足了观众的收视需要，普及了商品消费知识，而且使商品的品牌与功能都得到了充分的传播。由于商品不断被节目触及，观众在收看节目的过程中不知不觉地接受了有关商品的信息，加深了对商品的认知，这种传播形式形成了非广告的特殊传播形态，达到了"不是广告、胜似广告"的传播效果。在遥控器时代，观众总是倾向于逃脱广告时段，唯有将商品信息锁定在节目内容中，才能形成更有效的传播，而将商品锁定在节目内容当中，就是直接锁定观众。

2007年，《超市大赢家》节目启用新名称《快乐主妇》，进一步突出了"主妇"的角色定位，同时很好地延续了原有的"超市"符号，以有趣、实用和富有人文气息的方式，不断对电视游戏节目形态进行创新，继续保持着对观众的吸引力。

2005年春节期间，中央电视台新闻评论部倾力打造的五集新闻人物类特别节目，作为《东方时空》的特别节目与观众见面。该节目以灵活多变的方式挖掘人物，解读人物，形成了自己独特的风格：既有新闻人物节目的特质，又轻松耐看，寓教于乐，给节日中的新闻节目增添了喜庆色彩。节目一经播出就在观众中引起较大反响，夺得新闻频道春节期间的收视率之最。2005年5月1日，在新闻频道开播三周年之际，这一特别节目被打造成该频道一档常态播出的周播节目，名字就叫《人物秀》。

中央电视台第二套节目2006年8月推出的《购物街》是从《幸运52》2005年长假特别节目中孵化出来的。该节目以价格体验为卖点，结合频道的经济服务特色，把"看商品、猜价格"的价格游戏与丰富的商品、价格知识结合起来，兼顾娱乐氛围和经济服务的功能性要求。该节目推出一个月后，便出人意料地迅速跃升至中央电视台第二套节目的收视率榜首，刷新了收视高峰纪录，并在2007年1月达到1.4的收视历史高点。

《购物街》的节目形态很简单，每期时长一小时，首播时间原为每周四下午1时30分，后来变更为每周日下午12时30分。节目分为上半场和下半场，共设有十个游戏环节，分别为"一口价""价格二选一""杂货铺""小心炸弹""存钱罐""十次机会""好运大翻转""妙手推推推""大转轮""对决321"。其中"一口价"环节是节目的基础环节，"一口价"环节的优胜者才有参加其他游戏环节的资格。全场设置六次"一口价"环节，共产生六位参赛者，由"大转轮"在上下半场的参赛者中各选出一名参加"对决321"。

（三）电视娱乐节目形态的嫁接式结构

新的电视娱乐节目形态的结构方式，往往也产生于旧有的不同娱乐节目形态元素的嫁接，即在交融与整合之中产生。"而交融、整合中必然产生新质，这便是创新。"[①]嫁接后的电视娱乐节目形态的结构方式，往往具有能很快被观众接受的特征。

电视娱乐节目形态研发者已经尝试着将几种节目形态元素嫁接在一起，"像《幸存者》这样的电视节目已经混合了游戏节目、沙滩泳装比基尼秀、肥皂

① 仲呈祥，张应辉.传承变异[N].光明日报，2004-08-18.

剧、奇观节目以及探秘节目等多种要素"①。

中央电视台2004年4月3日开播的《电影传奇》以"惊现当年事，情动几代人"为宣传语，将电影艺术元素和电视艺术元素巧妙地嫁接在一起，自然而然地凸显了该节目形态的独特审美价值。节目选择的电影以故事片居多，大都有着很强的艺术观赏价值，尤其是经典老片，其艺术魅力历久弥新，特别值得反复品味。但随着一拨又一拨新产品的不断上市，老电影作为一种"过时"的产品很少再有机会在电影院里被大众消费，而将其嫁接到电视这种诞生在电影之后，又比电影有着更多传播优势的大众传媒中，不仅实现了老电影本身及其相关故事和知识的大众化立体传播，又在不经意间创新了电视娱乐节目形态。正如有学者指出的："《电影传奇》是电视传媒表现电影的独特形态，电影的专一艺术表现被电视传媒杂糅多样的特性所包容，成为新鲜样式的杂烩传奇。"②的确，《电影传奇》是国内外从未有过的电视节目形态。它不是电视专题片、电视纪录片、电视人物专访，也不是电视剧，更不是电影，它就是"传奇"，由崔永元和他的团队首创。

中央电视台的《快乐驿站》栏目以"讽刺背后的关怀、辛辣背后的温情"为宗旨，探索全新的电视文体与表现形式，在形态上打破传统报纸漫画的平面局限，有效结合现代电脑绘图技术，运用电视化的技术与艺术表现手段，用电视漫画的手法对传统的相声、小品、歌曲、故事和评书等艺术形式进行重新创作与演绎，给传统漫画艺术注入新的活力，对传统文化进行大力的传播和弘扬，演绎成符合当下收视习惯的一种带有原创性的电视娱乐节目形态。

东方卫视的《舞林大会》借鉴的《与明星共舞》，是英国广播公司（BBC）的品牌电视娱乐节目，每周日晚在黄金时间播出。节目的内核是8位不擅长跳舞的名人与8位"舞林高手"配对跳舞并进行PK，每期节目直播8对选手PK淘

---

① 伯杰. 眼见为实——视觉传播导论［M］. 张蕊，韩秀荣，李广才，译. 3版. 南京江苏美术出版社，2008：177.
② 周星.《电影传奇》的四个传奇性特色［J］. 电视研究，2004（7）.

汰的过程，并插播相应的训练过程，让观众见证名人的成长，明白名人的成功也须付出艰辛。节目将娱乐元素、名人元素、音乐元素、竞技元素、性感元素和现场元素巧妙地嫁接，使节目形成了三大看点：一是名人要跳出自己熟悉的领域，接受陌生的挑战，这样的挑战让他们紧张难堪甚至出洋相；二是舞者与名人的组合中，职业舞者要表现出专业性，名人也要展现自己的学习才能，双方都要敬业，并共同成长；三是个人成长旅程的展现，观众每周都能看到名人的成长。

在电视剧节目形态中，也出现了几种形态之间相互嫁接的案例。譬如，《激情燃烧的岁月》就是军事题材与家庭题材的嫁接；《幸福像花儿一样》则是军事题材与言情题材的"嫁接"；《武林外传》则是武侠剧、家庭剧与情景剧的"杂糅"。

在中国内地，电视娱乐节目形态与非电视娱乐节目形态的界限也正变得越来越模糊。

浙江电视台钱江都市频道的大型日播情景喜剧，将电视情景喜剧节目元素与电视新闻节目元素进行嫁接。该节目每天播出一集，以钱塘江畔的老墙院内几户普通老百姓的家长里短为表演内容，表现出与《我爱我家》等北方情景喜剧截然不同的定位和风格。[①]

江西电视台的《传奇故事》则将电视游戏节目、电视资讯节目与电视法制节目的各种元素有机地结合起来，"统一'打包'，整合成符合大众需求的形式。说到底，名字并不重要，重要的在于它是否能满足观众的需求"[②]。有学者将其界定为"一档具有社会积极意义和广泛社会学、传播学综合认识价值的大众性新闻节目"[③]。其实，从电视娱乐节目形态的角度来说，《传奇故事》这类节目的形态也可被界定为深度报道类电视娱乐资讯节目。

---

① 国家广播电影电视总局发展改革研究中心.2006年中国广播影视发展报告［M］.北京:社会科学文献出版社,2006:214.
② 胡智峰,顾亚奇.《传奇故事》的成功之道［J］.中国广播电视学刊,2006(2).
③ 靳智伟.《传奇故事》与电视模式化运营［J］.中国广播电视学刊,2006(2).

此外，"目前几乎所有形态的电视节目都在自觉或不自觉地采用真人秀节目的表现手段、技艺和元素，以至于服务、教育、财经这些非娱乐性的节目也都与真人秀产生了千丝万缕的联系"[①]。如将游戏与纪实这两个过去被认为是界限分明的元素嫁接在一起，就诞生了生存挑战类的电视真人秀节目。而这类节目既可以被视为画面优美的电视纪录片，也可以被视为富于情节冲突的电视连续剧，还可以被视为生动的电视游戏节目，因为它充分调动了电视的各种表现手段，从而打造了一个全新的节目形态。

值得注意的是，中国电视娱乐节目形态演进并非单一的替代关系，而是彼此嫁接并在某一阶段呈现出一种螺旋式回归的状态。在东方卫视的《舞林大会》掀起收视狂潮后，湖南卫视和江苏卫视也纷纷推出《名声大震》《名师高徒》两档明星选秀类电视真人秀节目，将选秀节目由"平民秀"推向"明星秀"。这种形态可以视为才艺选秀电视真人秀节目形态元素与电视综艺节目形态元素的嫁接，明星重新成为舞台的主角，并借助自身的明星效应吸引更多的观众。

嫁接式结构在电视综艺节目形态中体现得十分明显，观众可以看到各种相关节目形态元素的影子，如逗趣喜剧、人物访谈、歌舞表演、游戏竞赛，甚至还有纪录片和偷拍等，不同形态元素多元交叉，精彩纷呈。譬如，在中央电视台的《正大综艺》节目中，既有游戏竞技、知识介绍，还有外景游览、温情剧场等，节目灵活地出入于现场与外景之间，在时空的重新结构中，节目以一种空灵轻巧与赏心悦目的流畅感来取悦观众。

随着整个电视传媒行业竞争的加剧，电视娱乐节目形态结构方式创新的成功率亟待提升。这就要求电视从业人员在电视娱乐节目形态结构方式创新的过程中，既要眼观六路、耳听八方，不断了解国内外电视娱乐节目形态结构方式最新的发展潮流，又要建立科学的电视娱乐节目形态结构方式创新的流

---

① 张海潮. 中国电视节目分类体系[M]. 北京: 中国传媒大学出版社, 2007: 111.

程和方法。从国内外电视娱乐节目形态结构方式创新的成功经验来看,节目生产的工作流程中需要运用大量先进的管理学、社会学和心理学等学科的理念、思想、方法和手段。电视娱乐节目形态结构方式的创新,不再仅仅由传统的电视从业人员独立担当,而是由各行各业专家组成的团队合作完成,以期最大限度地规避创新失败的风险。

社会的发展变化催生了多姿多彩的电视娱乐节目形态结构方式。反之,也只有匠心独具的电视娱乐节目形态结构方式,才能生动而准确地反映不断发展变化着的社会和时代。电视娱乐节目形态结构方式的发展变化,是与社会和时代的发展变化同步的。然而,仅仅关注到这一层面是不够的,更重要的是,电视娱乐节目形态结构方式总是围绕观众日益增长的娱乐需求而产生和发展变化的。若观众不感兴趣,再精巧的结构方式也是没有生命力的。其实,这并不矛盾,因为观众是社会和时代的观众,观众的娱乐需求代表着社会和时代的娱乐需求。

三、电视娱乐节目的发展走向

中国电视娱乐节目形态的发展走向,体现了中国特色社会主义电视文化的前进方向,具体体现在品质本土化、品位平民化和品格人文化三个方面。[①]

（一）电视娱乐节目形态的品质本土化走向

电视娱乐节目形态的本土化走向,简单说来,就是依据中国本土的特殊国情,立足中国的社会现实,按照中国电视娱乐节目形态自身的运行规律,遵循中国电视观众的收视习惯和实际需要,策划、制作、传播具有中国民族特色、气质、风格和口味的电视娱乐节目形态。

与中国本土文化一样,中国电视娱乐节目形态的本土化也不是一个封闭

---

① 中国电视娱乐节目形态的发展走向分析[EB/OL].（2010-11-21）[2021-08-23]. https://wenku.baidu.com/view/291d0705cc175527072208e7.html.

的、停滞的概念，而是一个流动着的、发展着的与时俱进的概念。电视娱乐节目形态要发展，就应致力于实现本土化传播。中国内地许多电视娱乐节目形态从模仿境外节目形态开始，直到现在，有些节目的模仿痕迹仍很明显。那种不顾中国国情和中国观众的收视心理，生搬硬套、机械模仿的做法，只会将中国电视娱乐节目形态带入死胡同。随着境外电视娱乐节目形态的不断引入，中国内地电视娱乐节目形态必须迎接挑战，大力挖掘中国传统文化资源和民间文化资源，加快电视娱乐节目形态的本土化进程。中国电视娱乐节目形态只有立足于中国文化，充分研究中国观众的审美趣味和接受心理，致力于打造中国观众喜闻乐见的内容、形式和品质，才能实现可持续发展的目标。

在模仿境外电视娱乐节目形态的过程中，中国内地电视娱乐节目形态的创制者越来越注意不同文化之间的差异，尤其是不同的意识形态、伦理道德和观众接受心理之间的差异，节目形态本土化程度日益提高。

在中国内地1990年播出并引起轰动效应的50集电视连续剧《渴望》是境外家庭剧和家族剧本土化的最初范例。《渴望》脱胎于境外家庭剧《诽谤》和家族剧《豪门恩怨》《鹰冠庄园》《渴望》中的身世之谜，以及室内剧的创作方式，显然受到了境外家庭剧的影响，但为适应国内当时社会的具体情况，其表现对象转换成了普通百姓，矛盾冲突也不是围绕着主人与仆人的故事以及豪门的财产继承和家族恩怨展开，而只是展现普通家庭或家族之间的一般纠纷。

中国内地2001年播出的20集电视系列剧《永不放弃》在模仿美国电视系列剧《急诊室的故事》节目形态的同时，注意结合中国文化的特点，设计了中年夫妇的婚姻危机、年轻的女性第三者的插足和摇摆不定的男人最终回归家庭等许多中国人熟悉的情节，而在面临个人情感与社会规则的冲突时，该剧最终还是让男主人公遵从了中国式的社会规则。

中国内地2004年播出的32集电视系列剧《好想好想谈恋爱》，虽然模仿了美国电视系列剧《欲望都市》的节目形态，但在本土化上进行了积极的探索，正如导演刘心刚所说的那样：“《欲望都市》是一部符合美国国情的片子，里面涉及了很多'性'话题。这一点在我们的片子里就不会有过多直接的展现，我们要考虑到国情，我们重点已由'性'转到'情'上，在谈情。"①

2008年9月28日到10月20日，湖南卫视推出了根据美国广播公司（ABC）的季播电视系列剧《丑女贝蒂》②翻拍的43集电视系列剧《丑女无敌》（第一季）。这也是中国内地首次购买国际版权进行本土翻拍的季播电视系列剧，在电视剧市场一度掀起收视热潮。其成功的原因是基于本土化原则，对国外成功的节目形态移植规律有清晰的认识和审慎的模仿。为避免"水土不服"的现象发生，湖南卫视对剧情乃至主角形象都进行了本土化改造，以使节目风格与湖南卫视这一播出平台的特质相匹配。

中央电视台的电视益智节目《开心辞典》摒弃了国内外同类节目浓厚的商业色彩，虽同以重奖为刺激点，但其根据中国观众的审美心理和收视习惯，融入了本土元素，加强了对亲情和人情的展现，"家庭梦想"和"公益热情"成为节目主导元素。更为可贵的是，这档节目并没有囿于传统亲情的层面，而是直接参与了中国人审美心理社会化模式的转型，"在节目导向上向主流意识靠近"③，倡导的理念是：只要你有足够的智力、勇气、运气，为什么不实现自己的梦想？为什么不为家人和需要帮助的人挣到想要的东西呢？

2002年南京电视台花费巨资从英国引进电视益智节目《最弱一环》④节目形态版权，推出名为《汰弱留强 智者为王》的中文版节目，并邀请陈鲁豫担纲主持。但由于本土化措施失当，并未取得十分理想的收视效果。

而湖南卫视2005年开播的才艺选秀类电视真人秀节目《超级女声》既借鉴

① 潘昕. "克隆剧"也看看会抄不会抄，业内人士称无伤大雅[J]. 新闻午报，2005-02-24.
② 《丑女贝蒂》又译为《丑女贝蒂创业记》，其剧情大致为：被认为不适合时尚界、相貌平平的年轻女孩贝蒂·苏雷兹受到出版界大亨布拉福德的赏识，在《时尚》杂志编辑部担任布拉福德的儿子丹尼尔的助理。由此，贝蒂开始了她在对事业的雄心勃勃和对丹尼尔的爱慕中周旋的新生活，决心在时尚界证明自己的能力。
③ 胡智锋. 电视审美文化论[M]. 北京：中国传媒大学出版社，2004：323.
④ 《最弱一环》2001年4月在英国广播公司第二频道播出，是一档快节奏的电视益智节目。在每期半小时的节目中，主持人带领六名参赛选手进行智力游戏。选手们必须携手合作，通过正确回答常识问题来积累尽可能多的得分。每个回合结束后，选手们会以表决的方式淘汰表现最差的那个参赛者，这个人就是"最弱一环"。

了《美国偶像》的"平民路线""零距离""低门槛""演播室前移""观众投票定胜负"等基本元素和结构方式，又结合本土元素进行了创新，譬如，《美国偶像》更强调淘汰的残酷性，展现人性的阴暗面；而《超级女声》则增加观众投票挽救淘汰选手的环节，引入了温情元素。《超级女声》开播仅两个月即创下极高的收视率，获得《新周刊》"2004生活方式创意榜"评选的"创意TV秀大奖"。《超级女声》的成功与其成功的本土化策略分不开。

吉林电视台2006年年初推出的电视游戏节目《超级乐八点》同样十分强调节目形态的本土化。节目策划者基于东北二人转的艺术样式，对二人转进行内容和形式上的再造，体现了流行文化的时代特征，邀请二人转名角加盟演出，推出了"忽悠姐妹花"版块，该版块成为《超级乐八点》最具特色的一大看点。

（二）电视娱乐节目形态的品位平民化走向

电视娱乐节目形态的品位平民化走向，主要体现为一种以选取平民视角、反映平民生活、满足平民需求为基本特征的电视娱乐节目形态发展走向。

当代中国文化格局呈现出主流文化、精英文化和大众文化三足鼎立的态势。而大众文化的兴盛就在于其平民化，它是老百姓自己的文化，它与老百姓的生活密切相关，具有浓厚的"草根"色彩。

纵观一些成功的电视娱乐节目形态，明星逐渐退居二线，普通人成为节目的主角。从"明星表演"的电视综艺节目形态阶段，到"明星+游戏+平民有限参与"的电视游戏节目形态，再到"平民游戏+重奖"的电视益智节目形态，一直到方兴未艾的电视真人秀节目形态，观众的角色从被动欣赏转变为有限参与再到深度参与，最后变为主动参与并担当评判，普通人逐渐成为电视娱乐节目形态的主导元素。

中央电视台的电视娱乐谈话节目《艺术人生》一直有着平民化的气质。一方面表现为节目呈现的是明星作为普通人的一面；另一方面呈现在选题上，将"艺术人生"解释为"艺术的人生"。于是，一个普通的音乐老师、一个民间艺术家、一个作品的幕后人物，都有可能成为《艺术人生》的嘉宾。

中央电视台的《非常6+1》《星光大道》等电视真人秀节目，湖南电视台的《快乐向前冲》等体育游戏节目，为占观众绝大多数的平民百姓提供了展示自我的舞台，打造了众多草根英雄和民间偶像，赢得了观众的喜爱，引发了观众的积极参与。

与其他电视节目形态相比，电视娱乐节目"更强调的是'参与'与'唤起'，包括亲身'参与'或'想象性'参与，从而'唤起'愉快的情绪"①。为了最大限度地让普通观众参与节目，电视娱乐节目形态强化了人际传播，做到了真正与观众交流，将话题平民化、生活化，把电视传媒的单向传播变为双向传播和多向传播。譬如，作为杭州电视台影视频道主打的一档日播电视娱乐节目，《金海岸快乐七点档》在半小时的节目时长里聚焦平民话题，譬如针对保姆问题的《保姆生病记》、称颂社区建设的《爱心家园》、呼吁善待老人的《回家》等。而这些话题的表现方式又是丰富多彩的，如《保姆生病记》采用的是半小时的小品短剧的形态，《爱心家园》则采用小品加歌曲的结构形式，其他的主题还会融入魔术和杂技等特色节目元素。

电视娱乐节目形态要实现品位平民化的诉求，加强节目传播的互动性是一个重要的路径。互动性实质上是指通过电视娱乐节目制作过程中传者与受者的合作与交流，共同实现双向甚至多向传播的目的。互动性是现代意义上电视娱乐节目最主要的特征，是现代电视娱乐节目形态与传统电视娱乐节目形态的分水岭。

进入21世纪，科技和文化的发展，特别是手机短信、网络等新兴传媒的融合与使用，极大地拓展了观众参与电视娱乐节目的广度和深度，激发了观众参与的热情，使单向的线性传播转变成双向乃至多向的互动传播。

《开心辞典》节目曾在中央电视台官网的《开心辞典》网页上设置观众答

---

① 张国良，黄芝晓. 全球信息化时代的华人传播研究: 力量汇聚与学术创新 [M]. 上海: 复旦大学出版社，2004: 240.

题游戏，让许多不能亲临现场的观众一样可以感受到智力比拼和答题游戏的魅力。网站开通后注册人数一度达450万人，网站首页每日的浏览量达到67万人次，总浏览量达300万人次。网上答题扩大了参赛人群，保证了节目选手的来源和质量，是该节目选拔选手的一个主要渠道。

在《开心辞典》的节目现场答题环节里，"求助现场观众"与"电话求助场外观众"两种方式是活跃现场气氛、提高节目收视率的互动环节。《开心辞典》还推出了全民互动版，将题目打在电视屏幕上，让场外观众通过发送手机短信的方式参与现场答题，主持人公布答案后，再从答对的观众中进行抽奖，电话连线获奖观众。这一互动环节打破了现场内外的界限，所有电视机前的观众都被纳入了节目现场，坐在电视机前就可以参与节目，最大限度地实现了电视与观众的互动传播，收到了良好的效果。

在中央电视台的《幸运52》节目中，节目与观众的互动已经渗透到了每一个环节中。不仅观众的选择是互动的结果，在节目的整个过程中，主持人和选手之间，选手和选手之间，主持人和现场观众之间，主持人和场外观众之间，选手和现场观众之间都有比较充分的互动。

在湖南卫视才艺选秀类电视真人秀节目《超级女声》中，比赛结果都由大众投票产生，每周有数百万条短信进行投票，直至把"超女"送上平民偶像的宝座。在整个互动的过程中，民众自行决定投票或不投票、把票投给谁，观众暗示自己：成长为平民偶像的"超女"们都是由自己一手缔造的。在这样的情境中，观众的内心得到了极大的满足，确信自己的投票是非常重要的，从而也确信自己在大众传媒面前是不容被忽视的，其主流的心态就在电子互动技术的帮助下进一步得到强化。

（三）电视娱乐节目形态的品格人文化走向

电视娱乐节目形态的品格人文化走向，指的是电视娱乐节目对精神向度、文化理想和审美价值的一种追求取向。

电视娱乐节目形态曾一度过分追求形而下的快感，而忽视了形而上的美感，从而导致节目中人文元素的缺失。在一些电视娱乐节目形态中，文化的认知功能、教育功能和审美功能都受到抑制，制作方往往片面强化和突出以感官刺激为主的游戏功能。文化被娱乐化了，而娱乐又被商业化了。

以人文精神为旨归，电视娱乐节目形态在当今中国社会有着存在与发展的必然性和必要性，它有理由、有责任回归观众的主体地位，积极倡导和实践以人为本的娱乐理念。这是一种实质性的倡导和实践，具体表现为不仅仅让观众有收看电视娱乐节目的选择权以及在电视娱乐节目中的互动权和参与权，而且还要让观众获得更高层次的人文关怀。

尼尔·波兹曼在谈到美国的电视娱乐节目形态时说："娱乐在电视上成为所有话语的象征，在电视上这种象征统治着一切。就像印刷术曾统治控制着政治、宗教、商业、教育、法律和其他重要事务的运行方式一样，现在电视决定着一切，在法庭、教室、手术室、会议室和教堂里，甚至在飞机上，美国人不再彼此交谈，他们彼此娱乐。他们不交流思想，而是交流图像。"[1]在中国，电视娱乐节目同样深刻地改变着人们的生活。电视娱乐节目只有不断创新传播策略，从追求形而下的快感，迈向追求形而上的美感，致力于打造富有品格内涵的"绿色"娱乐，才能开拓出全新的生存和发展空间。

"如果说，没有传播的文化是死文化的话，那么，没有文化的传播就是死传播。"[2]事实一再证明，娱乐传播也需要人文精神的支撑。在当下"传媒文化的消费特性、市场价值、娱乐功能等得到了充分的强调，尤其在新兴媒体方兴未艾之际，异质的、感官化的、更具炫惑魅力的'意象形态'价值被高度张扬，而传媒文化本该拥有的审美品格追求则在一定程度上受到漠视"[3]的情境下，电视娱乐节目形态更要坚守电视的文化品格，坚守娱乐底线，致力于提升电

---

① 波兹曼.娱乐至死[M].章艳,译.桂林:广西师范大学出版社,2004:121.
② 刘智.新闻文化学[M].北京:新华出版社,2001:137.
③ 杨峭立.论传媒文化的精神品格[N].光明日报,2005-04-11.

视娱乐节目的品质，做到通俗而不庸俗、用情而不滥情、娱乐而不愚乐、平凡但不平庸。电视作为大众传媒，有责任构建一个良好的传媒文化生态。电视娱乐节目形态没有理由不考虑其可能产生的负面社会影响。"大众传播媒介向社会提供众多的娱乐产品，这是当代社会文化方面的一个现实。由于大众传播的特征之一即大规模大批量地复制信息，通过大众传播渠道提供的娱乐，在社会上具有广泛影响……因此，大众传播者负有提供健康有益的娱乐产品、倡导精神文明的社会使命。一旦大众传播者忘却了这一使命，媒介提供的娱乐产品就可能内容失当，产生消极的社会影响。"①作为大众精神文化产品的重要载体之一，电视娱乐节目有必要担负起提供健康有益的精神文化产品的历史使命。

许多电视娱乐节目在这方面做出了有益的探索。

凤凰卫视的《娱乐串串SHOW》就把娱乐精神和人文内涵结合得很好。主持人梁冬认为，娱乐是一种态度，他试图用这档娱乐节目来说明娱乐并不像人们看到的那样浅薄，娱乐也可以是有深度的。"《娱乐串串SHOW》是做给'年轻的成年人'看的。就是要透过对娱乐的解读，从侧面反映社会矛盾，反映社会力量的变化。"②在这档梁冬自创的节目中，"娱乐"的疆界得到拓展。

中央电视台的《幸运52》《开心辞典》将知识和娱乐结合起来，通过设置"家庭梦想""场外求助"等环节，将"知识就是财富""竞争与合作""亲情与爱心"等正面理念灌注到节目中，在电视娱乐节目形态提升人文品格方面进行了有益的尝试。

东方卫视2008年4月2日启动的电视游戏节目《加油！2008》集竞技元素和人文元素为一体。该节目由中国青少年发展基金会和上海文广新闻传媒集团联合举办，旨在通过电视节目动员社会力量，支持中小学教育。节目历时三

---

① 邵培仁, 陈建洲. 传播社会学 [M]. 南京: 南京出版社, 1994: 88.
② 云国强, 吕品. 从娱乐的文化起源、本质解析电视传播的娱乐功能 [M] // 张国良, 黄芝晓. 全球信息化时代的华人传播研究: 力量汇聚与学术创新. 上海: 复旦大学出版社, 2004: 240.

个月，共为地震灾区重建校园筹得善款超过5.3亿元人民币。[①]

最后需要指出的是，上述三种走向，彼此往往都不是独立存在的，而是相互交融在一起的，以三位一体、相得益彰的综合面貌呈现在观众面前。

四、电视娱乐节目的策划流程

（一）选题

在电视娱乐节目策划的过程中，选题关系到能否正确宣传节目的主旨、能否获得更多受众等问题。节目没有自己的"拳头产品"，就没有实力与同类产品竞争，缺乏竞争力的产品，自然难以在传媒市场上获得自己的一席之地，难以获得社会效益与经济效益。

因此，认真策划选题，注重优化选题，并不断设计和开发质量高、特色显著、结构合理的选题，将会形成一种战略优势，产生规模效应，使自己在同行业中具有领先地位，节目的发展将因此步入良性循环的轨道。相反，如果不重视选题策划和开发工作，以节目是否赚钱为唯一标准，只注重短期目标，最终将会在长期激烈的市场竞争中败下阵来，被市场淘汰。

（二）构思创作

首先是对主持人的选择。主持人和嘉宾均拥有话语权，但是主持人要把控主话语权，要快速准确地提炼核心问题，用情绪带动与话题相关的事，与观众交流时要真诚。主持人对交流节奏的有效控制，对问题入情入理的深入分析和对建设性意见的表达，以及进行正确舆论导向和价值取向的传播，使节目能够顺利进行，这不仅要求主持人具有出色的表达能力，还要有过硬的心理素质，其观点表达的独到性和真实性更是缺一不可。

① 中国电视娱乐节目形态的发展走向分析[EB/OL].（2010-11-21）[2021-08-23]. https://wenku.baidu.com/view/291d0705cc175527072208e7.html.

其次是对文案的要求，主要有以下几方面要点：

（1）主持人的开场语应简洁而富有创意，需抓住要点。

（2）对节目中话题的发展脉络、问题的基本走向要有全局把控，对于社会性话题悬念的设计，要细化结构。

（3）应以主要兴趣点和具体的故事推动话题不断发展。

（4）要对节目中话题最终的结论有基本价值判断，鼓励不同观点的存在。

（三）评估整合

电视娱乐节目不仅强调娱乐，还要传达与文化相关的内容。在电视娱乐节目文案的撰写中，应注意考虑以下几方面问题：

首先，节目应成为一个平民化的互动平台，注重对于真实生活中生动细节的展示，由此才能更好地迎合当下受众的喜好。

其次，采用情节化的叙事形态。一方面，在叙事方法上，戏剧化的剪辑方式更受观众青睐。另一方面，要想保持节目新鲜感，"旧故事新说法"是现在常用的表现手法。

最后，主持人的选择尤为重要。选择理想的节目主持人，是电视娱乐节目策划的重中之重。有影响力和感召力的主持人会让节目具备吸引力。但从另一方面来看，观众在注意主持人的语言、动作时，可能会忽略节目本身，这就需要主持人不仅有适合本节目的口才、外貌，还要有较高的思想政治素质和文化修养，具有驾驭该节目类型的综合能力，这就是我们所说的类型主持人。比如，主持少数民族节目的主持人的语言称谓、着装会让人觉得可亲，很容易打动观众；好的明星主持人会传递情绪，把自己作为欣赏与被欣赏者，制造气氛与高潮，等等。

（四）撰写文案

电视娱乐节目策划的文案写作就是要阐述电视娱乐节目的主题内容、基本流程，特殊情况的应急方式等，从而方便主持人、现场嘉宾以及现场编导、技工等进行有机配合和调整。

电视娱乐节目策划文案分为五个部分：

1. 现实环境分析

现实环境分析主要包括两方面内容：背景浅析和企划动机。

2. 节目设定

节目设定的内容包括：节目名称、节目类别、节目主旨、节目目标、节目定位、节目形态、节目内容、节目特色、节目风格、剪辑风格、叙事方式、主持人串联风格、诉求对象、节目长度、单集节目构成情况、播出时段、播出次数、节目集数、制作方式、版权所有情况、合作方式等。

3. 摄制策略

摄制策略包括以下几方面内容：主持人的选定及与主持工作相关的各项内容、节目顾问的选定、创作思路、节目要求、整体目标、节目包装思路、制作设备、制播周期、工作人员设置。

4. 行销宣传

行销宣传方面的内容包括：节目优势分析、节目市场分析、广告市场分析、节目宣传片规划、节目预告带规划、宣传推广规划。

5. 附篇

附篇部分的内容包括企划人简介、公司简介、合作程序、联系方式等。

五、电视娱乐节目的策划要点

（一）主题要点

主题是策划的灵魂，是娱乐节目的核心，只有明确了主题，主持人才能在对节目的把控过程中不偏题，包括节目中的游戏娱乐、与嘉宾的对话等，从而达到"形散而神不散"的效果。

（二）内容要点

在内容上，需要注意三点：

1. 结构清晰，有层次

好的节目结构可以引人入胜、循序渐进、跌宕起伏、层层推进，升华节目的主题；不好的结构只会让观众流失，获得不好的口碑，降低节目收视率。

2. 口语化

现今，网络用语已成为电视节目中一道亮丽的风景线，灵活化的语言运用成为时代发展的要求。口语化的语言不仅能拉近主持人与嘉宾、观众间的距离，还能在传播过程中显得自然，不呆板。

3. 体现娱乐和创意

创意是艺术的最大体现。为符合当下观众猎奇、喜新的心态，在已有的电视娱乐节目模式中创新、在娱乐中创意才是策划人最大的立足资本。

（三）形式要点

在《娱乐至死》中，美国学者尼尔·波兹曼提到娱乐要遵循的三个原则：首先，不能有前提条件，观众在观看你的节目时，不需要具备其他知识；其次，不能给观众出难题；最后，你应该像躲避瘟神一样避开阐述、争论、假设、讨论、辩驳或是其他传统的演说方法。

电视娱乐节目在策划形式上是非常灵活的，在其写作方面，一般分为以下三种形式：

1. 大纲文案

大纲文案通常用于编前会提出来的节目预案，旨在提供节目基本的主体思路和话题设置，也有部分随机性较强的谈话节目直接采用此类文案。

2. 详细文案

详细文案用于实际节目制作的成型文案，会详细阐述每个流程和环节。

3. 拍摄文案

拍摄文案是在详细文案的基础上采用图表式结构写作，准确标注每一个时间段各部门的任务，一般用于直播型和准直播型的节目。

项目实践

实践项目一

项目名称：撰写一期娱乐节目的策划文案

实践目的：了解娱乐节目的策划流程

实训条件：多媒体视听教室、投影仪、网络

实践要求：在撰写策划文案时要对节目具体的内容、结构、形式等进行考虑。具体而言，包括根据选题确定具体内容，节目各部分的结构安排、表现手法、拍摄方法、剪辑风格及电视手段的运用等。策划文案的具体内容包括节目策划的目的、节目内容、节目定位、节目形式、人员设置、时间进度、经费预算等。

在写作策划案时，应做到简明扼要、形象生动、条理清晰、逻辑性强，具有可操作性。

实践项目二

项目名称：拍摄制作一期娱乐节目

实践目的：通过拍摄制作一期娱乐节目，使学生掌握电视娱乐节目制作的基本流程，同时检验策划方案的科学性和可行性。

实践要求：节目的拍摄制作应严格按照构思创作、现场录制、编辑混录

等流程进行，节目组学生按照制片人、编导、摄像、主持人、嘉宾、后期编辑等岗位进行分工，共同完成一期节目的制作。要求作品具有完整性，片头、节目内容、字幕及片尾一气呵成，能系统地体现节目策划的基本框架。

思考题

1. 电视娱乐节目的基本元素有哪些？

2. 电视娱乐节目的策划要点是什么？

3. 选择一档你熟悉的电视娱乐节目进行阐述，并对该节目的策划方案进行评析。

4. 目前电视娱乐节目存在的问题与发展对策是什么？

经典节目案例分享 ◀◀◀◀

《声临其境》

一、节目简介

2018年年初，由湖南卫视推出的中国首档原创声音魅力竞演类真人秀节目《声临其境》面世。该节目以独特的配音创意、优良的节目制作以及致敬经典的文化内涵，实现了社会效益和经济效益双丰收，被评为"最具全网口碑指数电视综艺"。

该节目共推出三季，前两季每期节目邀请四位演员同台竞技，通过台词功底、配音实力和互动搭档的比拼，最终由现场观众投票选出当期的"声音之王"，进入年度声音大秀；第三季为首席声咖与神秘声咖合作比拼，最终由现场观众票选出"最喜欢的声音"。

二、《声临其境》的节目特色

（一）再现艺术魅力

《声临其境》的每一位竞演嘉宾在创作中都全身心地投入角色，理解和把握人物的喜、怒、哀、乐等各种情感状态和表情变化，观察和模拟人物形体动作的走、跑、跳、卧、打等不同运动状态，甚至是摇头、耸肩、扬眉、摆手等细小动作，从而找寻最佳的声音表现形式，以饱满的热情完成真实生动、活灵活现的创作。虽是为不同国家、不同民族，不同年龄、不同职业、不同性格的人物配音，但嘉宾们均根据角色形象去安排自己的声音和语言，与角色同呼吸、共命运，如此实现了心口一致、音魂相随的效果，产生了"言有尽而意无穷"的空间作用，不仅提升了作品的审美性，也增强了节目的艺术性。

（二）化繁为简，致敬工匠精神

与一般意义上的真人秀节目不同，《声临其境》以配音水平作为唯一的评判标准，精选演艺界堪称"匠人"的专业配音演员和台词功底深厚的实力派演员，注重演员自身在声音和台词方面的基本功的展现，这种化繁为简的节目形式体现出一种精雕细琢的匠人精神。

配音现场的真实情况让观众更加直观地看到秉持赤子之心的演艺工作者们通过自己的声音赋予角色生命力。他们对演艺事业的衷心热爱、对声音艺术的执着追求、对影视作品的精益求精，值得被观众鼓励和赞叹，被业界正视和尊重。

（三）回归本土，传承经典文化

《声临其境》涉及的配音片段以口碑佳、知名度高和豆瓣评分高的经典影视作品为主,包括红色经典,如《董存瑞》《建党伟业》《集结号》等革命题材的经典作品;历史名著,如《水浒传》《西游记》《军师联盟》等历史题材的影视作品;收视经典,如《还珠格格》《甄嬛传》《赤壁》《功夫》等系列影视作品,兼顾了观众的熟识度与兴趣点以及作品的人文情怀与价值导向。嘉宾在幕后进行配音,还原经典影视作品片段,重新构建了受众对传统文化的记忆,在唤醒集体记忆和个体记忆的同时,营造身份归属感和民族认同感。

(四)艺术与科技完美结合

《声临其境》创新地运用了如同电影特效般的 Fotric 云热像技术。《声临其境》主屏幕上的动态剪影,就是用云热像技术捕捉嘉宾自身的热辐射,把录音间嘉宾的体表温度值变成可视化图像,将嘉宾的身形呈现于屏幕上。在节目的前两个环节中,现场观众对幕后配音的明星嘉宾毫不知情,与声音无关的任何因素观众都无法得知,只能看到大屏幕上由金色粒子组成的动态剪影效果,根据模糊的身形体态、伪装的声音特征、遗漏的蛛丝马迹来判断配音演员的真实身份。这样的设计在富于科幻色彩的动态影像中打造视觉上充满科技美感的奇异效果,营造出一种“不见其人只闻其声”的悬念美感,既增强了节目的活泼性和互动性,又满足了观众的听觉享受,给观众带来更大的期待空间。

（五）嘉宾形象：跨界融合

《声临其境》在竞演嘉宾的选择上启用了跨界模式，前来参与的嘉宾不仅从专业素养上实现跨界，而且还从观众对其固化的人格设定印象上进行跨界。

《声临其境》以专业的眼光挖掘声音的艺术家，兼顾了德高望重的前辈级选手与影视新星级选手，网络上称其"启用了其他节目中评委老师的阵容来作为选手"，让观众看到这些实力派或新生代演员们与其在影视作品中不一样的反差表现和不为人知的魅力一面，为节目带来更多的看点与可能性。

节目组给竞演嘉宾设置了多重对比：第一，身份年龄对比。每期嘉宾组合兼顾老中青三个年龄段，来到节目中献"声"的不仅有唐国强、张铁林、陈建斌等演技扎实的表演艺术家，实力派学者型演员王劲松等，还有朱亚文、韩雪、梅婷等青年演员中的演技担当，更有郭德纲、边江等身怀绝技并在各自领域占有一席之地的翘楚。第二，专业风格对比。竞演嘉宾有的是毕业于北京电影学院配音专业、上海戏剧学院台词专业的优秀演员，有的是国内外顶级话剧表演者，还有的拥有导演、编剧、制作人、主持人、歌手等多重身份。例如，担任暨南大学艺术学院院长的张铁林，担任中国电影表演艺术协会副会长、中国电影协会理事的张丰毅，担任美国麻省艺术与设计学院教授、上海戏剧学院音乐剧中心主任并且被称为百老汇华裔第一人的王洛勇，在不同专业风格的箴规磨切中尽显节目高层次的专业水准。第三，座位次序与选题难易程度的对比。每期竞演的四位嘉宾会依次按照一、二、三、四的顺序排列而坐，坐在第四位的压力最大，第一位次之。节目组根据嘉宾的性格特征、配音技艺、心理素质等方面因素，为嘉宾选择难易程度与之匹配的配音作品。《声临其境》通过这些重重的对比，让声音大咖们屏蔽干扰，呈现技艺精华。①

---

① 本案例内容参考自沈雅君的硕士论文《竞演类真人秀〈声临其境〉的传播研究》，湖南师范大学，2019年。

学习单元四
电视社教类节目策划

学习目标

1.了解电视社教类节目的界定

2.了解电视社教类节目的类型

3.熟悉电视社教类节目的策划要点

4.掌握文化类社教节目的策划

案例学习与分析 ◄◄◄

《朗读者》

一、《朗读者》节目简介

《朗读者》第一季是中央广播电视总台推出的文化类综艺节目，由董卿担任节目主持人、制作人、总导演。该节目以讲述个人成长、情感体验、背景故事与传世佳作相结合的方式，选用精美的文字，用最平实的情感读出文字背后的价值，节目旨在实现以文化感染人、鼓舞人、教育人的传导作用，展现有血有肉的真实人物情感。

《朗读者》第一季播出后，节目的酷云直播关注度维持在0.76-1.18之间，排名保持在第三到第五名之间，豆瓣评分为8.5分，互联网、音频客户端累计播放次数超10亿次。《朗读者》第二季和第三季分别于2018年5月5日、2021年9月18日开播，网络传播综合指数、直播关注度等仍保持了第一季的良好态势。

二、《朗读者》的节目特色

（一）对有声语言的塑造

《朗读者》节目的初衷是将每个人都建构成朗读者的身份，注重阐述人生经历与情感价值。因此节目并没有邀请固定的嘉宾进行朗读，也不只邀请有台词功底的演员或配音演员进行朗读，节目中的朗读者来自各行各业，有演员明星，有社会名人，也有普通人。

因此对于人声语言的塑造，《朗读者》没有刻意强调完美的朗读技巧、声音特质，有些朗读者朗读时带有方言，有几期节目甚至还邀请了有语言交流障碍的嘉宾进行朗读。但节目就是用这样一种并不专业、并不完美的编码方式将朗读者最本真的感情编入声音符码中，用自然化的、生活化的符码传递出最能够打动人的情感价值。

（二）主持人的重要作用

董卿作为节目的制作人和主持人，在节目传播过程中成为受众关注的焦点，其本身是该节目最为生动的一个意义符码，是节目意义的人格化表征。

首先，董卿自身的形象与气质与节目本身的意义高度贴合。从春晚到《中国诗词大会》，董卿端庄、大气的主持形象已经深入人心，尤其是在《中国诗词大会》之后，董卿本人良好的文学修养、文化功底更

获得了受众的普遍认可。其次，董卿既是语言风格的设计者，又是话语行为的实施者，节目中无论是她的叙述语言还是交际语言，都呈现出对生命的尊重、赞美和对社会核心价值观的传承。区别于其他电视节目的口语化、生活化表达，董卿的语言更偏向于书面用语，讲求文雅风流，也经常引经据典，奠定了节目良好的文化基调，受众的文化期待也被激发出来。

（三）节目内容具有厚重感

《朗读者》将"人性"与"文学"很好地结合到一起，在"人"身上挖掘故事，再将故事与文学朗读有机结合，将厚重艰涩的文化体验转换为温暖柔和的情感体验，将文本语言编入电视化符码中，增加了节目内容的厚重感。

节目采用"访谈＋朗读"的形式，在传播经典高雅文学作品的同时，也将

节目故事化、故事人物化。节目每期选择一个特定的主题，围绕主题词选择与之内涵、情感相符的嘉宾与文学读本，将看似零散的、毫无关联的人和文学作品，通过"有情感张力""有丰富的生命联想"的主题词在内在逻辑上串联起来，从而进一步深化主题。

（四）增加受众的情感认同

《朗读者》首先做到以情动人，通过真实的情感打动人、感染人。节目在主题的选择上无不体现出大众生活中平常却又不平凡的情感。比如第二期的主题词"陪伴"：受众都感受过父母的陪伴、朋友的陪伴、夫妻的陪伴，感受过陪伴背后的力量与责任，但当陪伴成为一种习惯后，受众未必给予它足够的重视。每一期的主题都源于大众生活而又反作用于大众生活，这些细小微妙的感情填补了受众感情的空白，给予受众心灵上的慰藉，让受众从这些细腻的主题中感悟生活，对节目产生情感认同。

其次，在受众与节目之间塑造了良好的参与感与互动感。当嘉宾朗读时，屏幕右上方出现书本状的字幕，下划线配合着嘉宾的声音不断延伸行进，营造出领读跟读的感受，强化了受众的参与感。

《朗读者》将来自五湖四海的人汇集到一起，尽管这些人拥有不同身份、不同属性，但通过朗读这一充满仪式感的活动消除了人们之间的距离感，让参与的每个人都获得了良好的互动体验。①

---

① 本案例内容参考自孙艺真的硕士论文《文化循环视角下朗读类综艺节目大众化传播探析——以〈见字如面〉〈朗读者〉为例》，山东大学，2019年。

基本知识点 ◂◂◂

一、电视社教类节目的界定

社教类节目是社会教育类节目的简称，是以传播政治、科学、文化、经济与法律等方面知识，宣传思想，提倡价值观念，指导行为，进行社会教育为宗旨的电视节目。它是涉及内容最为广泛，涵盖文化、科技、法律、经济、生活等，形式最为多样的一类节目。

在某种意义上，形态多样的社教类节目是社会发展和时代变迁的"风向标"。纵观优秀的社教类节目，它们往往以其反映和表现时代生活的敏捷性、广泛性和深入性，而与时代精神同声同应，同气相求，它们不仅深刻全面地反映了社会转型时期政治、经济、文化的冲突与融合，还以其生动感人的影像表意系统对当代中国社会的时代风尚、价值观念、社会心理等产生了复杂而深刻的影响。

二、电视社教类节目的类型

电视社教类节目题材广泛，门类多样，节目设置、编辑、播出手法也十分灵活，寓教育于娱乐，寓教化于服务，寓宣传于信息和文化知识的传播之中。按节目题材来分类，电视社教类节目分为社会政治类社教节目、经济类社教节目、文化类社教节目、科教类社教节目。

（一）社会政治类社教节目

社会政治类社教节目是以反映一个时期内的重大社会问题、历史事件、社会现象以及情感问题等为题材的节目。如，中央电视台的《面对面》。《面对面》是中央电视台的一档长篇人物专访栏目，每期节目时长45分钟，每周日21:30

在新闻频道播出。《面对面》秉持新闻性、权威性、关注度、影响力的诉求，主持人与嘉宾面对面地交流，心与心地碰撞，用对话记录历史，以人物解读新闻。《面对面》的嘉宾都是重量级的，他们中有新闻事件中的焦点人物，有新闻话题中的权威人物，有时代变革中的风云人物，有备受关注的公众人物。他们因为非凡的影响力进入了《面对面》，而《面对面》让他们更加具有影响力。

又如《见证》。《见证》是中央电视台社会与法频道开办的一档栏目，该栏目以"弘扬法治精神，构建社会和谐"为宗旨，遵循"真实就是力量"的创作理念，以"现实纪实—人物口述—影像资料"为叙事模式，从现实的细微处入手，以影像沟通历史和现实，探寻现实变迁的历史纵深感，致力于提供当代中国法治建设的深度写真，以优秀纪录片的风格气质记录法治的进程、见证时代的变迁、映射社会的进步。

再如《夜线》。《夜线》是中央电视台社会与法频道开办的一档大型情感类直播互动栏目。它充分协调了人们对他人情感的窥视欲和对自己情感生活的困惑，理性争论现实存在且社会化的情感问题，策略性地完成了人们共需共鸣的情感知识的传播。每期节目由"关键词""真心话""对对碰""连连听"四部分构成，四个版块轮动构成整个节目，版块名称只用于工作区分而不在节目上有所体现。每期节目寻找一个有进程感的新闻事件或当下百姓最关心的情感话题贯穿直播的全过程，增加了直播走向的未知和期待感。

《今日说法》是中央电视台于1999年1月2日推出并延续至今的法制栏目，该栏目采取以案说法、大众参与、专家评说的节目样式，重在普法、监督执法、推动立法，为百姓办实事，是一档家喻户晓的法制栏目。

（二）经济类社教节目

经济类社教节目即以经济信息、经济政策、经济活动和经济服务为中心内容的节目。例如，中央电视台的《经济半小时》《环球财经连线》《对话》等。1989年12月18日，中央电视台的《经济半小时》正式开播。作为中央电视台创办最早、影响最大的名牌经济栏目,《经济半小时》以重大经济事件、业界风云人物作为报道的焦点,以严谨的态度、新闻的眼光、经济的视角、权威的评论,深度报道经济事件,透彻分析经济现象,忠实记录企业变革,准确把握经济脉搏。作为中央电视台唯一的经济时事深度报道性栏目,它的权威性和深度透析力给国家宏观经济的决策层提供了参考价值。

（三）文化类社教节目

文化类社教节目即以文学、艺术、音乐、舞蹈、美术等方面的人物和事物为题材的节目。它可以分为四大类,即文化教育类,如中央电视台的《百家讲坛》《跟我学》等;文化赏析类,如中央电视台的《读书》,《读书》用丰富的电视手段传递书中的精华和信息,是一档和大众分享好书的栏目,该栏目邀请爱书人士与观众分享读书的快乐,同时解读和推荐好书,带动民众读好书、好读书,同为文化赏析类的栏目还有《中国诗词大会》《中国汉字听写大会》等;文化资讯、文化现象、文化生活类,如《文化十分》栏目力图成为传播主流文化价值观的传播阵地,用新闻视角解读文化,以文艺手法制作新闻,每期节目都为观众及时发布权威政策,扫描梳理国内外重大文化事件,透视观察热点文化现象,主创团队还运用朴实的镜头讲述精品力作背后,艺术家艰难曲折、鲜为人知的艺术创作故事,并从特殊的视角记录文艺工作者走进乡村、矿山、工厂、军营,深入生活、扎根人民采风创作的现场,反映他们用真情、真心、真诚的艺术创作奉献人民、回馈时代的感人事迹,与此同类的还有中央电视台的《朗读者》,北京电视台的《档案》,凤凰卫视的《锵锵三人行》,黑龙江卫视的《见字如面》等;人文地理类,如中央电视台的《走遍中国》《人文地理》《发现》等。2001年7月9日,中央电视台的文化类栏目《百家讲坛》正式开播。该栏目的定位为"汇集百家学养,追慕大师风范,平和开放的胸襟,通向大众的桥梁",采用类似于评书的通俗易懂的故事化讲述、影像化呈现等形式将许多晦涩知识传播于大众之中,题材涉及文化、生物、医学、经济等各个方面,现多以文化题材为主，并较多涉及中国历史、中国文化。节目在追求内容的学理性与权威性的同时，力求雅俗共赏。

（四）科教类社教节目

科教类社教节目即以普及科学技术、关注科学问题、贴近科技生活、阐释科技现象、弘扬科学精神、展现科学魅力为题材的节目。例如中央电视台的《走近科学》《科技之光》等，用科学的眼光去解读、解释事物的本来面目，用探索的精神去发现事物的本质，在一个个充满悬念的破解中获得科学文化知识。1998年6月1日，中央电视台第一个大型科普栏目《走近科学》正式开播。该栏目以"弘扬科学精神，宣传科学思想，提倡科学方法，传播科学知识"为宗旨，以生活中的推理故事，对热点、疑点的科学解析为主要内容，开播近20年来，生产了大量优质的电视科技节目，在各类节目评奖中屡次获奖，已成为中国电视科普的一面旗帜。

三、电视社教类节目的策划要点

无论是何种类型的电视节目，在其正式创办之前，策划者必然会反复斟酌方案，由此评估节目的可行性、受欢迎程度以及未来可能的市场占有情况。不同类型的电视节目，其策划方法和步骤有大同小异之处，但却有不同的规划重点以及不同的思考方向。那么，社会教育类节目的策划重点是哪些方面？又应怎样思考？

（一）社教类电视节目的选题策划

有一个好的选题等于成功了一半，选题出现偏差，即使做出再华丽的节目包装，也不过是"金玉其外，败絮其中"，很难赢得市场的长期口碑。在新媒体时代的今天，人们所能接触的信息量早已不可同日而语，特别是对于年轻人来说，一部手机或者是其他的互联网终端便可以轻松地查询到相关信息。故而，社会教育类节目只有做好选题规划，才能避免受众群流失。社会教育类节目的选题策划中应遵循以下原则：

第一，最好不要选择众所周知的、太过平淡、陈旧或是已经有了充分结论的话题。一盘剩饭，即使加料新炒，也终究还是一盘剩饭。有的事件已经在别的媒体平台上反复播送过了，受众已烂熟于心，自然不会再多加关注。这类选题应该首先摒弃。

第二，选题应有大众话题性。大众话题性，指的是选题应针对大众口味，可在一定范围内引起受众共鸣，引起关注。而不是一味地追求新鲜和猎奇，选择高深莫测、好高骛远的话题，让普通大众如坠入云里雾里，不得其解。例如，《百家讲坛》在创立之初的选题，对受众基础要求过于专业，并且讨论的话题过于学术化，脱离生活和实际，受众虽然未必听说过，但是也提不起兴趣。

（二）社教类电视节目的表达方式策划

社会教育类节目无论如何表达，总归是通过节目传达某些知识或者理念。当选题确定，即"说什么"确定之后，下一步要确定的就是"如何说"和"怎样说"，也就是节目的表达类型。对于社会教育类节目来说，归根结底在于让受众体会、了解某些知识、情感或者其他方面的信息。

其一，切记不可填鸭式灌输，以及直接生硬地说教。

其二，切忌过于娱乐化，社教类节目的受众群本不是娱乐节目的专业收视人群。切忌主持人花架子摆了半天，各种逗趣，最后实在性的节目内容只有一点点。

（三）社教类电视节目的表达类型

目前受众比较容易接受的表达类型，简单来说大致有以下五种：

1. 情景演绎型

这一类型即用演员表演、情景再现的手法，或者是根据所要表达的信息编写情节，进行二度创作，再由演员演出来。这种手法富于戏剧的集中表现性，故而往往能吸引人的注意。比如，普法类栏目就常用此类方法。法律对于普通人来讲，除了在必要的时候用于约束自身或者寻求帮助之外，大多数情况下，其概念无非是几本厚厚的文件与生涩拗口的句段而已。普法节目的作用便是化腐朽为神奇，将这些长篇、生涩拗口的文字进行转换，变成一种大众易于接受、有兴趣接受的东西让大众在不知不觉中接受相关法律知识。四川电视台制作的各类普法栏目剧（根据宣传的法律知识创作剧本，聘请演员予以表演并拍摄制作播放）、模拟法庭开庭现场的《庭审进行时》等，都是根据一些真实案例进行编剧创作，在创作的过程中融入普法知识，最后以短剧的形式生动呈现的节目，既清晰形象，又容易让观众接受。

2. 调查报告型

这一类型类似于侦查实录，主要用于侦破调查一些热点现象、刑侦事件或者是暂时没有确切答案的未解之谜。此类型往往以"简述事件，提出假设，寻找论据，推翻假设，重新立论"的顺序为主要叙事线索。侦查某一事件时，根据初步线索提出事件成因的一种可能性，再寻找证据与这个可能性相印证，得到确切结果。如果推导出的可能性不成立，则再根据线索推导出另一种可能，再继续为另一种可能寻找论据，反复数次，以此类推，直到寻找到最终的真相。此类型可以使节目过程起伏跌宕，观众的好奇心理也会被充分调动。而正常探索过程与报告展示过程的同步呈现，也会使受众有较强的参与感。节目本身就是带着受众一起探讨结论的过程，可充分调动受众的主观能动性与参与积极性。中央电视台推出的《走近科学》就是这一类型的代表栏目。

3. 交流访谈型

这一类型的应用范围十分广泛，主要是由主持人带领嘉宾与观众一起探讨一些问题，包括生活百科、情感生活、养生健康、社会科普等方面，这一类型局限性较小，可应用于不同的话题和不同的目标受众群。最后，往往会邀请嘉宾给出权威性答案或者建议。如《大家》是目前中央电视台容量最大的人物访谈栏目之一，主要采访对象是我国在科学、教育、文化等领域做出杰出贡献的"大家"。《大家》不仅是大师们讲述人生经历、展示精神风范的窗口，更是他们播撒智慧的讲坛。《职场健康课》是中央电视台财经频道针对职场人士量身定制的一档演播室互动访谈栏目，它以职场的亚健康状态和职业病为主要关注点，为广大观众带来切实有效的健康解决方案。节目以科学专业的态度做好健康科普，探讨职场的健康话题，呼吁大家健康工作、快乐生活，力求打造一档积极向上的、温暖的健康栏目，为大家在职场打拼保驾护航。此外，还有针对年轻女孩的美妆服饰类栏目，都常常采用这一模式。

4. 讲授型

这一类型节目是将杂乱的线索归纳梳理后，由主持人或特邀嘉宾进行讲述，同时发表简单评论，普及各类知识。如《法律讲堂》《百家讲坛》等。

《法律讲堂》生活版服务于当下的国家立法、普法，实用性强，秉承服务大众的实际生活需求、启迪生活智慧的节目制作理念，传播实用的法律知识，告诉观众遇到事情该怎么办、解决的途径有哪些，对现实生活具有一定的指导意义。

5. 实验竞赛型

这一类型节目大多数是在室内进行的，少部分采用室内外相结合的模式。以嘉宾回答问题并领取奖品为主要节目形式，往往会辅助以一些室内外实验来提高节目的看点与权威性，主要代表节目有《一站到底》《原来如此》等。

《原来如此》的节目定位为"电视版的十万个为什么"。该节目从生活中发现人们的困惑与不解，揭示其中的科学原理，通过对复杂的、有趣的、奇怪的，甚至危险的现象，运用发现、分析、体验、解读四个步骤进行科学原理的答疑解惑，并指导受众进行生活的改善，提出未来的发展方向。

四、电视社教类节目的策划

文化类社教节目展示了文化综艺节目的原创能力，从创作源头上就重视节目的内容，保证了节目最终的质感。

（一）电视文化类节目创新举措

1. 重视内容原创

《中国诗词大会》是为贯彻落实习近平总书记关于弘扬中华优秀传统文化的指示精神而推出的一档文化类演播室益智竞赛节目，其出题总体思路是"带领全民重温那些学过的古诗词"。节目选取的诗词时间跨度悠久，从中国古代诗歌的开端《诗经》到当代政治领袖毛泽东所作的《沁园春·雪》《七律·长征》，几乎每道题都是观众亲切熟悉的诗词，即使模棱两可的，在公布答案之后，观众也会有恍然大悟之感，这无疑增加了节目的趣味性；题目的主题都紧紧围绕诗词的本体，包括诗句、语义、韵律、作者生平、典故甚至是当时的社会背景等，这保证了其作为文化类竞赛节目的专业性；诗歌类别丰富，包含边塞诗、山水田园诗、咏史诗、咏怀诗等各个派别，诗词主题既有"仁、义、礼、智、信"的五常之道，又有"忠、孝、廉、耻、勇"的高贵品格，既保证了节目的文学性，又弘扬了正确的世界观、人生观和价值观。

《朗读者》节目中所选的读本基本都是文学经典，文学形式涵盖了散文、诗歌、小说、剧本以及书信等，这些丰富多彩的文学作品与嘉宾故事里的国、家、个人情怀相互映衬，产生了叠加效应，使整个节目充满了感染力。嘉宾分享的故事、主持人董卿或深或浅的访谈以及专家的简短解析，使节目呈现出生命之美、文学之美和情感之美，节目体现出的熠熠生辉的人性价值让观众产生了很大的共鸣。

《见字如面》更是内容为王的典范，节目旨在用书信打开历史，所以内容定位精准。节目梳理了无数书信，从中选取最真实、最有意义、观众耳闻过的故事。明星嘉宾的演绎，让这些书信内容以一种类似舞台剧的形式释放文字的魅力，从而打动观众。

2. 熟练运用新媒体

新媒体迅速发展起来之后，电视行业并没有因此而迅速衰落，相反，电视媒介学会了与新媒体和谐相处，相互带动。在节目播出前运用新媒体进行预热，节目播出过程中与观众互动，播出后推出各种未播花絮、人物访谈等，已经为媒介人员所熟练运用。例如，《中国诗词大会》播出过程中使用全媒体互动策略，充分调动电视机前的观众参与同步答题的积极性，还充分利用多媒体、移动客户端，实现实时多屏传播。节目播出的同时，电视观众可以通过手机与场上选手同步答题，增加观众对节目的参与感。《见字如面》在黑龙江卫视正式播出之前，曾在腾讯视频播出单曲形式的节目，在新媒体的口碑上抢占先机，这种创新也是基于对自己节目的信心。

3. 凸显个性化

文化类电视社教节目除了着重于文化卖点，还侧重自己独特的文化。例如，《中国诗词大会》侧重诗词文化，所以适合比赛竞技；《朗读者》侧重文学经典，所以契合朗读；《见字如面》更是精准到侧重个体化交流的略带口语的书信，所以也更适合话剧类演绎。

（二）文化类节目中兴的原因思考

当前，电视仍是主导媒介，电视文化产业也是精神文明建设的重要组成部分，电视节目内容所传播和引导的文化、意识形态等会在无形中对观众产生巨大的影响。尼尔·波兹曼在《娱乐至死》中指出，把文化变成一场娱乐至死的舞台会让文化精神枯萎。随着经济迅猛发展，当下社会有一种消费享乐主义思想，一些电视媒体从业人员盲目地迎合观众，这无疑与提高全民文化素养是相悖的，这种过度娱乐化体现出部分电视人社会责任的淡化。正是在这种严峻的背景下，文化类节目的兴起别具一番社会意义。

1. 节目弘扬爱国主义，传递正能量

《中国诗词大会》从传统文化精华中汲取创意和灵感。中华民族精神的精髓是爱国主义，《中国诗词大会》中诗词的主基调正是爱国、爱家的爱国主义。毛泽东诗词中的英雄主义和浪漫主义相结合的爱国情怀深受节目选手和嘉宾的喜爱，其中，《七律·长征》《沁园春·长沙》《沁园春·雪》等在节目的题目中多次出现；杜甫、辛弃疾、岳飞等的入选诗词也充分诠释了爱国主义、民族气节、心怀天下、歌颂亲情友情爱情等中国传统文化内涵。《朗读者》中杨利伟和女排名将赵蕊蕊的朗读和访谈内容，《见字如面》中萧红的信函等也都透出浓浓的爱国热情。

这些优秀的文化类社教节目都在传达积极的正能量，它们的主导思想、传递的价值导向都符合社会主义核心价值观，也正因如此，人民网、新华社、人民日报等众多官微、官博都给予节目高度评价，各路官媒的热捧无疑会提升节目在电视、互联网、手机移动端等的关注量，与电视形成良性的互动，进一步扩大传播效应。

2. 节目符合中国人的传统价值观念，满足观众的文化需求、情感需求

高质量的文化类电视节目让观众不再只把电视节目当作茶余饭后的消遣，还带有了一些精神文化追求的意味，节目中传达出的家国责任、家庭温情都符合中国人的传统价值。《朗读者》节目中嘉宾个人经历的分享让观众从生命个体角度切实地感同身受，这既满足了观众的精神文化需求，又弱化了文化类电视节目的社会教化功能，所以节目中未见说教的成分。嘉宾分享人生经历、情感故事，让观众感动于他们的亲情、友情、爱情。文学作品一经朗读，无声的文字便在个人故事的背景中释放出强大的生命力。

近两年诗词、传统文学等类别的电视文化节目日渐增多，原创之外，更多的是模仿甚至于抄袭。毫无疑问，表面看来这些节目越多越好，毕竟它们开拓

了电视节目制作的广度以及深度，但是文化类节目的文化内涵是制胜关键，如果流于粗制滥造，结果会适得其反。[①]

项目实践

实践项目一

项目名称：撰写一期文化类社教节目的策划文案

实践目的：了解文化类社教节目的策划流程

实训条件：多媒体视听教室、投影仪、网络

实践要求：在撰写策划方案时要对节目的具体内容、结构、形式等进行考虑。具体而言，包括根据选题确定具体内容，节目各部分的结构安排、表现手法、拍摄方法、剪辑风格、电视手段的运用等。策划文案的具体内容包括节目策划的目的、节目内容、节目定位、节目形式、人员设置、时间进度、经费预算等。

策划案应简明扼要、形象生动、条理清晰、逻辑性强，具有可操作性。

实践项目二

项目名称：拍摄制作一期文化类社教节目

实践目的：通过拍摄制作一期文化类社教节目，使学生掌握电视社教类节目制作的基本流程，同时检验策划方案的科学性和可行性。

实践要求：节目的拍摄制作应严格按照构思创作、现场录制、编辑混录等流程进行，节目组学生按照制片人、编导、摄像、主持人、嘉宾、后期编辑等岗位进行分工，共同完成一期节目的制作。要求作品具有完整性，片头、节目内容、字幕及片尾一气呵成，能系统地体现节目策划的基本框架。

---

① 孙林林, 郭书. 文字的力量[J]. 新闻战线, 2017(19).

思考题

1. 什么是电视社教类节目？

2. 电视社教类节目的主要类型及策划要点是什么？

3. 选择一档你熟悉的电视社教类节目进行阐述，并对该节目的策划方案进行评析。

4. 目前电视社教类节目存在的问题与发展对策是什么？

经典节目案例分享 ◄◄◄

《见字如面》

一、《见字如面》节目简介

《见字如面》是由实力文化、黑龙江卫视联合出品，腾讯视频网络独播、首播的一档文化节目。前三季节目均为12期，第四、五季均为10期，皆由翟毓红主持。节目于2016年12月29日起在腾讯视频播出，2016年12月31日起在黑龙江卫视播出。

《见字如面》分为《见字如面第一季》《见字如面第二季》《见字如面第三季》《见字如面第四季》《见字如面第五季》以及特别节目《见字如面·特别制作》。

该节目以明星读信为主要形式，旨在用书信打开历史节点，带领观众走进那些至今依然鲜活的时代场景、人生故事，去触碰那些至今依然可感的人物情状和社会风物，重新领会中国人的精神情怀与生活智慧。首播后，该节目很快成为一档"爆款综艺"。

二、《见字如面》节目特色

（一）国内首档朗读书信类的节目

"见字如面"字面的意思是见到某人的字就像见到该人一样，一般用于书信写作，出现在信件的开头，是一种约定俗成的问候语。因此人们看到"见字如面"就会首先联想起书信。作为国内首档朗读书信类的节目，《见字如面》选择使用大家都熟悉的固定短语作为节目名称，让人们很快联想到这档节目是与信件相关的，从而把它带入情景和意义的轨道中，使受众进一步了解和认识它。

主持人、拆信嘉宾和读信嘉宾也在通过解读、朗读不断丰富"信"的含义与节目的内涵。主持人曾经有这样的开场白："有很多的观众说，太意外了这个节目，因为没有想到他还写过这样的一封信。还有人说，你看就是一个演员，还有这样的一封信，但是在台上却读出了一台戏的感觉。"通过这样的展现，节目独特的形式与意义不断被强化。这些新增加的意义使"见字如面"不再只是一个朗读信件的节目，而是定位在了高品质、有内涵的文化综艺节目，与传承文化、认识历史的社会价值联系了起来。

（二）有声语言的魅力

《见字如面》中，读信嘉宾对信件文本文字进行解码后，结合相关背景和自身体会，通过朗读对其意义与情感进行编码并传达给受众。读信嘉宾更多是在对写信人进行角色扮演，通过声音塑造人物形象，展现写信人的内心活动。节目根据写信人的年龄、性别、职业身份与读信嘉宾的声音特征相匹配，使其在进行朗读时能够更好地塑造人物形象，使受众能够被带入特定的情境中。读信嘉宾大都是台词功底较好的演员或配音演员，能够熟练地使用朗读技巧，通过抑扬顿挫的朗读使观众感受到信件中所表达的情绪起伏与思想感情。

音乐语言是《见字如面》中一个重要的表意、抒情的语言元素，在节目中都是采取音画同步的方式，使音乐与画面语言、人声语言的情绪、节奏一致，从而达到表达丰富的思想内涵与加强感情色彩的作用。《见字如面》的音乐语言多运用在信件背景介绍和读信嘉宾朗读时，一般选择节奏舒缓的钢琴曲。在对信件做背景介绍时，音乐配合介绍短片起到陪衬和铺垫的作用。还有一部分音乐本身耳熟能详，使人们一听就可以联想到歌曲本身所含有的象征意义，并与信件本身所体现的象征意义结合，形成了内涵更丰富的符码。

（三）读信、拆信嘉宾角色设置的作用

读信与拆信嘉宾对节目意义的建构主要包括两部分，一方面节目通过嘉宾已有的身份、形象使观众对节目产生一种有益的联想，加深其文化内涵，形成良好的口碑效应，完成对节目的编码与意义建立；另一方面嘉宾的语言、行为是节目固有的一部分，通过他们的语言完成了对节目的表征与意义传达，也就是节目嘉宾生产内容，建构意义。

读信嘉宾利用朗读这一表演形式对节目意义进行解码与编码。拆信嘉宾则在访谈中对信件内容进行解码，同时通过这种解码完成了对节目、信件意义的建构，成为重新编码的过程。拆信嘉宾对信件和相关人物做背景介绍与拓展，对信件内容进行评论，对其所反映的社会问题、价值观念做出解读。

通过拆信嘉宾对信件的解码与编码，观众可以了解更多超出信件内容本身的含义与价值，使得节目更有厚度。同时拆信嘉宾也会表达对于节目本身意义的解读，对于节目意义的建构更为直接。

（四）信件内容的选择及意义呈现

《见字如面》选信的标准是这封信是否值得更多人看到，通过信件激发观众思考并发表自己的感受与意见。

以第一季为例。第一季一共选择了82封书信，其中数量最多的是家书，除去情书、朋友间的往来书信、公开信这些观众接触较多的信件题材外，节目组还选择了休妻书、求职信、征兵布告等平时观众比较少见的书信题材，增强信件题材的多样性。在82封信件中有社会名人明星的书信64封，普通人书信18封，既有能够反映重大历史事件的、意义重大的书信，也有反映人们日常社会生活的书信，为观众呈现了不平常人的平常一面，又体现了平常人不平常的故事，为观众展现了历史丰富的细节，使观众在意料之外、情理之中感受书信中的人生百态。

节目选择的信件涵盖了中国历史的各个时期，在82封信中，有古代时期（先秦—1840年）书信12封，近代时期（1840年—1919年）书信4封，现代书信（1919年—1949年）26封，当代书信（1949年至今）40封。朗读文言文信件时，节目组将其翻译成白话文，同时信件原文通过字幕的形式进行呈现，使观众能够跨越语言的障碍更轻松地理解信件的内容。通过对不同时间维度信件的展现让观众感受到不同历史时期或特定历史时期中人们所具有的社会生活和精神面貌，在与自身进行比照时建立文化认同感，丛书信中体味文化传承的意义。①

---

① 本案例内容参考自孙艺真的硕士论文《文化循环视角下朗读类综艺节目大众化传播探析——以〈见字如面〉〈朗读者〉为例》，山东大学，2019年。

学习单元五
电视生活服务类
节目策划

学习目标

1.电视生活服务类节目的界定

2.电视生活服务类节目的类型

3.电视生活服务类节目的兴起

4.电视生活服务类节目的特征

5.电视生活服务类节目的策划流程

6.电视生活服务类节目的策划要点

案例学习与分析 ◄◄◄

《非诚勿扰》节目分析

一、《非诚勿扰》栏目简介

2010年1月15日，江苏卫视《非诚勿扰》正式首播。作为当时国内电视相亲类节目的"领头羊"，《非诚勿扰》不仅为有需求者提供了交友的平台，更是打出了"只提供邂逅，不包办婚姻"的节目口号。节目开播之后，采取了娱乐类节目从未采用过的一周双播的模式，首播时间定在每周六、周日晚上9点10分周末档的黄金时段，保证了《非诚勿扰》第一期播出就获得了1.5%的高收视率，而在此后半年时间里收视率更是持续高达4.0%，这样的一个成绩，是已知所有娱乐节目都很难超越的。除了播出时段的优势之外，节目的内容设置也很新颖大胆。节目首次采用了24：1的相亲模式，第一次让女性成了相亲活动的主导者，这一点是在之前已知的所有的电视相亲节目中都是没有出现过的。除了这些，《非诚勿扰》在节目环节的设置上也煞费苦心，一环接一环的设置让整个节目浑然一体。24位女嘉宾以亮灯和灭灯的方式决定男嘉宾的去留。第一个环节——"爱之初体验"，让所有女嘉宾在看过男嘉宾第一面之后就做出选择，是去是留就要看女嘉宾是否留灯了；第二个环节——"爱之再判断"，这个环节里大都是以男嘉宾的VCR为主，24位女嘉宾看完VCR之后与男嘉宾进行交流，了解了男嘉宾的基本情况之后再次做出判断；第三个环节——"爱之终决选"，通过男嘉宾的朋友对男嘉宾的评价，24位女嘉宾再次选择是否留灯。在经历了这三个以女性为主导的环节之后，男嘉宾可以在留灯的女嘉宾中选择两位并与自己在一开始时选择的心动女生一起去最后的了解环节。总归而言，《非诚勿扰》的播出是成功的。它的开播让很多"剩男"和"剩女"们再次看到了爱的希望，更是为广大的单身男女们提供了一个互相了解的平台。《非诚勿扰》热播之后，各大地方卫视争先效仿，都在第一时间推出了自己的电视相亲节目。尽管如此，《非诚勿扰》仍然能够在同类型节目中稳居收视率榜首。

在节目内容和环节设置方面，《非诚勿扰》这次也做出了相应的调整。在男女嘉宾进行个人展示的环节上，节目组打破之前的传统认知模式，将男嘉宾的介绍短片变成"2＋X"模式，除了保留原有的两段介绍短片之外，这个X可以是才艺表演，也可以是创意展示，这个环节的设置让女嘉宾和观众可以更加深入地对男嘉宾进行了解。而在最后的牵手环节中，24位女嘉宾的基本资料同样做出了改变，除了保留原有的择偶标准、情感经历、家庭背景、家务能力、素颜照片、收支情况等六项基本资料外，其余四项均做出了调整。亲友好评、兴趣爱好和闺房真容三项资料从以前的文字形式变成以介绍短片的模式向大家呈现。内容和环节的颠覆让观众对《非诚勿扰》有了一种全新的感觉。

二、《非诚勿扰》栏目特点

（一）开放性

《非诚勿扰》是一档为广大单身男女提供相亲平台的电视相亲节目，男女嘉宾通过报名参加，这就决定了《非诚勿扰》的嘉宾来自全国各个地方甚至世界其他国家，从而造就了节目独有的开放性。在《非诚勿扰》节目中，观众可以看到男女嘉宾的各种信息，并且节目在语言方面也是放开的。只要是关于婚恋和爱情的，女嘉宾都可以大胆直言，很多女嘉宾甚至直接询问男嘉宾是否对自己有感觉，是否喜欢自己，结婚之后多久可以要小孩。相较于《我们约会吧》的中规中矩，《非诚勿扰》真的可以算得上大胆开放了。而这一点，也正是观众喜爱它的原因，想爱就要说出来。

（二）多样性

《非诚勿扰》的多样性主要体现在两个方面。一是男女嘉宾的多样性。在《非诚勿扰》所有的男女嘉宾中，不乏给观众留下深刻印象的。比如"拜金女"马诺、"豪宅女"朱真芳。但抛开这些带给我们负面影响的嘉宾，仍然有一部分嘉宾的个性是十分鲜明的。与《我们约会吧》这个《非诚勿扰》目前最大的对手相比，仅仅是嘉宾个性方面，《非诚勿扰》就已经博得了观众的注意。二是节目话题的多样性。《非诚勿扰》以敢说出名，节目中涉及的话题也是多种多样的。房子、车子、孩子、婆媳关系等话题都不止一次出现在了《非诚勿扰》的舞台上，尽管嘉宾中出现了以马诺为代表的一部分"拜金女"，但这并不影响节目的发展，反观这点，也正好说明了节目的多元性和包容性。而《我们约会吧》在这方面就显得十分谨慎，节目谈论的话题也仅仅局限在婚恋择偶的标准上，单一的话题让观众在收看节目时如同嚼蜡，尽管走保守路线对节目的发展来说是安全的，但却失去了可看性；三是价值观念的多样性。在《非诚勿扰》节目中，观众看到了各种各样的价值观念，也看到了这些价值观念碰撞在一起时产生的火花。在这一点上，所有的同类型节目都无法跟《非诚勿扰》相提并论。

（三）时尚性

通过对《非诚勿扰》节目宗旨的了解，可以看出它与以前所有的电视相亲节目都不同，《非诚勿扰》将自身定位在一个为现代单身男女提供相亲平台的服务节目上。从参加节目的嘉宾来看，他们并不是找不到自己的另一半，他们只是想通过这样一个大的平台实现自己对爱情的优中选优，即使无法找到自己心仪的对象，也可以通过节目更好地展示自己，为成功找到伴侣积累经验。①

基本知识点 ◀◀◀

一、电视生活服务类节目的界定

《广播电视词典》（中国广播电视出版社1999年版）把电视生活服务类节目定义为"以实用性内容为主，直接为观众日常生活、学习、工作服务的电视节目"。具体地说，电视生活服务类节目通过传播信息、解答问题和反映观众呼声，帮助观众解决日常生活、工作和学习中的各种实际问题，为社会提供直接具体的服务。电视生活服务类节目注重使用价值，力求满足现实生活中的各种服务需求。②

电视生活服务类节目是我国电视的一个重要节目类型。自中央电视台1979年播出《为您服务》以来，电视生活服务类节目随着中国电视节目的发展而丰富，随着中国社会的转型而变迁。《为您服务》《家庭百事通》《生活》《天天饮食》等节目曾在不同的历史时期影响着人们的生活，形成了观众对时代的集体记忆。30多年来，电视生活服务类节目的内容和形态都发生了巨大的变化。题材从家庭日常生活延伸到商品消费、社会交往；从外在的衣食住行扩展到内在的精神心灵、情感生活；从广泛综合的内容拼盘转向主题化的细分。形态上从单一走向多元，各种节目元素，如故事化元素、情景剧元素、脱口秀

---

① 本案例内容参考自徐旭的硕士论文《〈非诚勿扰〉节目持续性发展研究》，西北大学，2015年。
② 韩青，郑蔚.电视生活服务节目新论［M］.北京：中国广播电视出版社，2005：1.

元素、真人秀元素、综艺游戏元素、现场实验等都融入了电视生活服务类节目中，呈现出一种多元杂糅的形态。在功能上，从注重实用服务到强调情感娱乐，从兼顾节目的价值引导转向注意力经济下对商业利益最大化的诉求。①

二、电视生活服务类节目的类型

电视生活服务类节目通常可以分为日常生活服务类、情感生活服务类和时尚生活服务类三种。

（一）日常生活服务类

这类节目主要是有关人们日常衣食住行的生活常识性节目，贴近生活实际，可操作性强，内容涵盖面广，分类细而精致，从日常生活、家庭园艺、房屋内外装饰，到手工艺品的制作等，无不渗透着生活气息。

中央电视台2000年7月推出的生活服务类节目《为您服务》，由"家事新主张""生活培训站""法律帮助热线""旅游风向标"四个不同结构类型的小版块组成。"家事新主张"以记者现场展示的形式深入百姓家居生活，带领观众发现生活新感受；"生活培训站"则以主持人演播室讲解演示的形式，展现改造生活细节的新手法，传播时尚生活观念；"法律帮助热线"邀请节目随行律师在当事现场进行法律援助，一方面促成当事人双方的司法调解，另一方面借此给观众提供普遍意义上的法律咨询和帮助；"旅游风向标"以普通人亲身参与的方式，自然贴切地为观众提供切实可行的旅游信息服务。

（二）情感生活服务类

情感生活服务类节目以人物情感为主要题材，关注个人的情感经历、成长故事及人际关系，以情动人，调动嘉宾和观众的情感参与，以引起观众的情感

---

① 于炬. 转向：中国电视生活服务节目之变迁 [M]. 北京：清华大学出版社，2013：序言.

共鸣。它主要以心理咨询为主，旨在解决现代人生活中遇到的各类情感方面的问题。

伴随着社会的高度发展，人们的生活压力也与日俱增。这种生活压力的增长不仅表现在物质生活层面，更多地集中体现在心理层面。因此，社会转型时期大众的精神需求，是情感服务类节目兴起的基础，受众的心理需求和情感满足，是情感服务类节目发展的动力，传播者对电视媒介发展规律的探寻，是情感服务类节目新生的源泉。[1]

2010年1月初，东方卫视的《幸福魔方》横空出世，并在短短三个月内就进入全国同时段收视率前三名，网友将《幸福魔方》誉为电视版的《知音》，认为它致力于"反映中国社会在城市化进程中的人与人的关系，挖掘人间真善美和人们内心深处的情感"。以人的情感为主线，以情绪性的谈话和生动感人的故事来展现情感的美好、人生的变幻，用真情去打动人、感染人，是情感生活服务类节目的立足点，也是《幸福魔方》成功的根本原因。《幸福魔方》作为情感服务类节目的创新先锋，以平民化的视角，用平民化的语言，讲述正在发生的平民故事，无论在形式上还是在内容上都开辟了这类节目发展的新思路和新思维。[2]

（三）时尚生活服务类

时尚是一种时代精神，也是一种生活态度，它是人们对美好生活最本能又最自然的追求。时尚，不能简单地理解为吃喝玩乐、追逐流行、高档消费，它的本质在于发现美好和创造美好，是人们对美好生活的一种积极态度的体现。时尚生活服务类节目是社会经济发展到一定程度，因市场需求而衍生的一种电视节目形态，它是传递美好生活的使者。

---

[1]　王欢. 情感类电视谈话节目研究——以东方卫视《幸福魔方》为例［D］. 合肥: 安徽大学, 2013: 37.

[2]　王佳华. 用"魔方智慧"寻找幸福之门——东方卫视幸福魔方栏目分析［D］. 苏州: 苏州大学, 2011: 113.

《美丽俏佳人》是旅游卫视一档王牌美妆节目，受众定位于都市中追求时尚生活方式的女性。以"像明星一样美丽"为宗旨，为女性提供时尚锦囊、漂亮秘籍、美丽课程，打造最权威、最时尚的美妆盛宴。节目凭借名牌主持人、当红明星、时尚专家强强联手，以新颖的视角、轻松的形式、直观的现场展示以及高水准的播出平台等方式，凸显了自己的特色。

凤凰卫视的《完全时尚手册》节目以"引领时尚、倡导消费"为己任，旗帜鲜明地在大众传媒中张扬消费主义文化。它以一种新时代的杂志形式贴近都市的时尚脉搏，为观众搜罗世界各地的时尚信息，把握全球生活潮流脉动，凸显时尚背后的格调与积淀，展现生活中各类高格调的消费和服务，服务于日益富足的人群。从周一到周五，每晚的节目内容各不相同。伴随着主持人的甜美笑容，《完全时尚手册》以润物细无声的方式完成了对广大观众消费文化的洗礼与传播。

三、电视生活服务类节目的兴起

（一）传播理念的嬗变

从历史角度来看，电视生活服务类节目在我国的兴起与改革开放的推进密不可分。改革开放的历史大幕开启后，我国进入了一个社会文化重建的新时期，健全的个性开始复归，以人为本的人文主义在人们的思想中产生了很大的影响，尊重人的个性和关注人的生存状态，成了人们的共同需求。也正因此，社会生活中形成了一种"世俗关怀"的文化潮流。

在这样的社会文化背景下，作为大众传播媒介的中国电视，也掀起了一场平民化、平民风格的"革命"。电视节目开始把观众看成是平等的交流者，确立以观众为中心的传播理念，电视镜头越来越多地自上而下地对准了普通百姓，用平民化的视角、平民化的情感及平民化的语言去关注和表达普通大众的日常生活，从百姓的视角去看消费，展示平民百姓生存的消费欲望，想百姓所想，忧百姓所忧，电视在把生活原汁原味地还原给观众的同时，也在传者与受者之间建立了平等与尊重的关系。

（二）传媒市场的细分

电视生活服务类节目的兴起，也是传媒市场细分的必然结果。电视传媒市场细分，是电视传媒按照一定的分类标准（人口、地理、受众心理、受众接受传媒行为等），把电视传媒可进入的市场分隔为若干个具有相似欲望和需求的市场或子市场，以此确定电视传媒市场目标的过程。它建立在充分认识市场的基础之上，是进行市场目标化的前提。

受众需求的复杂化决定了电视收视的分众化，小众的视角在足够大的范围内累计成为大众视角，于是便有了专业性频道的生存空间。例如，年龄不同的人兴趣不同，对节目的选择就不同，并且具有一定的规律。对生活服务类频道的定位来源于：老年人对养生保健的兴趣，成年人对生活品质的要求，年轻人对生活情趣的探索。不同文化层次的人需求也大相径庭，文化程度高的人喜欢有深度、有思考价值的节目，而文化程度较低的人则相对喜欢娱乐消遣性、快餐式的节目。在分众化已成为现实的媒介环境下，电视生活服务类节目不得不在节目内容、制作形态、主持风格等方面进行创新，以符合日益分化的受众群体，同时努力争取更多的潜在受众。

（三）消费社会的影响

从一定的意义上讲，电视生活服务类节目的兴盛与发展也得益于消费社会的强劲推动。法国社会学家鲍德里亚认为，当代消费社会的明显特征有两方面：一是消费社会以最大限度攫取财富为目的，不断为大众制造新的欲望需要；二是消费意识的转化，超前消费和一掷万金成为时代精神的表征。置身于消费社会，我们被物所包围，我们生活在物的时代，这种大规模的物的消费不仅改变了我们的生活方式，也改变了我们的思维方式、社会心理、社会关系、消费观念、交友方式。

在鲍德里亚看来，"电视就是世界"。电视凭借图像将时尚转化为"形象"编码，而大众在这样的"形象"中享受着身体的快感。这样一种获得快感的过程，与大众在传统的日常生活中的饮食、娱乐行为并无本质的区别。由此，电视借助技术的发展创造了一种全新的符号消费形式，正是依赖这样的一种消费形态，电视媒介在社会生活中具有强大的传播能力，在商业利益的驱动下，自然而然地成为推行、建构社会消费主义的同谋者。

四、电视生活服务类节目的特征

（一）实用性

实用性是服务的核心。电视生活服务类节目要为目标受众提供有效的服务，十分重要的一点就是必须提供内容实用的信息，满足目标受众生活中的多样化需求，给予目标受众有益的生活指导与示范。实用的魅力在于它深入受众日常生活的每一个细微之处。电视生活服务类节目只有关注观众生活的细微之处，才能与观众产生共鸣，契合人心，留住观众。

中央电视台综合频道的早间生活服务类节目《生活早参考》的选题标准第一条就是实用性。家居实用知识类节目中，具体选题主要是以如何选择米、油、蛋、酱油等生活必需品以及各种健康生活的实用知识为主，内容直接与日常生活对接，成为人们生活的参谋和帮手。虽然这档节目的主要选题方向与以往的生活栏目相差不大，但节目在制作过程中的着力点是挖掘主题的深度和广度，找出每期主题令人迷惑不解或无法判断的原因，给人们日常生活的正确选择提供科学依据。①

---

① 程云. 电视生活服务类节目转型刍议——以中央电视台《生活早参考》为例［J］. 电视研究, 2011 (11).

（二）专业性

电视生活服务类节目提供诸如健康提示、寻医问药、医疗保险、出行参考、买房装修、劳动合同、社会保障、求职指南等专业指导和温馨服务，因此，其节目主持人和嘉宾常常是各行各业的行家里手、权威名家，他们不仅具有扎实的专业知识基础，还具有恪尽职守的专业精神。节目内容既从微观视角关注日常生活，也关注社会生活和消费潮流的发展动向，及时捕捉生活中的新问题；既展示生活日新月异的变迁，也传达国家与政府的方针政策，传播健康向上的新生活理念。

《职来职往》节目中的18位职场达人，涵盖了公关、教育、人力资源、销售、法律等多个行业，他们当中有新东方的唐宁，也有宝洁大中华区公关总监陈默，有专门针对选手外形及服饰搭配进行点评的尚涛老师，也有从人力资源分析师的角度对选手求职表现进行专业点评的智联招聘人力资源部总监张勇。这18位达人不仅是各自所在领域的佼佼者，更是能言善辩的演说家和冷静理智的观察者，他们在节目录制过程当中有许多精彩独到的点评，更是在节目播出后受到了广大观众的追捧和喜爱，其点评被网友整理成"108条达人职场语录"。其中，身为18位职场达人之一的光线传媒的刘同，还倾情做了一部职场语录《这么说你就被灭了》，由此可见职场达人的专业素养。

（三）亲和性

电视生活服务类节目的亲和风格集中表现为给观众以亲切、平易、惬意的感觉，节目的功能是在编导和受众之间进行心与心的交流。这种感觉既来自主持人和蔼可亲的微笑、温馨宜人的演播环境，也来自节目内容的亲切周到、节目设计的细心体贴。节目要寓情于服务。无论参与者是男是女，是老是幼，无论是保健上的冷暖呵护，还是理财上的耐心劝慰，无论是饮食上的叮咛嘱托，还是购物上的娓娓而谈，节目均应流露出关切之意，不是为了服务而服务，而是为了关怀而服务。

《新老娘舅》是上海一档具有极高人气的生活服务类节目，节目每天邀请一对有矛盾的当事人步入演播厅，由主持人和调解员现场为他们排忧解难，以法律为手段，以道德为评判，解决赡养老人、婆媳争吵、房产纠纷等家庭矛盾。节目点评有力到位，调解公正仔细，大力体现人文关怀和心理疏导的特点，将真实事件和综艺手段完美交融。收看节目后，人们得到的不是简单的说教，而是从道德操守到法律意识的精神洗礼，看到的是面对纠纷的智慧和解决矛盾的艺术。[①]

（四）时尚性

时尚，顾名思义就是"时间"与"崇尚"的叠合，通常是指人们在短时间内所崇尚和追求的一种高品质生活。随着人们生活水平的不断提高，当代人对时尚的追求不再仅仅停留于物质层面，而是更多地开始追求时尚的精神内涵。时尚涉及生活的各个方面，如衣着打扮、饮食、行为、居住，甚至情感表达与思考方式等。无论是传播健康从吃做起的生活理念，还是助人改头换面、重拾信心的整形服务；无论是倡导自己动手、环保家装的空间设计，还是足不出户便可"购遍天下"的电视购物，无不展示了生活的美好与多彩。从《魅力前线》到《我爱我车》，电视生活服务类节目竭力顺应受众的心理需求，最大限度地挖掘电视传媒与商家的目标观众。

五、电视生活服务类节目的策划流程

电视生活服务类节目的策划流程和其他类型的电视节目相似，分为五个步骤：选题、构思、设计方案、执行、总结，与我们平时所说的前期、中期和后期也是相对应的，选题、构思、设计方案属于前期工作，也是策划的重点，执行和总结属于中期与后期的工作，策划人也应参与其中。

---

① 沈慧萍. 透析上海电视生活服务类节目［J］. 新闻爱好者, 2009（11）.

（一）选题

电视节目策划人在确定生活服务类节目选题时，需注意四点：

1. 根据服务对象确定选题

电视栏目在成立之初，都对该栏目的受众有一个明确的规划，判断其属于普及型还是特定对象型。如今，媒体分众化传播的现象比较明显，特定对象型节目占绝大多数。针对这部分特定对象的生活服务类节目，策划人在确定选题时，首先需要考虑的就是服务对象，应根据服务对象的不同需求，选择不同的节目内容。比如，栏目的受众主要是老年人，节目就可以多一些健康养老的话题，老年人比较关心；如果受众是中年妇女，则需要选择一些居家或者小孩教育的内容。

2. 选题要贴近生活

电视生活服务类节目的内容讲求实用性，只有选择一些与我们日常生活息息相关的东西，观众才会觉得实用，因此，电视生活服务类节目的选题一定要从现实生活中去寻找，从目标受众群的日常生活中去发现。

3. 选题要注意地域化差异

对于中央电视台和省级卫视等一些面向全国观众传播的电视台而言，地域性特点可能不是很显著，但是针对地方性电视台来说，地域性特征就非常明显了。我国幅员辽阔，不同地方的人们有着自己不同的生活方式。以饮食为例，北方以面食为主，南方以米饭为主，同样是美食节目，如果是针对北方观众传播的话，就应以介绍面食为主要内容，而如果是针对南方观众传播，面食内容就会少一些，这就是我们说的地域化差异。策划人应根据电视台的不同传播区域，结合当地的特色进行节目策划。

4. 选题要考虑季节因素

一年四季，春夏秋冬各有特色。在确定节目选题时，电视策划人要结合不同的季节，推出不同的节目内容，比如美食节目，冬季和夏季应有所不同，冬季会侧重推出一些进补御寒的食物，夏季则应推荐清淡一些的食物。

（二）构思

选题确定后，就进入了下一个环节——构思。构思，简而言之，就是对节目具体内容、结构、形式等进行考虑，具体而言，包括根据选题确定具体内容、节目各部分的结构安排、表现手法、拍摄方法、剪辑风格、电视手段的运用等。

策划人在构思时，需要足够熟悉题材，要从受众的角度去考虑节目内容和结构，形式上要做到有新意。比如《交换空间》采用真人秀的方式进行拍摄，而青岛电视台的生活服务类节目《生活天天秀》，则采用情景剧的方式将生活小窍门生动形象地演绎了出来。

（三）设计方案

节目创意出来之后，就进入了具体的设计阶段，实际上就是用书面文案把所想的内容表述出来，方便今后执行时有据可依。书面文案，就是平时说的策划案，具体而言，包括目的意义、节目内容、节目定位、节目形式、人员设置、时间进度、经费预算等。

在写作策划案时，应做到简明扼要、形象生动、条理清晰、逻辑性强，具有可操作性。

（四）执行

策划案出来之后，策划人的工作并没有结束，执行是整个节目策划的一部分。在具体执行过程中，需要策划人对拍摄人员和后期制作人员进行现场指导和解释。对于一些实际与计划不一致的地方，需要策划人进行修正和补充。

（五）总结

节目制作播出之后，策划人需要搜集反馈信息，看节目效果与预期是否有差异，总结成功或失败的原因、存在的问题以及今后如何克服等。

六、电视生活服务类节目的策划要点

（一）丰富服务内容

根据节目形态，电视生活服务类节目可分为单一型生活服务类节目和综合型生活服务类节目，不管是单一型还是综合型，电视策划人都需要在丰富节目服务内容上下功夫。

综合型生活服务类节目以中央电视台早期的《为您服务》和《生活》两档节目作为代表。《为您服务》1979年开播时，节目内容主要集中在烹饪、衣着、养花等方面。1983年固定播出之后，把集邮、摄影等内容加了进来，并不定期举办毛衣编织、时装设计等比赛。2000年重新开播之后，服务内容更加广泛，包括生活资讯、生活小窍门、法律咨询、旅游等内容。《生活》同样也是如此，自1996年开播以来经历了多次改版，一开始设有"背景""消费驿站""百姓"三个版块，1998年改为"生活报道""消费调查""时尚接触"，1999年，"生活报道"版块改名为"有话好好说"，2000年节目再次改版，设置"生活帮助""生活驿站""生活发现""投资理财"四个版块。综上所述，综合型生活服务类节目要根据时代的不断变化，及时把一些新的内容加入进去，不断扩展自己的服务面，而对于一些过时的东西也要大胆地摒弃，做到与时俱进，增加节目的信息量。

单一型生活服务类节目同样也需要丰富自己的服务内容，对此可以从两个方面进行理解：一是开办新节目，比如早期单一型生活服务类节目内容主要有美食、养生、时尚、旅游等，但随着时代的发展，婚恋交友、求职励志的节目也走入了大家的视线，像《非诚勿扰》《职来职往》都打着生活服务类节目的口号；二是对于已有的单一型生活服务类节目也可以进行相关的扩展，如介绍饮食的节目，绝大多数都是请一个专业厨师把做菜方法介绍给大家。可以就此进行相关扩展，前期的选择食材，还有这道菜的功效，以及适合哪些人群食用等知识普及给大家。

（二）让观众参与互动

随着意识水平的不断提高，广大观众已不仅仅满足于坐在电视机前观看节目，他们还希望可以参与其中，成为电视节目中的一员或者可以表达自己的观点。为了满足这一需求，进入21世纪以后，很多平民选秀节目诞生了，越来越多的普通人走上了电视这一舞台，随着互联网等新媒体的发展，许多电视节目开始借助这一平台与观众展开互动。电视生活服务类节目与大家的日常生活息息相关，因此需要了解观众的想法，与观众进行互动，包括与现场观众和电视机前观众的互动。

一些节目在录制或直播现场设有现场观众，观众可以第一时间观看节目并参与节目互动。比如，中央电视台的《健康之路》在节目中就设有现场观众，观众的参与性也比较强。下面以《健康之路》为例，谈谈节目里面设置的互动环节。首先，主持人冀玉华在现场会进行提问，观众可参与回答。在节目现场，观众可通过提问、回答问题、投票选择等方式参与节目互动。除了这些方式之外，还有其他方式，比如，嘉宾在现场做了减肥果蔬汁，主持人邀请现场观众一起品尝；邀请运动专家，带动现场观众一起做一些减肥动作，或者直接让观众上台参与一些活动。电视策划人在策划电视节目时，可以通过设置如上这些环节来调动现场观众参与互动的积极性。

（三）注重节目的趣味性

电视生活服务类节目出现的时间相对较晚，不像其他类型的电视节目发展比较成熟，各种制作手法也非常丰富。但是电视生活服务类节目可以借鉴其他类型节目的制作手段与方法，尤其是可与综艺娱乐节目接轨，让服务过程充满趣味性。

现代人的生活节奏非常快，辛勤工作一天的人们回到家里，打开电视，更希望看到的是可以让自己轻松愉悦的电视节目。而电视生活服务类节目作为给大家提供服务的窗口，让观众的身心保持愉悦是该类节目的宗旨。因此，电视生活服务类节目应该从内容和形式上下功夫，让节目充满趣味性，远离枯燥乏味。为了让节目生动有趣，节目策划人可以在话题、主持人、选景、台词、道具、音乐音效、字幕等方面下功夫，让电视生活服务类节目实现娱乐化、趣味性传播。

（四）个性化的主持风格和节目包装

一档成功的电视栏目离不开风格独特的主持人，正是因为有了个性化的主持人，才有了栏目的火爆。电视生活服务类节目的主持人风格经历了几个发展阶段。电视生活服务类节目诞生的初期，也就是20世纪80年代到90年代初期，主持人大多数是平和质朴型的，以《为您服务》的主持人沈力和张悦为代表。到了20世纪90年代后期，则以青春靓丽型的主持人为主，如《生活》的主持人文清。进入21世纪之后，电视生活服务类节目增多，观众需求不断提高，主持人的风格也呈现出了多样化的特点，有新闻型的主持人，如《7日七频道》的元元；有时尚型的主持人，如《生活》的赵琳、熊雄；有富有亲和力的主妇型主持人，如王小骞；还有表演娱乐型的主持人，如《家政女皇》的方琼。主持风格多样化，实际上也是主持人个性化的体现，电视生活服务类节目应该打造个性化的主持人。

项目实践

实践项目一

项目名称：一期电视生活服务类节目的策划文案的撰写。

实践目的：了解电视生活服务类节目的策划流程。

实训条件：多媒体视听教室、投影仪、网络。

实践要求：文案内容主要是对节目具体内容、结构、形式等的策划，具体而言，包括根据选题确定具体内容，节目各部分的结构安排、表现手法、拍摄方法、剪辑风格、电视手段的运用等。

实训步骤：包括目的意义、节目内容、节目定位、节目形式、人员设置、时间进度、经费预算等。

项目实践结论：策划案应简明扼要、形象生动、条理清晰、逻辑性强，具有可操作性。

实践项目二

项目名称：一期电视生活服务类节目的拍摄制作。

实践目的：通过电视生活服务类节目的拍摄制作，使学生掌握电视生活服务类节目制作的基本流程，同时检验电视节目策划方案的科学性和可行性。

实践要求：节目的拍摄制作应严格按照构思创作、现场录制、编辑混录等流程进行，节目组学生按照制片人、编导、摄像、主持人、嘉宾、后期编辑等岗位进行分工，共同完成一期节目的制作。

项目实践结论：要求作品具有完整性，片头、节目内容、字幕及片尾一气呵成，能系统地体现节目策划的基本框架。

思考题

1. 什么是电视生活服务类节目?

2. 电视生活服务类节目的主要类型及策划要点是什么?

3. 选择一档你熟悉的电视生活服务类节目进行阐述,并对该节目的策划方案进行评析。

4. 目前电视生活服务类节目存在的问题与发展对策是什么?

经典节目案例分享

《交换空间》

一、《交换空间》栏目产生的背景

(一)时势造英雄——《交换空间》栏目的社会背景分析

《交换空间》栏目的创立,首要的也是最重要的一点就是它顺应了当前的社会发展趋势。可以说,社会的变迁和受众的需求为《交换空间》的生存发展提供了丰厚坚实的生存土壤。

帮助国人树立正确的家装消费观念,普及装修知识,传播装修技能,不仅是媒体的社会责任,对于观众而言更具有现实意义,这种需求正好为电视节目创作提供了难得的市场机会。对于与家装行业相关的商家而言,要想在激烈的市场竞争中获得自己的一席之地,就必须让更多的消费者认识并接受自己的产品与服务，广告无疑是商家市场营销中最重要的一种促销手段。然而，尽管现代社会提供了很多的广告载体如报纸、电视、杂志、网络等，但在所谓的"眼球制胜"的"注意力经济时代"，渠道的增多并没有使广告的效果增强。在浩瀚的广告海洋里，任何商家都没有吸引受众足够注意力的自信，更不用说产品与服务的价值实现了。因此，与家装行业相关的广告主要想取得良好的广告投放效果，就必须做到广告的精准投放，使自己的目标消费群与投放媒体的受众群最大限度地相契合。出于电视节目具有商业性的理性考虑，推出以装修为内容的电视栏目必然能够受到众多与家装行业相关的商家的青睐，在满足其广告精准投放的需要的同时，还能获得商家对栏目的赞助，实现频道的经济效益。

（二）另辟蹊径——《交换空间》栏目的媒体背景分析

《交换空间》栏目在频道归属上属于中央电视台经济频道，在节目类型上属于电视生活服务类节目，因此《交换空间》栏目的创办，既与中央电视台经济频道的拓展紧密相连，又与电视生活服务类节目的发展密不可分。

2000年7月，CCTV-2制订出"经济·生活·服务"的频道定位，让经济节目更具权威性，使服务节目更有实用性成为频道的努力方向。此外，频道还进行了大幅度扩容，增加了每周节目的总时长。《为您服务》《健康之路》《对话》《开心辞典》《幸运》等品牌栏目初步生成，初步确定了"大经济"为主的基本特征。这次改版到2003年的三年间，是CCTV-2频道品牌的探索时期。

2003年10月，CCTV-2再以惊人之势进行了第三次大调整，提出了"大众、综合、实用的大经济观"的频道定位理念，频道呼号用"经济频道"取代了原先的"经济·生活·服务频道"，虽然频道名称更专业化了，但覆盖范围却更广了。它的品牌战略是以经济资讯为主体，以服务和娱乐节目为两翼，再以广义的"经济"意识统领全局，使其成为以经济资讯为核心内容，具有专业特色的服务频道。其品牌战术是对经济、服务题材进行资讯化、娱乐化操作，将频道的全部栏目整合为资讯、财经、服务、深度资讯、益智娱乐五大类。通过这次改版，频道的品牌定位真正确立了起来，频道的品牌意识在准确的频道定位和清晰的栏目架构中得到彻底执行。全新推出的《第一时间》《全球资讯榜》《绝对挑战》《鉴宝》《非常6+1》等均成为品牌栏目。

2005年3月28日，CCTV-2再次改版，这次改版可以说是品牌生成后的必要维护，体现为品牌拓展和基本调整。这次改版主要在内容和编排两个层次上展开，涉及三个方面。第一是原成功栏目的扩容和整合。《开心词典》《幸运60分》从60分钟扩展为70分钟，《非常6+1》从80分钟扩展为90分钟，《前言》与《生活》合并为一个50分钟的新《生活》栏目，《超市大赢家》改为每周一期的常态节目。第二是在整体编排上对节目播出时段进行调整。《金土地》由日播改为周播，《中国证券》由三档改为两档播出。三是推出一批新栏目。包括倡导自己动手、环保家装的《交换空间》，将生活趣闻与嘉宾访谈合二为一的《今晚》，说财富故事、品人生百味的《财富故事会》。这些栏目是原定品牌战略和战术的延伸，并将"贴近性"这一长期隐含在频道中的策略明确化。通过这次改版，CCTV-2进一步强化了经济特色和品牌影响力，频道规模大幅提升，市场竞争力显著增强。

2008年CCTV-2进行了两次改版，主要体现在两方面。一是突出经济主干、做强主业。二是日常栏目"就地拔高"，增强专业性。这一系列的"改版"让我们看到了经济频道做强经济主业的信心，也让我们看到了经济频道为观众真诚服务，为受众利益尽力的决心。

因此，在这样的强势品牌频道背景依托下，《交换空间》可以说是在中央电视台经济频道的总体品牌战略规划下，为满足频道定位的调整和完善经济咨询种类的需要而诞生的一档关注家装的生活服务类栏目，它的出现不仅弥补了中央电视台经济频道节目资源的空缺，填补了其专业性家装栏目的空白，也弥补了其在专项领域广告投放的空白。在实现差异化生存的同时，经济频道的覆盖范围更加全面，提供的经济资讯不但丰富，而且更具专业性，每一档节目所对应的收视群体更加明确。

（三）生活服务类节目发展创新的需要为其产生提供了契机

我国生活服务类节目的发展大体经历了三个发展阶段：第一阶段是20世纪90年代以前的栏目雏形期，以《为您服务》为代表，基本上是教育灌输式的播出方式；第二阶段是生活服务类节目的发展期，以1996年《生活》栏目的开播为标志，出现了从社教节目中分离出来的真正的生活服务类节目；第三阶段是21世纪后生活服务类节目的繁荣期，多形态的生活服务节目百花齐放，除了中央电视台的《为您服务》《生活》等这样的综合杂志类生活服务类节目之外，省级电视台的节目也异军突起，而且这些节目又不断细分为旅游类、美食类、职场类等专业性、针对性很强的类型，甚至还出现了专业化的生活服务频道，真可谓琳琅满目。可以说，经过漫长的发展与成长，生活服务类节目已由食之无味、弃之可惜的"鸡肋"变身为现在备受青睐的"香饽饽"，其自身从社教节目中独立出来成为继新闻节目、娱乐节目、社教节目之后的第四种节目类型，并逐渐从边缘性的节目类型发展成为一种常规性的节目类型，获得了其应有的地位。

然而，在生活服务类节目日益繁荣的同时，也出现了诸多问题和弊病。例如，对服务对象理解的偏颇使生活服务类节目成了为"大家"的普及性服务而不是为"我"的个性化服务，"服务大众"的宗旨成了一句空谈的口号；对广告与节目关系的处理不当使得实用性的核心信息沦为表层化的广告宣传，节目的品质和质量也随之下降，差异化的个性栏目被大量迅速地跟风"克隆"，节目同质化的结果只能是随俗沉浮。节目庸俗、内容肤浅、品位不高、商业味太浓、同质化严重的种种现象导致的直接后果之一就是节目人文内涵的缺失，进而遮蔽了电视的文化认知功能、教育功能和审美功能。缺失了人文内涵的生活服务类节目，无疑失去了灵魂，失去了存在的基础。为了改变这种迷失的窘境与危险，生活服务类节目必须重新整合各种资源，在"以人为本"理念的指引下，"贴近观众、贴近生活、贴近时代"，以新的形式、新的内容和新的热点不断进行节目创新，满足受众日益增长的收视需求，挽回失去的注意力。

与此同时，生活服务类栏目的创新也离不开对国内外其他类型栏目和同类型栏目的借鉴。现在，国内越来越多的新闻类、文艺类、娱乐类节目采用直播的互动形式，大大提升了与观众的即时互动性，节目的体验性更强，如《梦想中国》《加油！好男儿》等之所以受到观众的青睐，很大程度上在于直播状态下，节目规则的设置使观众有了更多的自主权、参与权。观众与节目的互动直接影响着比赛的进程、选手的去留，而且这种播出中的直接互动增强了观众的参与意识和民主意识，同时也提升了观众的主体地位。以录播为主的生活服务类节目也可以借鉴其他类节目的互动形式，在节目的选题、制作、播出等环节融入更多的互动元素，增强服务性，提高节目的传播效果。此外，国外生活服务类节目在节目制作、运营等方面的巨大成功，如美国电视网的家居服务类节目《改头换面家装版》、美国学习频道的家居服务类节目《交换空间》、福克斯电视公司的整容服务类节目《天鹅》、英国频道推出的投资服务类节目《真正交易》等，也为国内生活服务类节目的创新提供了很好的经验。

可喜的是，有一些生活服务类节目已经开始尝试创新，并取得了一定的成绩，《交换空间》就是其中的典型代表。它是生活服务类节目拓展空间、提高层次、强化深度的有益尝试，并被成功的实践效果所证明。

二、栏目理念

《交换空间》的栏目理念是紧紧围绕"人"来定位的，把"人"放在了栏目的核心地位，体现了栏目对"以人为本"终极理念的观照。其理念是倡导自主动手、节俭装修、环保家装，推崇轻装修、重装饰的装修原则，同时促进人与人的交流和理解。强调一种创造的生活态度与精神，体现了家装的现代创新意识，并隐含着对"重装饰"的推崇。节约装修主要倡导的是中国人传统的节约理念与美德。环保家装是应对现代工业生产的家装材料的缺陷，提倡人们树立一种现代化的绿色、健康的生活理念。促进人与人的交流和理解体现了栏目不仅把目光投注到人们的物质生活领域，同时对人们的精神生活领域也给予了一定的关注。

三、节目特点

《交换空间》栏目采用的是真人秀的表现方式，呈现的是真实的装修过程。

（一）栏目结构——完整紧凑的进程式叙事

栏目虽然完全按照时间顺序叙述，但却避免了流水账似的平淡无奇，平行、交叉、对比等多种电视蒙太奇手法在节目中交替运用，将很可能流于死板的内容变得生动活泼，妙趣横生之余又紧张刺激、新颖感人。按照内容基本上可以把栏目结构分为"主持人介绍""装修现场"与"收房时刻"三个部分。

（二）节目的叙事性——故事、冲突与悬念

每期《交换空间》的片长约60分钟，在这样的时间段内，商业广告先后插播4次，并且播出时间逐渐加长，商业广告、经济频道宣传片和栏目宣传片的时间总和达到12分钟，约占总片长的20%，如此高频率、长时间的广告插播竟然依然能够吸引住观众的眼球，使观众锁定频道，其中最重要的原因之一就在于《交换空间》鲜明的叙事性特点。在以叙事为基础的收视活动中，人们能对剧中人物、故事及所描述的地点具有心灵和情感的参与，人们能对电视刻画的社会行动的深层次性、复杂性，尤其是其发展性进行再建构。叙事传统所阐释的意义变成了他们自己头脑中的意义。人物关系复杂，情节曲折离奇，观众被故事吸引，一步步进入忘我境界。因此，具有鲜明的叙事特点不仅能对提高栏目的收视率起到至关重要的作用，更重要的是更好地满足了受众的收视

需求。下面对《交换空间》栏目中比较重要的叙事元素故事、冲突与悬念逐一展开分析。

1.故事

真人秀节目着力于为观众演绎一个有情节的故事，这个故事一般是设计游戏规则，让参与者的行动被安排在一定时间内，按进行时的时间序列展开。《交换空间》的故事主要以两条主线铺陈讲述，一个是装修的故事，一个是情感的故事。装修讲述一段"刚"的故事，情感讲述一段"柔"的故事，装修是围绕情感的装修，而情感在装修的进展中进展。它们随着悬念和跌宕的情节，同步发展，彼此影响，在交汇时达到高潮。这也是栏目能吸引观众收视的重要原因。所以整个节目特别强调"改变"，房子的改变、情感的改变、关系的改变，等等，所有的这些使节目具有了强烈的故事性和戏剧性，从而变得富有观赏性，观众会密切关注故事未来的发展，期待故事向着自己所希望的方向发展。

每一期《交换空间》节目的故事都是由呈现在叙事过程中的一系列事件组成的，尤其是一些细微情节的安排使整个故事显得更加丰满生动，也成为节目的经典环节，如旧物改造、百宝箱等，这样的情节既是节目独特品位与追求的体现，也给观众带来许多的惊奇与感动。旧物改造中有的废弃的瓶子变成了板凳，破旧的砂锅变成了工艺娃娃，旧屏风改成了落地灯，口罩变成了"玫瑰花"等等。神奇的变化带给观众无限的遐想，增添了许多装修的乐趣。节目百宝箱环节中的玩具、电子相册、小字条、小卡片等很多表达情感的礼物带给观众许多感人的情感故事。年初的一期节目中，甲方参与者赠送了电影票给乙方夫妻，纪念他们结婚周年，希望他们依然能够找到初恋时的甜蜜。而乙方给新婚的甲方赠送了孩子婴儿时戴的帽子，祝愿他们早日拥有健康快乐的宝宝。简单的礼物增进了彼此的感情，也使节目带给观众更多的意义。

2.冲突

在文学创作中有这样的说法："冲突是戏剧的心跳。"《交换空间》的叙事性特点决定了其在装修过程中必然有着各种各样的冲突，这也是节目的看点之一。但节目中的各种冲突都是在一种"和"的前提下引起的，这个"和"不仅指涉中国人尚"和"的文化心理，而且还指涉节目倡导的团结合作的精神。只有这样的节目才更符合观众的收视心理。

《交换空间》节目的冲突首先表现为人与环境的冲突。节目要求参与者在两天时间内以新型、环保、节省的理念，完成装修任务，其间包括设计、采购、改装，还夹杂着改造旧物，而且还要在装修进程中融入情感元素。这对于常态环境下的人们来说很难实现，正常情况下要花费数万元、数月时间才能完成的任务被放在短短的48小时内全部完成真可谓是困难重重。有位设计师曾坦言，"起初知道装修费用只有8000元，我简直惊呆了，太少了，根本不可能达到我想要的装修效果，8万元还差不多。"时间是否来得及、经费是否足够用、"有限"的时间内是否能够实现无数个"不可能"……人与环境之间的冲突在节目中始终调动着观众对事件进程的浓厚兴趣。

其次是人与人之间的冲突。对于家装过程而言，选手与设计师之间因为专业背景、兴趣爱好或理念的不同，不可避免地会出现分歧，而装修的风险比如对装修结果不满意使两队选手之间、选手与设计师之间也存在着矛盾，这造成了节目的阶段性冲突，观众在收视的过程中，也会随着冲突的发生做出自己的判断——我更赞成谁的观点！

最后是人内心的冲突。栏目通过镜头如实记录下选手生动的表情和细微的动作，向观众展现他们的内心冲突。家庭选手在48小时的装修过程中，可以说是"身在曹营心在汉"，一边帮别人装修，一边既紧张又满怀期待地畅想自己家究竟会变成什么样子。很多选手在看到设计师给别人家打造的比较有亮点的地方时，都会情不自禁地感叹道"要是我们家也装成这样就好了"。等到收房的时刻，这种内心的冲突就更加强烈。在遮眼布摘下之前，选手们紧紧地牵住彼此的双手，甚至有的选手紧张到双腿打战。而在遮眼布摘下的那一刻，选手积蓄已久的心理期待得到释放，或是掩面大哭，或是呵呵傻笑，或是愣着不知如何是好，或是开始团团乱转。这种极端化情况下的真实反应将选手内心的紧张、兴奋、失望等情绪表现得淋漓尽致。

《交换空间》通过把这三种冲突集中起来，强化了日常生活中的矛盾冲突，使之更尖锐化和系列化。

3.悬念

悬念的设置是《交换空间》节目进展的主要动力，设置悬念符合电视传播的基本规律，使观众能够在故事的发展中始终保持一种兴奋与期待，正如有人指出的："过程和悬念是密不可分的，二者互为前提。没有悬念的过程平淡无味……同样，没有过程的悬念也是不吸引人的，过程的存在支持着悬念的延续，失去过程的承载，悬念就'悬'不起来了。"①

---

① 本案例内容参考自韩晓静的硕士论文《交换的空间 情感的故事》，河南大学，2009年。

学习单元六
电视剧策划

学习目标

1.电视剧策划的界定

2.电视剧策划的流程

3.电视剧题材选择的策略

4.电视剧剧本价值的判断标准

5.电视剧剧本策划的策划流程

6.电视剧的宣传策划

案例学习与分析 ◄◄◄

《欢乐颂》节目分析

《欢乐颂》可以说是一部都市职业女性的群像剧，剧中的五个女孩身份不同，性格不同，她们共同构成了剧中充满层次感的人物结构。身份迥异的她们非常具有代表性，仅五人就为观众呈现出了立体的都市生活缩影。高薪聘请回国的金领安迪想寻找失散多年的弟弟，为了低调处世住进"欢乐颂"小区。富二代曲筱绡住进"欢乐颂"则是为了和哥哥争家产，让父亲看到她独立打拼、不怕吃苦的奋斗模样。从外地来大城市的公司人力资源部员工樊胜美，实习生关雎尔和小职员邱莹莹合租一套房。从住房的情况就能看出，三位"租客"和"业主"之间在经济实力上存在明显的差异，这也从更深层次折射出她们所处的社会阶层。编剧巧妙地选取了五个具有代表性的人物，再通过她们各自的工作、事业、情感构成五条剧情线索，最后将她们共同汇聚到"欢乐颂"这个具体的空间之中，所有生活中的矛盾和冲突，情感的纠结和爆发都聚焦在了欢乐颂小区22楼。

也许对五个单独的个体进行描述不能让观众产生强烈的共鸣，但是通过一个个典型的个体共同构成的现实生活环境却让人很容易联想到自己。我们对自己身份的认知有很大部分取决于别人如何对待自己，看剧时我们不光可以从中看到

自己的影子，也能看到我们身边熟悉的人的影子，看到我们心中想成为的自己的样子。几乎在每个职场新人入职初期，都会遇到一个像樊胜美这样的职场老手，深谙职场生存法则，对如何在职场生存有一套自己的理论。在每一个拼命奋斗的人心里也会有一个安迪，她是一个榜样，是像关雎尔这样的实习生心中羡慕的对象。当然，大家更加羡慕的可能是曲筱绡，她敢爱敢恨，恣意洒脱，好像不用费什么劲儿就已经是人生赢家。观众不仅能够在她们身上看到自己，《欢乐颂》也将社会阶层的宏观布局展现在了观众眼前，我是谁？我处在什么位置？我想成为谁？这样的问题在看剧的时候不断被植入观众的内心。

一、人物塑造与叙事分析

（一）人物塑造贴近性强

鲜明真实、贴近性强是《欢乐颂》在人物塑造上一个最为突出的特点，剧中人物是有血有肉的，这也来源于编剧对社会各个阶层相当深入的洞察——根据每个人物的家庭背景、先天资质、成长环境，基于大众对于她们身份的普遍认知来构建人物，她们的行为逻辑也是在这个基础上建立的，每个人物都有自身的缺陷和长处。全剧力求真实，而不是刻画出一个个需要人们膜拜的完美形象，也不会把人物编排得十恶不赦。他们和我们生活中每一个活生生的人一样，拥有各自的局限，同时不乏闪光点。

在剧中，樊胜美身上的戏剧冲突非常强烈，正是由于这个人物身上融合了当下都市人最集中的矛盾。她大龄未婚，被贴上剩女的标签，她催眠自己变成一个拜金女，但内心仍然渴望真正的爱情。她在大都市里摸爬滚打看惯了人情世故，擅长伪装自己来趋利避害，但当22楼的朋友们出事的时候，她又屡次挺身而出。不论是安迪被人诬陷成小三，她焦急地在网上发帖帮其澄清，还是邱莹莹被渣男欺骗，她愤怒地砸渣男的出租屋，这些情节还原出了樊胜美身上的复杂人性，她心中是充满赤诚的，对待朋友也非常仗义。她用完美的、成熟的形象包装自己，但内心却充满着不安，背负了许多的压力。她不敢让曲筱绡看到自己背的是假包，不敢让王柏川到自己住的出租房做客，她不敢让人知道她背后有一个不断向她索取的贫困家庭。在她和王柏川的对话中，王柏川回忆起大学时期美好单纯充满斗志的樊胜美，樊胜美陷入沉思，曾经的美好憧憬和在心中勾勒的理想，在与现实的对抗中一点点被抛弃，最后只能戴着面具生活。樊胜美所处的尴尬境地，以及由此产生的对自我身份的困惑正好击中了许多观众内心最脆弱的部分，观众们自然而然地将她的身份投射在了自己的身上。

（二）第三人称叙事

叙事人称指的是一个"谁说"的问题。所谓的第三人称叙事，指从创作者的角度来描述人物、动作、事件和情节，也称"全知全能"的叙事方式。在电视剧中，演员都是以"我"的身份来行动，都是通过第一人称在叙事的，这种叙事方式可以让观众更好地走进人物的内心，理解人物的情绪和动机，拉近观众与人物之间的距离，从而更好地实现认同。除了剧中人物的台词，《欢乐颂》中还加入了旁白这样一种相对客观的叙事方式，旁白与叙述的视觉形象相互协调，将影像所不能传递的内涵通过语言准确地传递出来，以一种更加直观的方式帮助观众实现了对人物的解读。

第三人称叙事之所以能够有助于受众的身份认同，在于它提供了一种隐性的思维方式，仿佛有一个人在旁边告诉你该如何思考，以怎样的方式思考。但是这种叙事方法实际上是叙事人和叙事视点的分离，从审视的角度告诉观众信息，用得不够恰当会让观众觉得刻意，用得恰当就会产生很强的代入感，增强观众与剧中人物的接近性。

（三）叙事主题突出友情"缝合"

"缝合"本身是一个医学上的用词，后来拉康将它作为精神分析的一个概念。"缝合"变成了能指与所指之间的关系，能指的意指效果不是靠能指直接表征的，而是在一个水平线上不断滑动，最终靠近预期的意义。

电视剧作为一种综合的艺术形态，通过呈现人和社会这样一个宏观的图景，实际上是为了传递意识形态。同时，通过表现一定的问题与冲突，呈现出不同意识形态之间的断裂，通过对问题与冲突的解决，将其他意识形态缝合到主流意识形态之中，目的就是将电视剧背后的意涵缝合进观众的主体构建之中。并且这些矛盾要得到妥善的解决，不光是为了符合观众的期待，更重要的是如果没有圆满的结局，意识形态的缝合就等于没有完成，叙事就会发生断裂，观众难以实现认同。

《欢乐颂》传递给观众最直观的主题就是"友情"。在剧中矛盾产生的时候，五个女孩并肩作战，无论是最初被困电梯，还是后来安迪被人诬陷是小三，甚至是后来樊胜美家被一大群威猛的壮汉逼债，这些激烈的矛盾都因为五个人齐心协力迸发出的情感力量而得到了解决。在当前这样一个竞争激烈，人与人之间缺乏信任的社会环境下，呼唤友情的回归，放下戒心真诚接纳陌生人的情怀，满足了受众潜意识的欲望。友情作为全剧的一个精神内核，恰好是对于当下冷漠的人际关系的一种弥补。"友情"就是将电视剧和观众缝合在一起的叙事主题，给了观众一个重新审视自己的机会，为其提供主体位置，并使之产生认同。

二、电视剧文化消费的现实焦虑

（一）电视剧文化消费的虚拟性

当前社会已经进入高科技的电子时代，高度发达的科技既为人类带来了生活的便利与舒适，同时也成为禁锢人类的牢笼。对于物欲的追求已经吞噬了人类精神与心灵的自由和宁静，让人类陷入更深的困惑，并且产生了严重的文化焦虑。这已经不是个体问题，而是广泛存在于整个社会群体中的普遍问题。社会的变化不断刺激着人的欲望，而在现实生活中，绝大多数人是无法达成这些欲望的满足的，即使暂时获得了某一阶段的满足，又很快会被挑起新的欲望。在欲望无法满足或升华的情况下，人们只能压抑内心的自我，面对现实。"本我"无法得到满足，"超我"又是如此强大，这种情况下便会引发个体的焦虑。

现实主义题材的影视作品，强调的是展现事物的客观面目，强调人物关系情节发展的合理性，用虚构的作品来表达真实的现实，以此体现出作品的艺术效果。不像舞台艺术的夸张，也不像电影限于时间必须要用到蒙太奇或抽象类的表达手法，相对于其他类型的艺术形式，电视剧对于观众天然便有一种更加贴近生活的亲近性。

电视剧更乐于把编造出来的故事情节表达为"真实再现"的姿态。但是这种逼真感和真实性是建立在虚构和假定的基础上的。电视剧通过一个虚拟的世界给大众的欲望提供了一个想象和发泄的平台。在现实中无法解决的困境在电视剧中迎来了完美的结局，这让受众产生了极强的错觉，希望模仿剧中人物的解决方式为自己在现实生活中寻找出路。然而，虚拟现实终究不是现实，电视剧只是一个精心编排的虚构的影视世界。将虚构的影视世界与现实生活混淆，以剧中的价值观念来指导现实生活，必然会面临很大的问题，不同的结果势必引发受众再次的自我怀疑，产生更深的生活焦虑。

（二）身份认同与客观现实的悖论

把近年来人气较高的几部热门电视剧进行比较，我们会看到，《蜗居》撕开了华丽表象下不堪的现实，官员花天酒地，贪得无厌，而身处社会底层的人们却在生存与尊严、欲望与现实间苦苦挣扎。高房价扭曲了社会价值，也扭曲了人的心灵，而这都是现实社会的缩影。《奋斗》倾注了青年人在进入社会后面对理想与现实的成长与憧憬，极易引起年轻人的共鸣。而《欢乐颂》中，既有来自富豪家庭的白富美和高级精英海归女，也有来自社会底层家庭的凤凰女和苦苦奋斗的小店员，以及其他不同阶层的众多人物，但是该剧并没有侧重于人物间不同阶层带来的矛盾与冲突，阶层的设定，在这部剧里只是为了突出角色的个性。故事开头，女主角们初相遇，表面上看是由于阶层不同而引起了冲突，但是这其实只是一种表面现象，剧情并没有就此深入展开并剖示。故事发展下去，五个姑娘在一次次的突发事件或生活细节中，逐渐加深了感情，成为互扶互助的贴心闺蜜。剧中阶层冲突最为强烈的是凤凰女樊胜美与她重男轻女的贫寒家庭间的矛盾。《欢乐颂》播出以后，很多网友都在评论，樊胜美这样的形象在现实生活中依然屡见不鲜，从小被重男轻女的父母忽略，长大后要替父母背负起哥哥或弟弟这样一个沉重的负担，只因在父母心里，男子能够传承香火。即使在21世纪的今天，网上仍有很多帖子在叙述着一个又一个飞出农村的凤凰女，不惜牺牲掉自己小家的幸福，用小家甚至公婆家的财力去支撑农村那个扶不起的兄弟，任劳任怨。该剧浓墨重彩地描述了樊胜美的经历，但是却没有深入地挖掘导致其悲剧的根源，而是着力于人物的悲苦，让观众在为人物命运感叹之余，却只停留于表象，无法进行更深层次的思索，削弱了这一冲突的现实意义。另外，最具有阶层代表性的人物例如谭宗明、魏渭、包奕凡等人，剧中把他们包装为风度气质过人、胸襟宽厚的正面人物，带着成功者的光辉，却竭力回避资本原罪这个核心问题，完全没有就此进行道德的质疑与拷问。因此这部剧表面看来是在展示不同阶层的人物形象，实质上只是打着阶层的幌子刻画了几个个性鲜明的人物在当前社会中的不同际遇。

在剧中，人物们得到了看似美好的结局，也正因为这种美好的结局让观众实现了意识形态的缝合，实现了身份的认同，并试图从剧中获得现实的解决办法。然而当我们仔细剖析人物的出路，就会发现剧情与客观现实之间有明显的不同。存在严重心理问题的安迪，她身上的光环太强，剧中优秀的男士都在她身边围绕，被她在职场上的风度吸引，被她身上没有被商场所污染的率真打动，但是不论是魏渭还是包总，他们都没有办法真的走进安迪的内心。魏渭一再向安迪表达他的真心，但是当他真的意识到安迪也许会发疯的事实以后却选择了仓皇而逃，所谓的真心对于他这样一个从来都是精打细算的商人来说，显得很虚伪。而包总对安迪的欣赏则更像是一种好奇，一种对猎物的征服欲望，这种喜欢能维持多久尚不可知，更不知道他在知道安迪的病情以后会做出什么反应。观众们在羡慕安迪被这么多所谓的钻石王老五热烈追求的时候，却不曾看出这只是残酷现实的虚幻外壳，工作上的成就和追求者的青睐都不是解决安迪内心问题的解药，安迪真正应该解决的是自己不敢正视的家庭关系，应该放下的是对父亲深深的仇恨，应该采取的措施是接受心理治疗，而在剧中这些矛盾都没有得到解决。樊胜美在该剧大结局时换了新的工作，选择了和老同学王柏川在一起，看起来是充满希望的重新开始，但是事实上这也是一种冒险。两个在城市里苦苦打拼的年轻人还是要面对樊胜美原生家庭的拖累：重病在床的老父亲，不知悔改的哥哥。王柏川拿着彩色气球对樊胜美表白，让观众觉得王子和公主即将过上童话般的生活，但是仔细想想，樊胜美真的能够放下自己的欲望踏实地生活吗？即使她可以，两人要面对的也不是康庄大道而是荆棘满地，王柏川能否创业成功？到了新工作环境的樊胜美能不能证明自己的能力？从一开始樊胜美就心心念念想要的房子仍然是一个遥遥无期的梦想……这些在现实世界里必须面对的困境，在剧中都只是被一笔带过，编剧用情感消解真实世界的矛盾，营造的只是一种美好的虚拟镜像。

（三）对成功的错误理解

关雎尔是一个平凡的乖乖女，刚刚走出大学的校门，为了能够通过实习留在500强企业，她一直很努力，心里也满是不安，对于安迪和曲筱绡，她充满了羡慕。海归安迪凭借自己的高智商和出众的工作能力在大公司里担任高管，而古灵精怪的曲筱绡在连英文文件都看不懂的情况下，凭着朋友的帮助和几天拼命努力，就能够做好可行性报告，拿下极为重要的一个大项目。虽然前者有实力和能力，后者却让观众惊呼"简直开了外挂"，但这其中也体现了该剧对于企业高管之类精英职业的赞同与推崇。在现实中也是如此，这类职业让人艳羡与渴望，因为它代表着名校的高等教育、敏锐的分析能力、精练的工作作风、远超过普通人的高收入、令人尊敬的社会地位，以及优雅的品位，网上曾经将此总结为"白骨精"：白领、骨干、精英。安迪高高在上，冷傲地面对所有人，对于下属全无耐心，用呵斥来展现她的身份，即使面对客户或合作伙伴也照样冷傲。没有任何经验、甚至看不懂英文术语的曲筱绡，在国外几年几乎都在玩儿，一顿恶补后居然能做出一份令人赞赏的报告，并且成功与外商谈判。

然而在现实中这样的成功几乎是不可能的。从高考到大学毕业，再到工作，在中国社会强烈的竞争下，每一步都会淘汰很多人，能够成为剧中安迪这种精英的人简直少之又少。安迪的身世更是充满了传奇色彩，儿时被父母抛弃后被外国夫妇领养，接着进入哥伦比亚大学学习，回国后发现亲生父亲是知名经济学家。编剧试图将安迪的成功合理化，但是怎么看她的成功都是戏剧条件下的偶然事件。曲筱绡的成功更是让人匪夷所思，不学无术全靠别人帮忙加上自己的小聪明就能骗过商场上的老手们取得合约，可以说是无视商业规则。电视剧为了吸引观众，用豪车、精致美丽的衣饰、高雅的享受来展现剧中人物所从事的职业的高端大气，却忽视了这种表象给观众带来的实则是对成功的错误理解，这种对成功的演绎，会对观众产生误导。

安迪拼命地工作，除了工作她没有自己的生活，没有作为一个人正常人应有的情感，她长期把自己封闭起来，丧失了被爱和爱人的能力。她的工作就像她的避难所，因为她完全剔除了情感只凭着理性的判断做事，但是这样的人不是成功的领导者。她不能体恤下属的难处，只会一味苛责，为达目标命令员工们疯狂加班，导致员工在工作岗位上累倒。如果在现实中，这样一个没有人情味的领导不大可能成为公司的管理者，甚至在团队中不能做好一个协作者。曲筱绡的公司资质很浅，软件硬件都不过关，却能因为她的能言善辩，临时抱佛脚成功与外资企业合作，这种不凭真本事而靠投机取巧获得的成功几乎是凭借运气，这样的成功大概也只能在电视剧这样虚拟的环境下发生，在现实中马上会被人揭穿。

而反观剧中的邱莹莹和关雎尔，她们的形象更加贴近现实中无数困在格子间勤勤恳恳工作的小职员，她们勤奋的工作不但没有受到肯定，反而处处碰壁，剧中的她们作为底层的员工，不断因为职场的潜规则而受到排挤，作为劳动者的权益和尊严没有得到充分的保障。她们羡慕安迪和曲筱绡好像一出场就所向披靡的样子，这两个人是她们梦想成为的"白骨精"，但实际上这种成功在现实中是不存在的。许多刚进入职场的观众和邱莹莹，关雎尔有着类似的处境，她们如果认同这两个人物的身份，进而也认同安迪和曲筱绡的成功，很容易使她们的职业观念出现偏差，选择错误的道路。

（四）情感鸡汤无法弥合阶层差异

在《欢乐颂》中，友情是其中一条主线。剧中的五个女孩子来自不同的阶层，以安迪和曲筱绡的身份本来不会住在"欢乐颂"这样普通的小区，但是为了体现阶层的差异化，编剧把她们同时聚集在22楼。这样的设计充满了理想主义和浪漫主义的情怀。五个女孩子好像重新回到了大学寝室一般，一场电梯事故将友情的纽带套在了她们身上，这在现如今人际关系逐渐冷漠的社会环境中，正好符合观众内心渴望交流的情感诉求。但是我们放眼现实世界，大学这样的乌托邦只存在于青春的回忆中，走进职场，真正进入成人的世界，阶层的差异代表的是教育水平的差异、人脉关系的差异、家庭背景的差异，这些差异横亘在一次又一次需要做出选择的时候，这些差异构成了阶层间不可逾越的鸿沟，不会因为友情而被消解。在剧中她们相互扶持，共渡难关，着实给观众喂下了一碗暖心的鸡汤，尤其是在樊胜美和原生家庭之间的矛盾中，编剧加入了太多苦情戏，也过分夸大了友情的力量，让观众没有真正思考阶层鸿沟所带来的社会意义，更没有深入去探究这种冲突产生的社会根源。

揭开友情的面纱，我们很难相信人物的行为动机没有利益的考量，而是完全出于情感因素。曲筱绡来到"欢乐颂"的目的就是为了和哥哥争夺财产，她对于自己想要的一切都是不择手段的。她撒娇讨好安迪，因为安迪可以帮助她完成计划书，而对她没有帮助的2202的三位就常常被她冷嘲热讽。樊胜美接近安迪也有自己的私心，她希望通过安迪能够让她打开通往上层社会的通道。她让安迪带她出席高端商务酒会，依靠安迪的关系去参观魏渭朋友的会所。甚至是关雎尔这样看上去单纯无害的职场新人，也懂得从安迪口中学习职场的经验。这些事实正好说明了阶层间不可跨越的鸿沟，如果观众只看到美好的大结局而忽视人物的现实性，只是从感性的角度去理解人物之间的关系，天真地认为友情能够弥合阶层间的差异，必然会在现实社会碰壁。

三、电视剧文化生产与消费的反思

《欢乐颂》的热播引发了一轮讨论热潮，也引发了我们的思索：电视剧的功能是什么？只是为了演绎剧情，吸引观众，提高收视率并获得经济效益吗？显然，电视剧这一艺术形式，它在把精彩纷呈的故事情节展现给观众的同时，也在潜移默化地传递着一种强烈的意识形态和价值观，而正是由于这一特性，编剧应当明白自身所背负的责任与使命，尽力正确引导观众。

剧中强调了"新穷人"关雎尔对于高阶层的精英职位的向往，却弱化了她的知识和修养。不学无术的曲筱绡被评价为聪明能干，古灵精怪，衣饰有个性，独具韵味。清高的知识分子赵启平最初嫌弃曲筱绡没文化，但最终还是为她倾倒。单看剧情这似乎没有问题，但是如果我们把两人的性别对换一下，就会发现其中扭曲的价值观。曲筱绡只要愿意，可以随时安排时间休息，而阶层在她之下的关雎尔就只能拼命工作以免出错；曲筱绡出行可以开车、坐飞机，既节省时间又随心所欲，而关雎尔只能搭乘别人的车或者是坐公交、地铁。她们性格虽然不同，但是我们不能忽视剧中表现出来的身份上的不平等，而这种不平等正是源于阶层和财富。赵医生对曲筱绡的态度从鄙视到追求，再到最终的结合，从另一个角度来看，也体现出了清高自傲的知识分子阶层最终仍然倾倒于代表着金钱与欲望的富豪阶层这一社会现实。

而"新穷人"这一概念的另一层含义，知识不再被视作财富，穷人也不再只是物质上的缺乏，当人的思想中只剩下金钱，富人不仅掌握了社会资源，还掌控了整个社会的价值观，把"穷人"从知识、思想，到审美、生活方式中彻底地排除出去，这样的价值观不仅悲哀，而且让人恐惧。而该剧的设置正是让人产生了这样的错觉，因此，虽然从都市情感的角度来看该剧极为成功，但是从电视剧肩负的社会责任来讲，它对观众价值观的误导不容忽视。

（一）现实关注及其边界

近年来包括《蜗居》、《裸婚时代》和《欢乐颂》这几部电视剧，都从不同的侧面反映了社会现实与民生问题，由于与民众生活的契合度较高，因此收视率很高，引发了观众的热烈讨论，也引发了争议与思索。

《蜗居》热播时，高涨的房价让几家欢乐几家愁，而该剧正是围绕着买房这一主题，让观众跟着剧中人物一起烦恼、忧心，看着他们为了买房而四处借钱、绞尽脑汁筹款，甚至不惜出卖自己。他们的烦恼与痛苦，也正是许多人曾经亲身经历，或者正在经历的切肤之痛。《蜗居》导演滕华曾经谈过创作这一主题的初衷——希望能通过这些与现实生活息息相关的主题，来记录当前这个时代的社会状态，并且留下一些纪念。《蜗居》里的很多情节都是赤裸裸的社会现实，这些情节让观众联系到自己的境遇而产生了强烈的共鸣，同时该剧也反映了很多当前社会的热点现象，例如权钱勾结、权色交易等，这些情节来源于生活，而电视剧就把这些光鲜表象下的丑陋现实赤裸裸地撕扯开，展现给观众，并让人们思索。但影视作品表现现实是有限度的。当前意识形态建设侧重于和谐向上的主流价值，《蜗居》《裸婚时代》《欢乐颂》这类现实主义题材的电视剧，关注社会现实，聚焦民生问题与社会阴暗面，展现了此类作品的现实主义力量。但是艺术的价值在于精神层次的提炼与升华，一部作品不能只是流于表象，仅体现出对于现实情况的呈现与揭露是不够的，还要进行深度的挖掘，引起人们对于本质的反思。从这方面来说，这几部剧都有些缺陷，例如《蜗居》中对于海藻这样为了金钱牺牲色相、破坏他人家庭的小三的形象过于宽容；对于宋思明过于美化，缺少足够力度的批判。而且前两部剧的基调侧重于展现阴暗的社会现实，令人窒息，让人感受不到积极与阳光。《欢乐颂》中对于金钱和阶层划分的盲目崇拜非常容易扭曲年轻一代的价值观。

电视剧是一门受众非常广泛的大众艺术，对于社会具有极大的影响力，甚至可以潜移默化地引导观众的价值观。作为大众文化，电视剧应当反映出能够适合社会主流意见、积极向上的价值观，在揭露冷酷丑陋的现实的同时，也要带给观众希望和憧憬，让观众在痛斥、鄙薄那些丑陋的角色之余，能够欣赏人生的美好。

（二）价值观本位与电视剧的使命

21世纪以来，中国经济进入高速腾飞阶段，与此同时，种种矛盾与冲突也越来越明显，社会贫富差距迅速拉大。这些观点也体现在了影视作品中，引导不当，很容易误导观众，产生不良的社会影响。

的确，大众文化自身也存在着局限性。大众的文化价值观更侧重于满足自己在生活中无法得到的心理体验。而大众文化在当前社会下容易为了追逐利益最大化而盲目顺从观众，忽视了精神力量的建设。容易为了吸引眼球而盲目迎合观众，肆意张扬感性，而放弃了引导民众的道德与精神的责任。大众文化的蓬勃发展，繁荣了当前国内的文化市场，满足了民众多方面、多层次的精神需要，但我们必须注意其中体现出的价值观要积极正面，否则会给社会带来负面影响或消极影响，且很难消除。例如某些节目中刻意渲染的金钱至上的观念，某些小品中展现的对于社会底层民众的轻视与鄙夷，某些影视作品中表达出的对于金钱与权势的过分追逐，这些扭曲的价值观带给民众的负面影响是不可忽视的。

除了价值观念，电视剧还在塑造着现代人的消费观念，更在塑造对于自我身份的认定。如果电视剧只是以引导和刺激消费为切入点，运用没有深度内涵的符号，制造出一个"虚拟世界"，会潜移默化地不断增加人们的欲望，驱使人们接受剧中创造的消费理念，并形成一种主流的生活方式。由于环境认知的压力，沉默的大多数会渐渐失去反抗和思考的意识，接受被大众认可的审美。

但是这些观念其实是一种"虚假的需求"，是通过宣传和构建不断地创造出来的一个美好的虚幻世界。文化的内涵被不断简化成为一个个符号，人们在镜像世界里进行想象，收获感官的刺激和消费的快感，却不曾真正感觉自己是有灵魂的、有内核的，这也是我们在如今的娱乐时代面对各种各样的电视节目却越来越觉得空虚的原因。

这也正是我们不断强调电视剧价值观本位的原因，电视剧处在消费的渠道上，但是它不能仅仅作为一件商品而存在。大众文化对消费至上的张扬，似乎忘记了对终极价值的追求，取而代之的是满足即刻的感官冲动，寻求片刻心理满足和推崇愉快的消费文化，长此以往的后果将是灵魂长久的空无。重拾电视剧的文化内涵，寻找属于它的文化身份，立足现实，体察真正的社情民意进行创作，传达正确的价值观，是电视剧创作必须一直坚持的道路。①

基本知识点 ◂◂◂

一、电视剧策划的界定

策划是伴随着市场经济兴起而活跃起来的一个概念，从一开始就带有浓厚的商业色彩。电视剧策划，虽然在20世纪八九十年代电视剧的实际运作中已经崭露头角，如在一些电视剧开拍前，邀请专家学者对剧本进行研讨、论证，这可以算作电视剧策划最早的形式。但电视剧策划为业界认可并转换为制作

---

① 本案例内容参考自向雨希的学术论文《身份认同与现实焦虑：都市剧场〈欢乐颂〉的文化批判》，四川外国语大学，2017。

机构、制片人的自觉行动，已经是20世纪90年代中期，电视剧市场初步形成之后的事了，尤其是许多民营影视制作公司如雨后春笋般地涌现，市场竞争日益激烈，一时间策划优秀的选题开始成为电视剧市场最重要的环节。为在市场竞争中争取主动，制作机构、制片人开始有意识地在前期运作中引入策划环节，而且这种策划行为具有较强的市场经济特征和商业目的性，由此，电视剧策划在业界成为一种"时尚"，并作为电视剧剧作中的"必选动作"而蔚然成风。

电视剧策划贯穿纪实电视剧生产与传播的基础环节，同时又贯穿于电视剧的生产与传播全过程之中。因此，电视剧策划可分为狭义与广义两种，狭义的电视剧策划仅指电视剧投拍之前围绕剧本所做的准备工作；广义的电视剧策划指为电视剧的生产与传播所进行的创造性定位和预设性筹划。

电视剧策划是指为实现理想的艺术效果与商业目标，项目运作者对电视剧的生产与传播进行的创造性定位和预设性筹划。①

（一）策划的目的

电视剧策划的目的，是实现理想的艺术效果和商业目标。不同的投资人和制作机构，对艺术效果与商业目标的侧重不同，国有制作机构投资拍摄的电视剧，对于主旋律题材比较看重，其主要目的是为了实现良好的社会效益，商业目标次之，如《长征》《延安颂》《任长霞》等，但社会反响良好的电视剧一般都能获得可观的经济效益，如《雍正王朝》《大宅门》等。民营制作机构投拍电视剧多属于商业投资行为，追求最大限度的经济回报，其题材集中于有市场卖点的商业电视剧，而艺术效果是其实现商业目标的一个主要手段，如"康熙微服私访记"系列电视剧、《太祖秘史》《汉武大帝》等。

当前，一部电视剧多由几家拍摄主体联合摄制，其中有国有制作机构，也有民营机构。在题材上，主旋律与商业电视剧的区分已经不十分明显，因此，电视剧的策划目的已经不再单纯追求经济效益或者社会效益，而是两者兼有，

---

① 胡智锋.电视节目策划学［M］.上海：复旦大学出版社，2007：122.

互为支撑。

（二）策划的主体

电视剧的策划主体及电视剧项目的运作者包括投资人、制片人、发行人和导演等，而制片人是项目运作的核心。实质上，电视剧的管理属于项目管理范畴，所以电视剧的制片人也是电视剧的项目管理者。

当前电视剧的投资有80%来自社会，大多数投资人对电视剧知之甚少，主要通过制片人或委派制片主任来实现自己的投资意图。制片人制是当前电视剧运作中最流行、最实用的管理机制，为电视剧选择一个好的制片人就意味着电视剧成功了一半，一个电视剧制片人首先是一个优秀的项目策划人。

在制作与发行分立的情况下，发行人也是电视剧项目的管理者和策划人之一。发行人的职责是制定电视剧的发行方案，并对电视剧的发行收益负责。发行人会参与前期策划，并根据情况对电视剧的未来市场做出准确的预测，这样制定出的发行方案才有针对性和可行性。

导演要对电视剧的艺术质量负责，一个好的导演将直接决定着一部电视剧的艺术质量，在前期策划中，导演要对影响电视剧艺术质量的各种因素，包括剧本、演员、道具、美术、灯光、化妆等充分考虑和衡量，做到心中有数。

（三）策划的对象

电视剧策划不仅要考虑电视剧的生产问题，还要重点考虑电视剧的市场流通问题。说到底，电视剧是一种商品，只有通过流通和有效传播，才能实现最大化的市场价值。

电视剧的生产包括选题、剧本、投资等，即业内常说的"点子、本子和票子"。电视剧的传播不仅仅指电视剧的销售与发行，还包括市场、宣传、营销等。通过策划，应力求实现电视剧产销的一体化，加快资金的周转速度，为投资更多的电视剧创造条件。

（四）策划的手段

电视剧的策划手段主要有两个，一是定位，二是筹划。所谓定位，即确定符合电视剧题材特征的类型、风格、样式、目标受众和导演、演员。通过定位，制片人、主创人员等在头脑中要逐步形成这部电视剧的雏形并达成共识。所谓筹划，即为电视剧制定具有可行性的各种操作方案，融资方案、拍摄方案、宣传方案、发行方案、营销方案等。通过筹划，主创人员可以逐步熟悉电视剧的工艺流程、工作进度、调度安排等，为顺利完成生产拍摄任务奠定基础。

（五）策划的特点

电视剧策划必须有前瞻性和可操作性。一部电视剧，尤其是长篇电视连续剧是一个宏大的系统工程，如《三国演义》《水浒传》等大戏，人物形象多、演员阵容强、拍摄周期长，一旦开始拍摄就不能轻易停机，所以要求在前期要将电视剧拍摄过程中牵涉的所有问题解决完毕，只有充分发挥前期策划的前瞻性，才能避免拍摄过程中出现大的问题。

同时，与其他电视节目策划不同，电视剧策划中的一个重要内容是对投资与市场的策划，而这部分策划内容将直接关系到电视剧的经济效益，如果投资人的投资属于商业性行为，那么他必定非常重视电视剧策划方案的市场预期和可操作性，所以对于商业电视剧来说，策划的重点是电视剧的市场营销策划。

二、电视剧策划的流程

电视剧生产与传播流程大体如下：

创意调研、创作剧本（策划书）——立项（申报题材规划）——筹措资金、制定预算（投资与融资）——成立剧组、拍摄制作——审查（获得发行许可证）——营销宣传、发行销售——播出。

在这个流程中，立项和审查是一部电视剧必经的两个环节，由广电总局的相关部门负责，制作机构和制片人须配合立项。此外，五个环节中，前四个环节都由制作机构和制片人负责，而播出环节由电视台负责。电视剧策划的流程大致如下：

（一）剧本策划

创意、选题、调研、创作剧本是电视剧策划的基础环节，也是电视剧策划中最重要的一部分，这一环节的策划工作围绕剧本进行，因此称为剧本策划。在剧本策划阶段，制片机构和制片人要从政治、艺术、商品，即思想性、艺术性和观赏性的角度，对创意和剧本进行详细论证，并着重就市场前景做出分析，提出修改和完善意见，完成剧本和策划书。详细而周密的剧本策划，使电视剧项目立足于一个高的起点，可以有效地防范投资风险，增强融资的信心。

（二）市场策划

在剧本策划的同时，制作机构和制片人要依据当前的市场状况编制好成本预算，做好融资准备。资金实力雄厚的制作机构，对于有良好市场前景的剧本，会选择自行全额投资。但一般情况下，为了防范投资风险，尤其是资金实力较弱的制作机构，会选择联合投资的方式。同时，在融资过程中，许多制作机构和独立制片人依靠社会来筹集资金用于电视剧的生产，这其中还会涉及融资的渠道、融资的方式以及风险共担和分红的问题。

（三）制作策划

为保证电视剧拍摄顺利完成，制作机构和制片人要为电视剧选择一个适合剧本的导演和一批适合角色的演员，建立由各专业部门组成的剧组，同时还要为剧组建立一套良好的管理制度和一个合理的工作进度。在电视剧的拍摄和制作过程中，制片人要统筹兼顾，妥善安排，充分调动剧组各位成员的积极性，在保证艺术质量的前提下，按照工作进度展开工作。

（四）营销策划

电视剧的所有投入，要通过最后的发行和销售收回成本，赚取利润，这是许多电视剧投资人的主要目的。良好的发行和销售建立在充分的宣传和推荐的基础上，因此，在营销方案策划过程中，要制定合理的宣传计划，并在电视剧播出的整个过程中展开充分的宣传。同时，能否制定出合理的发行和销售策略，也是影响电视剧能否获得最大市场效益和社会效益的重要因素。电视剧音像版权的销售也是电视剧销售的一部分。营销策划的最终目的是实现理想的商业目标和艺术效果。

三、题材选择的策略

剧本策划要从选题开始，精选题材搞好剧本创作，是剧本策划的核心。题材有很多种类型，如何选择适合的具有投资价值的题材呢？这里有两种基本策略：

（一）求同策略

所谓求同，即关注当前电视荧屏上的热点剧目，选择相同或相近的题材。当一部电视剧走红荧屏之后，相同或相近题材的电视剧就会蜂拥而至，而最快问世的几部电视剧往往也会取得不错的效果，这种题材选择战术就是求同策略。如历史古装剧《宰相刘罗锅》的走红，与台湾版《戏说乾隆》在大陆的热播有一定关系。在求同策略中，求同不等于"克隆"，确定题材最忌讳的恰恰就是"克隆"，求同中一定要有创新，如新创意、新人物、新视角、新内涵。《永不瞑目》热播之后，公安题材的电视剧作品纷纷被搬上荧屏，中央电视台与广东电视台等几家单位联合摄制的《英雄无悔》，在公安题材电视剧比比皆是的情况下，仍以崭新的角度、崭新的人物形象赢得了广大观众的喜爱。

（二）求异策略

所谓求异，即避让当前电视荧屏上的热点剧目，选择相反或类型差别较大的题材。盲目"跟风"、"克隆"、创新意识不足是电视界的通病，前几年电视剧领域流行的"戏说风""辫子风""滥情风"就是这种通病的表现。求异策略的目的是避让这种"跟风"与"克隆"给观众带来的审美疲劳，如果运用恰当，会起到与众不同、耳目一新的效果。求异往往是创新的开始。求异的第一步，是在市场调研的基础上，通过市场细分找出差异，根据差异确定题材的定位，满足目标受众的收视需求。需要注意的是，求异不仅仅局限于题材范围，还包括与众不同的人物形象、语言、艺术风格、情感等。近年来，平民题材剧成为收视亮点，如《贫嘴张大民的幸福生活》《空镜子》《结婚十年》等，这与"戏说风""辫子风""滥情风"的泛滥不无关系。《不要和陌生人说话》作为一部侦破悬疑剧是没有新意的，但作为中国第一部反映家庭暴力问题的电视剧无疑是一大创新。军人形象的阳刚、威武、严肃早已深入人心，而《激情燃烧的岁月》中，"石光荣"的一反常态，却让人觉得更加贴近生活，这部电视剧也因此大受欢迎。

2012—2017年电视剧首播结束后3个月内播放量TOP10			
排名	剧名	题材	首播结束后3个月内播放量(亿)
1	三生三世十里桃花	古装	111.11
2	人民的名义	涉案	80.33
3	微微一笑很倾城	偶像	78.38
4	欢乐颂	都市	71.64
5	锦绣未央	古装	62.67
6	好先生	都市	50.70
7	亲爱的翻译官	偶像	47.90
8	琅琊榜	古装	44.38
9	芈月传	古装	37.75
10	孤芳不自赏	古装	35.11

数据来源：vlinkage

在选题策略的运用中，求同与求异往往是分不开的，同中有异、异中有同的策略应用得更为普遍。刘心武在《雍正王朝》大获成功后，仍坚持致力于古装剧的制作，这是求同策略，但在具体操作上，他下一部作品选择了《李卫当官》，这部广受欢迎的电视剧以草民百姓为主角，风格谐趣幽默，这与《雍正王朝》以万人敬仰的皇帝为主角，且主题严肃、风格凝重形成了鲜明的对比，这是求异策略。

在确定选题的过程中，最稳妥的办法是选择那些受众相对广泛的题材，并加入一些新的内容、新的情节、新的人物，重视从大众题材、传统题材中寻求新意，以区别于其他作品，绝不能照方抓药，依葫芦画瓢，那样的作品只能随波逐流，难成大器。

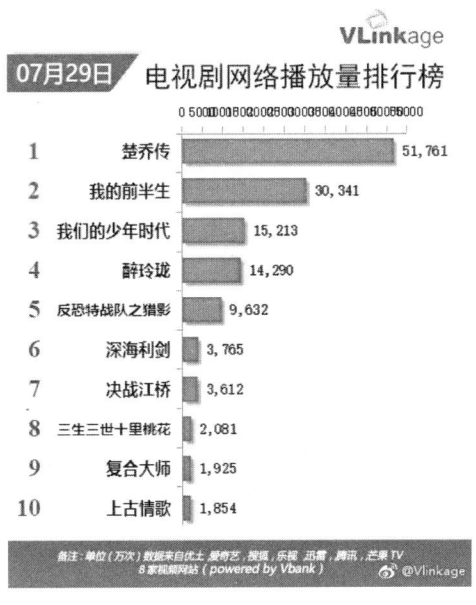

四、剧本价值的判断标准

拿到一个剧本后，其价值如何，是制作机构和制片人最关心的事情，如果说电视剧的价值对于观众来说在娱乐和消遣，让观众在虚构叙事构筑的拟态真实中得到世俗的满足，那么剧本的价值则在于为观众提供娱乐和消遣的可能性。而对于制作机构和制片人来说，剧本的价值在于能否实现从剧本到视听产品的转换，最终实现理想的经济回报。因此，制作机构和制片人对剧本价值的判断，集中在剧本是否具有可操作性、可行性，以及是否具有投资价值上。

（一）剧本的可操作性

剧本必须具备可操作性。决定剧本可操作性的主要因素包括：政治倾向、思想品位、情节的合理性等。国家广电总局对剧本有严格的审查规定，不符合审查标准的剧本，将不准予拍摄，所以制作机构和制片人应具备政治头脑，熟悉审查标准中对禁止性内容的规定，严把剧本的政治关，防止出现有错误政治倾向的内容，避免产生投资不可回收的巨大风险。电视剧的思想品位绝对不能流于低俗和庸俗，给观众以误导，情节的合理性也十分重要，不少编剧缺乏生活积累和相关体验，就闭门造车编故事，追求情节的离奇性，胡编乱造，不着边际，这样的剧本就缺乏可操作性。据有关统计，我国每年拍摄的电视剧达400多部1万多集，而每年策划和运作的剧本估计在2000多部10万集以上，可见，从创意到剧本再到电视剧还有很长的路要走。

（二）剧本的可行性

资金是制约电视剧正常运作最关键的因素，即电视剧的资金投入（成本）要与制作机构和制片人投融资能力相匹配。不同的剧本容量需要不同的投资规模，当拿到一个剧本时，制作机构应该首先想到自己有没有能力投资，或者能否通过其他途径获得投资，对严重超出投融资能力范围的项目，只能暂时搁置。在当前电视剧市场上，虽然资本市场还不成熟，但有一定数量的资金处于观望状态，等待着有潜力的投资项目出现，所以，质量过硬的剧本一般也能得到投资商的认可与青睐，吸引到足够的投资，顺利上马。除资金外，能否为剧本寻找到合适的导演和符合角色的演员，是剧本是否具备可行性的重要条件。不同的导演擅长不同的电视剧类型，大牌导演固然重要，如果剧本不适合他，那么电视剧也就难以出彩。演员不是名气越大就越好，而是越符合角色定位越好。其中导演与演员能否有档期，并且档期是否一致都是要考虑的重要因素。

（三）剧本的投资价值

剧本的投资价值指投拍而成的电视剧被市场认可并被电视台购买。这里的市场主要指电视台的广告客户和观众。电视剧的售卖具有突出的二重性的特点，首先，制作机构将电视剧卖给电视台，完成第一次售卖；电视台购买电视剧的目的是将其卖给广告客户，以从中获得广告收入，广告客户才是电视剧最终的买主，其获取的是观众的注意力，这是第二次售卖。剧本的投资价值在第一次售卖中实现，但制作机构和制片人必须同时考虑到要满足第二次售卖中的广告客户与观众的需求，只有如此，电视剧在市场上才能具备一定的竞争能力。所以，制作机构和制片人在对剧本进行价值判断时，要结合深入的市场调研，以及观众的收视需求、审美心理和价值取向，对剧本的市场价值做出准确评价，对目标观众及其规模进行细分，并将其实事求是地写入项目策划书，从而取得投资商的认可。

投资商一般会根据以下因素来判断题材的投资价值，制作机构和制片人应该把握：

1. 题材本身的社会影响力

这个因素直接影响着电视剧的受众规模和目标市场的大小。一般来说以下几种题材具有广泛的社会影响力：

以文学名著为基础的改编题材。如中国四大古典名著、近现代名家名作、国内外文学大奖获奖作品、金庸系列武侠小说等。这种题材拍摄成电视剧，成功的关键在于处理好电视剧与原著之间的关系，"神似"如《水浒传》，"形似"如《三国演义》，都曾引起过争论。

以重大革命人物与革命事件为题材。这种题材的电视剧多是主旋律电视剧，具有较浓厚的意识形态色彩，如《长征》《延安颂》等。这种题材的电视剧，主要是将政治人物人性化、生活化、情节处理细节化，以真实和人性的光辉还原历史。

以有影响的历史人物与历史事件为题材。由于创作手法的不同，历史题材分为历史正剧和戏说剧两类。历史正剧，忠实于史实，剧中人物和故事或曾在历史上出现过，或出现于比较可靠的民间传说，如《雍正王朝》《康熙大帝》《武则天》《太平天国》等；戏说剧而则以历史为背景，历史人物和故事都没有可靠的历史依据，如《戏说乾隆》《还珠格格》《宰相刘罗锅》《康熙微服私访记》《铁齿铜牙纪晓岚》等。历史题材的电视剧创作比较复杂，争论也较多，焦点集中于"历史真实"与"艺术真实"孰轻孰重，当前倡导的原则是：基本遵照历史史实，基本还原历史真实，基本再现历史人物。

以现实社会生活中的热点人物和热点事件为题材。《牵手》关注了社会中的婚外恋问题，涉案剧《黑洞》中反映的官员腐败也是公众普遍关心的社会问题。集合实力派青年演员与众多老戏骨、大前辈的《人民的名义》是2017年上半年收视率最高的独播剧，更是十年收视奇迹的缔造者。该剧以检察官侯亮平的调查行动为叙事主线，讲述了当代检察官维护公平正义和法制统一，查办贪腐案件的故事。实力派演员与扎实的剧本是本剧成功的关键。据悉，编剧周梅森创作剧本时在监狱中和一些落马贪官进行了座谈，将现实中真实发生过的事件融入了剧本，给观众带来了强烈的冲击和震撼。为了符合当下观众的品位，团队在人物性格和人物造型上也下了很大的功夫，剧中人物的社会身份涵盖了代表公检法的公职人员，还有省级、市级领导、大学教授、商人以及普通工人等各个阶层，讲究的外形令人物的性格和出身高度契合，吸引了各个年龄层的观众，自然而然地带动起"自来水""表情包"的发酵，影响力迅速蔓延。

正午阳光出品的《欢乐颂》被很多观众认为是一次都市剧的革新。其中一个关键的原因就在于"群像"的塑造。成功的都市剧，不仅能承接时代议题，还可以设置话题，引发思索。剧中冷静理智的安迪、义气倔强的樊胜美、古灵精怪的曲筱绡、单纯善良的邱莹莹、文静乖巧的关雎尔是五个截然不同的女孩，她们在职场上或精英或小白，在爱情上或克制或奔放，各有千秋又真切有质感，不同观众均可从中找到自己的影子，因此这部剧可以说折射出了都市众生中最有代表性的生存样态。

此外，以"处女座"闻名的正午阳光在这部电视剧中再一次做到了对细节的极致把控：某论坛黑安迪的帖子真实存在，还有"水军"留言煽风点火；曲筱绡和赵启平互动用的社交软件、安迪和奇点交流用的脸书在现实中一直保持更新，令观众一时间难分真假。第二部《欢乐颂第二季》集结了原班人马，延续了作品的整个基调，避免了观众的违和感，收视也得到了保障。

2. 世俗性主题与人性化叙事

电视剧是大众文化的主流产品，关注和满足观众的世俗性追求是电视剧的分内之事。近年来，"平民叙事"兴起，这类作品一再张扬的就是与老百姓切身利益相关的世俗性主题。从《贫嘴张大民的幸福生活》《咱爸咱妈》到《空镜子》《结婚十年》《浪漫的事》《动什么别动感情》等一批以家庭伦理为主题的平民叙事电视剧，将"平民情结"作为一种价值取向，以平等的视角、平民化的创作心态，展现老百姓身边的人和事，挖掘社会底层大众细腻真实的情感，风格上追求冲淡平和，境界上追求宁静致远，因此深受观众喜爱。

关注人性是实现电视剧世俗性主题的一种叙事策略。电视剧只有注重对"人性关怀"的深层追求和诠释，才能引导故事情节在逐步推进中揭示复杂的人性内涵，展现丰富的人性价值，塑造有血有肉、富于文化意义与审美价值的艺术形象。近年来，电视剧创作中，人性化叙事逐渐为人所接受，但反面人物的"人性化"塑造过犹不及，引起了不小的争议。尽管如此，人性化叙事在当前电视剧创作中还是有相当大的积极意义的，应该提倡。尤其在主旋律题材电视剧中，刻画人性，展示人性复杂的一面，不但能使人物形象丰满，而且更真实可信。如《长征》《激情燃烧的岁月》等一批革命题材电视剧对人物的人性化刻画可谓点睛之笔，成为全剧的亮点。

3. 故事情节的观赏性

观赏性一向是衡量电视剧是否具有市场价值的主要标准。故事情节是否具有观赏性，是一个仁者见仁，智者见智的问题，似乎没有统一的答案。甚至有人感叹：真不知道这年头观众喜欢看什么？一般来说，独创性的情节、个性化的形象、富有张力的悬念设置是最具备观赏性潜质的。这与观众的欣赏心理和市场的关注点是相符合的。

4. 情节的独创性

开风气之先，对于电视剧创作来说无疑是最有难度的，也是最受欢迎的。近几年具有开创性意义的电视剧有《渴望》之于室内剧，《戏说乾隆》之于戏说剧，《牵手》之于情感类题材，《贫嘴张大民的幸福生活》之于家庭伦理剧，《大明宫词》之于人文剧，等等。不仅如此，将已有题材做出新意，也能收到良好的收视效果。同样是"戏说"题材，领风气之先的《还珠格格》《宰相刘罗锅》的"一炮走红"在情理之中，而"康熙微服私访记"系列电视剧则经久不衰，而且集集有看点，部部有市场，其原因在于每一部电视剧都有新的故事，新的看点。这其中，选择独特的视角是电视剧成功的主要因素。同样是纪晓岚，《铁齿铜牙纪晓岚》就大获成功，而《风流才子纪晓岚》却被明令禁播；同样是以老军人的生活为题材，《激情燃烧的岁月》就比《军歌嘹亮》更受观众喜爱。

5. 个性化的形象

塑造典型人物形象始终是叙事文学的主要任务，电视剧也是如此。电视剧塑造的典型形象，既要成为观众眼中"熟悉的陌生人"，更要成为观众心目中的"这一个"。所以，塑造富有个性色彩的人物形象应成为电视剧核心的艺术追求。因此，在一定意义上说，电视剧是"人"的艺术。在众多公安题材中，《黑洞》给人以全新的感觉，剧中人物关系错综复杂，情与理、情与法的矛盾冲突扣人心弦，而且在人物刻画上视角独特，深入人性深处，使人物形象丰满，尤其是陶泽如饰演的刘振汉、陈道明饰演的聂明宇，都摆脱了以往同类人物形象的脸谱化，使该剧在市场上获得巨大成功。

6. 富有张力的悬念

讲好一个故事，是电视剧的主要任务。中国电视剧中好故事不少，但由于欠缺叙事技巧，情节模式化，不会制造悬念，常常"讲不好故事"，观众看一集就差不多知道整部剧会如何结尾，淡而无味，平淡无奇，吊不起观众的胃口。国内电视剧也不乏制造悬念的精彩之作，如《大宅门》《大宋提刑官》等。一部电视剧应当有一个总悬念，最好每一集再有一个小悬念，小悬念层层累积，才能使整个电视剧一波三折，跌宕起伏，扣人心弦。一般情况下，一集电视剧中可能有三五个事件，每个事件都会有冲突，而冲突的结果都可能形成高潮，即业内人常说的"三分钟一个冲突，五分钟一个高潮"。

五、电视剧剧本策划的流程

电视剧的剧本策划大致可以分为以下几个步骤：市场调研、创意策划、针对创意的调研、对创意的修改完善、写作与修改剧本。

（一）市场调研

在电视剧的前期策划过程中，两度的市场调研是核心工作。首次市场调研的目的是充分了解电视剧市场状况，把握观众的观赏心理，寻求题材空白点和增长点。评价电视剧最关键的一个指标是收视率，而收视率背后是收看电视剧的观众规模的大小，所以，只有弄清楚观众的观赏兴趣，才能确定拍摄什么样的电视剧才会有收视率。观众的观赏兴趣、观赏心理由于地域、时代、季节、性别等因素的不同，存在着不同的倾向，如曾有人断言《刘老根》"打不过长江去"，这不无道理。同一部电视剧，由于播放时机的不同，其收视表现也会不同。

（二）创意策划

电视剧创意策划指在市场调研和分析的基础上，寻找电视剧市场中可能存在的题材空白点、增长点和创新点，有的放矢地组织相关策划人员，以各种方式提出各种创意，并由专人汇总、提炼、概括，形成创意策划方案，作为下一步策划的基础。一般情况下，电视剧创意的内容包括：题材及题材的价值分析、主题定位、运作方式及市场分析、人物设置、故事梗概等。

（三）二次调研

这次调研带有较强的目的性和针对性。初步确定创意后，制作机构和制片人面向业内人士广泛征求意见，以专题讨论会、专家研讨会、观众座谈会等方式，就创意方案的可行性、可操作性与投资价值进行评估。如果创意得不到超半数的认可，不妨选择另换其他项目，毕竟创意还只停留在纸面上，未涉及实质性的费用投入，尚不能构成损失。

（四）修改并完善创意

根据两度市场调研的结果，制作机构的创意策划方案应该基本可以确定电视剧的题材、类型、风格、演员、观众规模、观众层次、目标市场等内容，以此作为剧本创作的基础。

（五）写作与修改剧本

制作机构和制片人根据题材、类型风格确定剧本作者的合适人选。在剧本写作之前，制作机构和制片人应与编剧进行充分的沟通，就创意策划中所有内容展开深入的交流。这样做的目的是，让编剧按照创意策划确定的思路写作，以防出现偏差。如果发现编剧不甚理想，应及时更换，以免贻误商机。编剧应阶段性地将剧本交予制作机构和制片人，双方共同探讨，一起修改，这样可以提高剧本的质量，大大降低市场风险。

需要强调的是，市场调研是一项系统、完整的过程，包括调研目标的确定、资料的收集、资料的分析三个阶段。调研目标的确定非常重要，它会影响整个调研过程，因此，目标不但要明确、科学，而且要有针对性和目的性，避免面面俱到。资料的收集与分析要运用到多种调查方法，并涉及诸多专业性问题，因此要尽量由专业人员来完成，这样得出来的结论才真实可信。

六、电视剧的宣传策划

宣传策划通过提高电视剧的知名度，引导电视台和观众产生购买与观赏的欲望，并达到为发行服务的目的。发行策划是通过对市场、渠道、价格策略的充分把握，直接为电视剧发行服务的。

应该说，当前电视剧运作普遍对宣传重视不够，即使有宣传也缺乏策划，导致电视剧在发行后，电视台和观众还一无所知。美国好莱坞非常重视影视大片的宣传策划，通常一部影片的宣传费用与拍摄制作费用投入比例为1：2，而中国的宣传费用一般不超过总投资的5%。

（一）制定宣传方案

制定宣传方案是电视剧进行宣传的第一步，也是宣传策划的首要任务。在电视剧筹备阶段，制作方就要开始宣传方案的制定，这样可以保证整个电视剧宣传有步骤、有条理地进行，并达到预期的效果。制定宣传方案要注意以下问题：

1. 在预算范围内追求影响和效果的最优化

制定宣传方案的一个主要依据是电视剧的宣传费用预算。宣传费用制约着宣传的规模、范围和力度。制定宣传方案，首先要将费用控制在预算范围内，这样的宣传方案才能得以顺利实施。其次，宣传方案要有针对性，应在市场调研的基础上，根据电视剧的题材、类型、风格等，制定出具有针对性的宣传方案，争取宣传能够有效地到达目标观众和相关购片商，在力度、范围、效果上达到最优化。

2. 宣传要适时

宣传一部电视剧，要掌握合理的宣传时机。一般情况下，电视剧的宣传分四个阶段：

其一，开机时的首轮宣传，一般是举办由相关媒体参加的开机仪式，片方在开机仪式上应向媒体和观众介绍剧中的一些主要演员、导演，电视剧的主要情节等，通过媒体将其宣传出去，达到先声夺人的效果。

其二，拍摄期间的媒体宣传，拍摄中期，要主动邀请一些媒体尤其是电视娱乐栏目的记者前来"探班"，或对拍摄过程进行跟踪采访，通过他们将拍摄过程中的花絮呈现给观众，让观众继续保持兴趣。

其三，封镜前后的宣传，在电视剧封镜时要进行适当的宣传，这时的宣传不但要给观众看，更要给电视台、广告商看，这样做的目的是为了博得电视台和广告商的认可，减少发行播放时的阻力。

其四，播放时的宣传，这一阶段的宣传也很重要，当电视剧在电视台播放时，制作商可以联合电视台通过一些渠道，如信件、声讯电话、有奖问答、手机短信等，让观众参与进来，这种宣传可以帮助制作机构树立形象，建立品牌，使观众更容易接受其日后的电视剧作品。

3. 宣传要适度

电视剧的宣传要掌握好一定的"度"。为了提高电视剧的知名度，扩大电视剧的发行范围，不少电视剧在进行宣传时会人为地炒作一些花边新闻，尤其对于导演、演员的宣传更是添油加醋，无中生有，制造事端，给他们带来不小的压力，导致合作双方关系紧张。有的电视剧在宣传时，对其艺术质量、社会效益过分夸大，把电视台和观众的胃口吊得很高，但在电视台播放时却发现与他们的期望值相差很远，这样很容易导致"骂评""恶评"，对制片方的信誉损伤是很大的。所以，制作方在宣传时要把握好一个"度"，这样才有利于与电视台、导演、演员保持长久的、良好的合作关系。

（二）电视剧的推广方式

制作机构不仅要面向电视台宣传，还要面向观众推广，协助电视台完成电视剧向观众的推广工作，这样的推广方式越来越被业界所重视，成为一种趋势。

电视剧的推广方式有三种方式：

1. 人员推广促销

人员促销是最常规、最直接的电视剧推广途径，人员推广可以从电视剧前期策划、中期制作到后期发行，贯穿电视剧生产与制作的始终，进行全方位的信息沟通。电视联络、邮寄样带和宣传册是人员推广促销最常用的手段，

2. 公共展示

公共展示的手段包括参加电视节、交易会，举办见面会、看片会。现在国内有名的电视节、交易会有北京国际电视周、上海电视节、中国广播影视博览会、四川电视节等。见面会不仅可以吸引电视台的注意力，同时可以借助记者的力量。看片会通过直接邀请目标客户的购片人员观摩样片，进行现场磋商，样片质量和发行人员的公关水平直接影响着看片会的发行效果，较其他渠道来说，这是一种主动性较强的促销方式。

3. 媒体广告

制作机构利用大众媒体发布广告，将信息传达给各个电视台，引起观众的注意，这样做可以降低电视台的收视率风险。广告形式有报刊广告、网络广告、电视广告等。

（三）"看点"与"卖点"

电视剧宣传策划，首先要明白宣传什么，即要提炼出电视剧的"看点"与"卖点"。

所谓"看点"，是指一部电视剧吸引观众保持连续观看状态的关键点，而"卖点"则指一部电视剧引发购片方购买欲望并付诸行动的关键点。

"看点"是对于观众而言的，观众眼中的"看点"大多从电视剧自身出发，而较少牵涉到其他因素；而"卖点"则是对于购片方而言的，各级电视台要考虑到经济创收、播出档期、价格、风格定位等因素，所以"卖点"包含许多经济

或商业方面的考虑，一般要超越电视剧自身的范围。

由于观众的喜好直接关系着收视率的高低，电视台不得不在意观众的收视取向，所以从长远来看，"看点"即"卖点"。但对于制片方和电视台眼中的"卖点"，观众却不一定认可和接受，所以"卖点"不一定是"看点"。

"看点"与"卖点"的提炼在宣传策划阶段开始，并在宣传过程中得到丰富和完善。提炼"看点"与"卖点"，要深入了解观众和购片方的心理取向，再根据电视剧的题材、类型、风格、演员等因素，将其中的"亮点"用简洁的语言表述出来，作为吸引观众的"看点"，吸引电视台购买的"卖点"，而对于宣传自身来说则是电视剧的"宣传点"。

电视剧是一种大众娱乐消费的艺术样式，观众观看电视剧的目的是通过看故事得到娱乐和放松，所以好的电视剧一定要讲一个好看的、诱人的，让观众牵肠挂肚的故事，这是电视剧最大的"看点"和"卖点"。要拍出好看的故事，即业内常说的电视剧"有戏"，需要编剧和导演多下功夫。具体来说，剧本要出自名家之手，人物要有个性，故事要有悬念，叙事要有章法，台词要有张力，情节要有细节，结局最好出人意料，令人耳目一新，等等。

《贫嘴张大民的幸福生活》的看点在于具有浓郁北京胡同文化特色的人物形象和幽默的语言；《大宅门》的看点在于白景琦、白文绣、白三爷等艺术形象，还有独特的宅门文化和中医药文化；《激情燃烧的岁月》的看点在于孙海英饰演的石光荣的硬汉形象和浓浓的怀旧情调。

对于电视剧"看点"和"卖点"的提炼和宣传，涉及电视剧评价的许多问题，评价结果一般容易出现"仁者见仁、智者见智"的情况。电视剧实际播出时，也经常出现"叫座不叫好""叫好不叫座"的情况，这就要求电视剧宣传策划有相当高的专业素质和艺术鉴赏能力，应充分了解观众的收视心理和审美取向，准确把握电视剧的"看点"和"卖点"。

项目实践

实践项目一

项目名称：一期室内情景短剧的策划文案的撰写。

实践目的：了解电视剧的策划流程。

实训条件：多媒体视听教室、投影仪、网络。

实践要求：对节目具体内容、结构、形式等进行考虑；具体而言，包括根据选题确定具体内容、节目各部分的结构安排、表现手法、拍摄方法、剪辑风格、电视手段的运用等。

实训步骤：包括目的意义、节目内容、节目定位、节目形式、人员设置、时间进度、经费预算等。

项目实践结论：在写作策划案时，应做到简明扼要、形象生动、条理清晰、逻辑性强，要具有可操作性。

实践项目二

项目名称：一期室内情景短剧的拍摄制作。

实践目的：通过一期室内情景短剧的拍摄制作，使学生掌握电视剧制作的基本流程，同时检验电视节目策划方案的科学性和可行性。

实践要求：节目的拍摄制作应严格按照构思创作、现场录制、编辑混录等流程进行，节目组学生按照制片人、编导、摄像、主持人、嘉宾、后期编辑等岗位进行分工，共同完成一期节目的制作。

项目实践结论：要求作品具有完整性，从片头、节目内容、字幕及片尾一气呵成，能系统地体现节目策划的基本框架。

思考题

1. 什么是电视剧策划？

2. 电视剧的策划要点是什么？

3. 选择一档你熟悉的电视剧进行阐述，并对该剧的主要人物进行评析。

4. 电视剧的剧本价值如何判断？

经典节目案例分享

《甄嬛传》

一、故事框架的建构

（一）故事的基本线索

《甄嬛传》的剧情基本线索是后宫的争斗。在甄嬛入宫前，后宫失衡，华妃专宠，太后为了制衡后宫与前朝的势力，以防年氏一族势力过于庞大危及帝位，于是让雍正举办了唯一一次选秀。而出生于官宦世家的甄嬛在拒绝了温实初的表白后，奉命参选，被皇帝选中入住碎玉轩，成了皇帝的妃嫔。

初入后宫的甄嬛，在经历了惊吓、背叛、受欺等过程后，最终获得了皇帝的恩宠。她与沈眉庄和安陵容结成一派，与嚣张的华妃斗智斗勇，华妃步步紧逼，甄嬛受辱，遭华妃嫉妒下毒后，又巧妙地找到下毒者给予了惩罚，同时给了幕后主使者华妃一个狠狠的打击。甄嬛第一次有孕被害流产后，安陵容也变心了，单纯的甄嬛觉察到了后宫的险恶，慢慢成为宫中的精明女子。但这时甄嬛、眉庄一派的内部出现了猜疑和斗争，浣碧受到曹贵人的蛊惑险些背叛甄嬛，幸好及时回心转意。但安陵容与甄嬛越走越远。等到眉庄被冤，甄嬛找到诬陷眉庄的证据后，本可以铲除华妃，却不想时机不成熟，反击失败。后来甄嬛巧妙地渡过了难关，再次赢得皇帝的宠爱。当皇帝发现年羹尧的野心的时候，甄嬛和自己的父亲甄远道帮助皇帝铲除了年氏一党，并扳倒了华妃。但没过多久，甄嬛因遭到皇后暗算而失宠，父亲也因为文字狱受到连累，遭受了牢狱之灾。甄嬛生下女儿胧月后，变得意志消沉，选择出宫去了甘露寺修行。

甄嬛在甘露寺里受到各种欺辱，幸好得到了果郡王的精心照顾，两人深深爱着对方，希望有机会可以一起逃走，过普通人的生活。果郡王奉旨去滇藏巡查，传来死讯，甄嬛伤心欲绝，想替他报仇，更是为了顾全肚子里果郡王的骨肉，于是策划了一场与皇帝的偶遇，重回宫中。为了平衡宫中各方面的势力，太后也准许甄嬛回宫，皇帝便抬高了甄嬛的姓氏，赐姓钮祜禄氏，封为熹妃。但是甄嬛在回宫的前日却得知果郡王还在世，两人非常感伤，但是为了肚子里的孩子，甄嬛狠心地做了一个决定，断了对果郡王的念想，利用权力保护自己的亲人。甄嬛回宫后不久，太后就病逝了，后宫开始动荡不安，危机四伏。

一直暗恋果郡王的叶澜依对甄嬛很是不满，故意引来很多夜猫惊动了她的胎气，导致甄嬛早产生下一双子女——灵犀和弘曕，甄嬛也因此被封为熹贵妃。后来皇后利用宫中的流言诬陷甄嬛和太医温实初有奸情，必须滴血验亲。温实初为了保护甄嬛和眉庄，一气之下自残，沈眉庄得到消息后也受惊生下一个女儿后血崩而死，临死前将静和托付给了甄嬛。浣碧对果郡王装有小像的香囊做了手脚，使用计谋嫁给了果郡王，玉娆也嫁给了慎贝勒。最终甄远道的案情重审，洗白冤屈并受到皇帝的再次重用，甄氏一族再次崛起。

因为皇后没有孩子，担心自己的地位不保，陵容就尝试借自己小产诬陷甄嬛。她的计谋不但没有成功，还让皇帝无意中发现了她偷偷使用暖情香的事情以及用舒痕胶导致甄嬛小产的事实，陵容被禁足。甄嬛亲自打掉了不健康的胎儿，并将这个事情栽赃给了皇后，但皇帝顾念她是纯元的妹妹，而不忍心发落重罚。直到甄嬛从安陵容的口中觉察到纯元皇后的死与皇后有关，并通过苏培盛的话激怒了皇帝，才下旨禁足皇后，死生不复相见。准噶尔入侵大清，清军节节败退，准噶尔王摩格希望用幽云二州换取甄嬛。果郡王为了甄嬛被皇帝惩罚驻守边关。由于皇帝每天勤于朝政，身体大不如从前，便开始热衷于炼制丹药，希望求得长生不老。生性多疑的皇帝听闻了果郡王和甄嬛的私情，于是逼迫甄嬛毒杀了果郡王，此刻甄嬛心如止水，对皇帝也痛下杀心。皇帝驾崩后，四阿哥登基，甄嬛成了圣母皇太后。

（二）故事的戏剧冲突

冲突一：甄嬛与华妃的对抗。

这一冲突占据了整个电视剧的前45集，从甄嬛被入选进宫开始，她的人生便被限制在了这个暗潮涌动的紫禁城内。入宫初期，甄嬛被"夏冬春事件"和"福子事件"惊吓，在恐惧中假装生病，拒绝侍寝，这一时期的甄嬛是比较被动的，但是她的内心活动很丰富，而且甄嬛的性格也是和皇宫格格不入的，她选择了逃避。这一时期的甄嬛能够让观众很清楚地看到她内心的真实世界，并为接下来性格的转变埋下了伏笔。后来，经过"御花园偶遇皇帝事件"后，甄嬛进入了受宠期，可以看到这一时期的甄嬛主要做了两件事情：一个是和皇上的感情加深，另一个是与华妃的争斗不断升级。在经历了"眉庄落水""眉庄失宠""余氏失足"等事件后，她因帮助皇帝在前朝除去了年羹尧、在后宫除去了年世兰而立下功劳。随着华妃的死去，甄嬛又进入了一个失势期，她遭到皇后的陷害，误穿了纯元皇后的旧衣，这时她才清楚地意识到自己只不过是纯元皇后的替身，也看透了皇帝的薄情寡义。这一阶段，甄嬛的人生观和价值观发生了翻天覆地的变化，她的内心和皇上产生了很大的嫌隙并心灰意冷，甄嬛和皇帝陷入了对峙阶段，皇后这一幕后黑手也浮出水面，与甄嬛发生了正面交锋。

冲突二：甄嬛与允礼的爱情。

这一冲突表现在第45—53集，初次离宫的甄嬛在甘露寺受尽了苦难，正是这个时候，她遇到了果郡王。果郡王对甄嬛的关心和帮助以及对甄嬛的表白为整部剧的后半段做了十足的情感铺垫。整部剧在后半部分发生了很多小事件："甄嬛怀孕""甄远道病危""果郡王死讯""天象异常""弘历被下毒""甄嬛回宫"。随着这些事情的发生，甄嬛也被一步一步逼上了回宫的道路。这是她人生的又一个转折点。观众看到甄嬛的人生大起大落，对于甄嬛在皇帝和爱人面前所面临的艰难选择感同身受。在这一时期，主人公所面临的一个个困难和转折都将人物刻画得生动形象。

冲突三：甄嬛回宫复仇。

这次回宫的已经不是过去的那个甄嬛，而是一个"狠而无心"的甄嬛，她不仅仅是为了允礼的孩子，还要保护甄氏一族的性命，更要揪出想将自己赶尽杀绝的敌人。回宫后的甄嬛不再那么被动，而是变得积极主动。面对一次次的刁难，甄嬛不再沉默，而是奋起抵抗，积极地寻找敌人的软肋，为自己的地位稳固而痛下杀手。故事在不断进展，随着祺嫔、眉庄、安陵容的死，甄嬛的心更冷了。她利用腹中夭折的孩子将皇后拉下马，并在果郡王死后变得更加心狠手辣，她将矛头直接对准皇帝，并间接将其杀害。这一连串的情节紧密而完美，令人目不暇接。

这一冲突是整部剧作的高潮，整部电视剧的前半部分所设计的包袱都在这一时期全都一一展开，一环紧接一环，环环相扣，淋漓畅快。

二、人物形象的塑造

俗话说"一方水土养一方人"，作为一个社会人，需要和不同性格秉性的人接触并发生思想上的碰撞，在这个过程中，原本性格单纯的人可能会变得极其复杂。现实生活中的人如此，影视剧中的人物所处环境、所承受的经历遭遇更是丰富善变。电视剧作为一个艺术门类，它的灵魂是作品的思想，但其格调却容易受到所塑造的人物形象的限制。文学作品中的人物刻画需要用文字描述来展现生动的性格特点。而电视剧中的人物形象需要演员对剧本反复推敲琢磨，将人物的相貌、体形、声音、性格和心理特点拿捏得当。我们在闲聊时经常会听到周围的人抱怨某部电视剧中的角色太假了、太装了，实际上这与演员本人的表演技巧和素质有关。优秀的演员会在优秀剧本的基础上将人物毫不夸张、很自然地展现给观众。

《甄嬛传》在人物塑造这方面是有独特之处的，该剧的剧作者在肖像刻画上既符合时代背景，又根据对人物角色的反复推敲，在人物行动力上也为人物形象的塑造增添了色彩。这使观众通过角色的言谈举止便能对该人物的性格、立场一目了然。

（一）正面角色的塑造

整部《甄嬛传》可以被分为两大部分，一部分是甄嬛与华妃的对抗，另一部分是甄嬛与皇后的抗衡。由此可以看出，在电视剧中，以甄嬛为首的团体人物形象属于正面派，在观众看来，无论是甄嬛、沈眉庄、温太医或是果郡王，所呈现的正面角色似乎都有着共同的特征，他们永远都是"真善美"的形象代言人。他们的一举一动是对生活中真善美的一种真实反映，他们的内在完全符合了观众内心的需求：善良、聪慧、勇敢、正义。即使他们在剧作中稍有过错，似乎也会被观众忽略，观众会把他们所做的"恶"的一面想作是某种状况下的无可奈何。

剧中的甄嬛是一个典型的正面角色。导演在塑造正面角色时，非常注重通过服饰的搭配来刻画人物形象的表层轮廓。原著中对甄嬛首次出场的描写是："脸上薄施粉黛，一身浅绿色挑丝双窠云雁的时新宫装，合着规矩裁制的，上裳下裙，泯然于众的普通样式和颜色，并无半分出挑，也不小气。头上斜簪一朵新摘的白芙蓉，除此之外只挽一支碧玉七宝玲珑簪，缀下细细的银丝串珠流苏，略略自矜身份，以显并非一般的小家碧玉，可以轻易小瞧了去。"在第一集中，甄嬛的这身装扮给观众的印象十分深刻。整部剧甄嬛在不同年龄阶段采用了不同的服装造型，造型师极尽可能地让人物的服装、妆容、饰品去贴近那个繁荣而富有梦幻色彩的清宫后院。既让观众从视觉上大饱眼福，也使受众从心理上体会到了由现代跟着剧情穿越到清朝的魅力体验。

在这部剧中，孙俪饰演的甄嬛将人物少女时期的羞涩、热恋期的甜蜜、心灰意冷时的失望以及复仇路上的狠辣精准地表现了出来。"甄嬛"一角的塑造完全符合了正面角色的特征。她饱读诗书，很有才气，入宫后第一次向皇后请安时，用"皇后娘娘母仪天下如明月光辉，华妃娘娘国色天香似明珠璀璨"两句话化解了眉庄的尴尬。当皇帝为了亲王和大臣不和之事烦心时，甄嬛既机智地维护了皇帝的利益，又替皇帝摆平了棘手的亲王。甄嬛更有善解人意，奉献他人的精神，她在宫中和皇帝面前知道自己该做什么，不该做什么，也特别会揣摩人的心思。当眉庄被陷害软禁后，甄嬛只字未提此事，最后减轻了皇帝对眉庄的憎恶，直到刘奋被抓，她才洗清了冤屈。在小允子守夜为了哥哥生病哭泣时，她并没有苛责他，还请了太医去帮助诊治，并增加棉被以防生病，也正是因为她的这一特性，才使其日后回宫得到了很多人的拥护。但甄嬛也是古代女子中的一员，她终究逃不过封建制度的约束和迫害，要在允礼和家人之间做选择，甄嬛选择了回宫，为的是甄氏一族。此时的她已经不再是代表她自己，而是代表着整个家族，她别无选择，只能牺牲自己的幸福来换取家族的存活与兴旺。当然甄嬛也有勇于反抗的时候，最初的甄嬛是不愿进宫的，只想求得天下最好的男子共度一生。只可惜古时女子的命运不能自己掌握，在被皇帝选中并受宠后，当她发现自己只不过是"菀菀类卿"而已，毅然决然地选择了离宫出家修行，离开了那个令自己伤心的是非之地。此刻的甄嬛在爱情上已经觉醒，她大胆地追求自己的内心，抛开了一切繁规旧律。

但最终，理想拗不过现实，甄嬛的梦破碎了，她还是踏上了复仇的道路。

最初的那个甄嬛再也回不去了。

"甄嬛"这个角色似乎将沈眉庄的沉稳、温实初的敦厚、流珠的机灵、浣碧的城府等特点集于一身。甄嬛这一形象已经典型化了，她成为剧作发扬美的思想、美的情感的一个载体。"甄嬛"已经被模式化、概念化了，成了一个正面角色标尺，凡是符合其中某一点的都可以归为正面角色。

（二）反面角色的塑造

剧中塑造的最典型的反面人物形象便是华妃和皇后。华妃的外貌在原著中是这样说的："一双丹凤眼微微向上飞起，说不出的妩媚与凌厉。体态纤秾合度，肌肤细腻，面似桃花带露，指若春葱凝唇，万缕青丝梳成华丽繁复的缕鹿髻。"借用皇帝的话形容华妃，是那样的"明艳动人"。华妃的出场无论服饰、气场均盖过皇后，尽管皇后贵为一国之母，但在华妃面前却要礼让三分。剧作者将华妃塑造成一个全身披金戴银，满头珠翠玉石，却没有智慧，只会一味争风吃醋，想方设法谋得专宠的形象。华妃和甄嬛的形象对比很明显，她的形象塑造得更加丰富、更有层次感。华妃具备反面派应有的特征：狠心、毒辣、邪恶。由于华妃没有甄嬛的智慧，所以在宫中争宠时，只会逞一时之快，并不会做长远的打算。比如害死福子、赏夏常在一丈红、命太监将淳常在溺水、安排余答应给甄嬛下毒以及为了扳倒甄嬛不惜牺牲温宜的健康，这一系列看似毒辣却又很小儿科的手段遵循的是她常说的理念"必定铁腕铁拳铁石心肠，重刑之下谁还敢罔顾法纪"。而这些事情还是华妃在曹贵人等人的参与下完成的，可见华妃只有匹夫之勇，失去了自己的同党，只是一个没有爪牙的老虎。但华妃并不是只有反面角色的特点，她还有柔情的一面。华妃的致命弱点便在一个"情"字，当年氏失势后，华妃千方百计想恢复以往的风光和地位，从表面看似乎是为了整个家族的荣耀、为了存活，其实华妃真正的想法很简单，她只是为了得到皇上的宠爱。当甄嬛告诉她堕胎真相后，她才清醒地意识到皇帝赏赐给自己的欢宜香只不过是平衡前朝势力的手段。她爱了皇上一生，却被算计了一生。华妃这一反面角色的塑造不同于其他人物，从她的身上，我们既看到了恶的一面，也看到了善的一面。她本身是一个复合体，她的命运正应了一句老话"可怜之人必有可恨之处"，却也让我们看到了一个敢爱敢恨的清代女子形象。

而皇后这一角色和华妃一角相比似乎显得过于追求人性深度，皇后的角色把人性最丑陋的一面展现给了观众。皇后不仅仅是邪恶、狠毒，更多的是阴险狡诈。皇后和华妃不同，导演在刻画皇后这个角色时，将重点放在了皇后的语言上。皇后在皇帝面前极力扮演着贤妻良母的形象，但面对其他妃嫔得宠或怀有皇嗣后，就会变得不择手段。皇后和甄嬛可以说是棋逢对手，因为她们都有智慧，皇后的手段比华妃高明很多，一是拉拢利用妃嫔，二是言语暗示、挑拨离间。在安陵容心生自卑无人求助时，皇后乘虚而入，离间安陵容和甄嬛的关系，并通过语言的暗示命令她去做事情，最终自己渔翁得利。而且皇后在不同人面前所表现的形象多有不同，当面对华妃时，皇后不敢和她针锋相对，只是用一些话去暗示、提醒皇帝华妃的罪责。而对待甄嬛，皇后下足了功夫，言语已经无法撼动甄嬛在皇帝心中的位置，她只能利用被自己害死的姐姐来铲除异己。但皇后这一角色的刻画很容易误导观众的审美，阴险而善于伪装的皇后似乎在剧中存活了很久。这样的刻画虽然很成功地表达了这个恶毒女人的嘴脸，却也容易让受众误解在善与恶的较量中，强大的恶却要比善良存活得更久远。

三、乌合之众的审美

（一）遗忘现实的审美

宫廷剧《甄嬛传》中女主人公甄嬛能够同时获得雍正和果郡王两人的爱情，以及温实初的爱恋。果郡王为了她永不娶正福晋，为了保全她及家族不惜饮毒酒。温实初更是为了当初的承诺保护其一世周全，为其在宫中出力，最后落得净身的下场。试想在这样一个物欲横流的社会，普通人要到哪里去寻找这样忠贞的爱情？《甄嬛传》为了吸引观众的眼球，迎合受众心理，为我们营造了这样一个衣食无忧、锦衣玉食、并有美好爱情存在的"世外桃源"。

这个世界是具有两面性的，一方面是剧中人物入宫前对宫中生活的好奇和美好向往，皇宫在封建社会中是荣华富贵的代名词，宫中的生活在外人看来似乎无比尊荣，人人向往。另一方面是身处世俗世界的受众对富有神秘色彩的皇宫内院充满了无限遐想。宫廷剧是以娱乐性质为中心的，而观众一直沉迷于这个世界的重要原因，是导演以艺术的虚构方式建构了一个能够满足受众猎奇心理的虚拟世界。世俗世界的人们对后宫中的生活很好奇，只可远观而不可亲自体会，所以导演就迎合大众的审美心理在电视剧里给人们提供现实生活中没有的锦衣玉食的生活、坚贞不渝的爱情。由于现实中的人每天都生活在柴米油盐酱醋茶中，他们被生活的压力压得喘不过气，便将电视剧中的男女主角想象成自己，在这种想象中得到心理上的满足。

（二）娱乐历史——集体无意识的狂欢

《甄嬛传》的导演郑晓龙所拍摄的电视剧一直走的是批判现实主义风格的道路，执导这部《甄嬛传》时，他带领的创作团队在画面上极力地营造符合真实的历史场景，但也有些细节还是与历史描述有偏差。虽然电视艺术在陈述史实的同时，需要一些艺术虚构，但有些剧本在改编时不知不觉中迎合了一些错误的价值观，如对暴力不加克制的宣扬，对阴谋的大力渲染。这些问题的存在也提醒我们，电视剧创作表现历史、叙述历史的重点在于把握一个度，不能为了迎合观众的猎奇心理而去戏说历史。电视剧作为一种特殊的精神产品，具有独特的审美价值。中国宫廷剧始终提倡还原历史真实，用艺术手段表现历史真实。真正优秀的宫廷剧应该让观众在审美娱乐的同时，对历史、对社会、对自己的人生产生新的思考。而多数宫廷剧做不到这些，对于剧情，制作者只是一味迎合观众的审美心理，只喜欢"好看、热闹"的故事，不喜欢较真，更不愿去思考。[1]

---

[1] 本案例内容参考自申雪洋的硕士论文《大众文化批判理论视野中的宫廷剧〈甄嬛传〉研究》，云南大学，2017。

学习单元七
电视纪录片策划

学习目标

1.电视纪录片概述

2.国外纪录片的缘起与嬗变

3.中国纪录片的历史演进

4.纪录片的选题策划

5.纪录片的叙事策划

6.纪录片的市场策划

案例学习与分析

千山万水，赶赴团圆
——纪录片《过年回家》（第一季）赏析

温暖的标题、感人的故事、真实的情感、多样的生活……纪录片《回家过年》（第一季）通过讲述10个家庭的过年故事，展示了这一特定民族风俗下中国人真实而滚烫的生活。

一、选材面大，人物多样

作品面向全国选取了不同地域、不同职业的人回家过年的故事：广东的蒙俊源和工友组成车队，骑摩托车带妻子回广西过年；杭州的快递员魏建立因为工作忙碌，接来河南的儿子一起过年；北京的厨师胡开烨带着一家人回福建沙县过年；新疆的军嫂带着孩子进军营过年；满语歌手带着给奶奶的礼物回东北过年……

《回家过年》共10集，拍摄地区涉及广东、广西、浙江、河南、北京、福建、黑龙江、上海、山东、新疆、贵州、吉林、海南等14个省份，地域辽阔，风景各异，有北方的白雪皑皑，也有南方的椰林海浪，有东部的都市繁华，也有西部的壮美山河……

作品中的人物身份各异：工人、快递员、厨师、白领、军人、歌手、二胎妈妈……他们的文化背

景、生活方式相差很大，爱家想家的情感却完全一致，他们集合在一起既展示了当下社会不同阶层的生活，也体现了共同的民族情感传承：重视亲情，重视团圆。

二、多种手法叙事，情感真挚，耐人回味

作品中的主要人物都是普通人，他们为了回家过年所经历的故事大多也是寻常事件：跟朋友讨论如何回家、和家人通电话、挑选过年礼物、上网抢火车票、坐车赶路、家人准备年夜饭、等待迎接……编导在表现这些生活细节时，没有过分煽情，也没有刻意美化，而是将情感融于叙事中体现，令观众自然产生共鸣。

第一集《回家的路有多长》中，蒙俊源骑摩托车带妻子从广东回广西老家，老父亲从清晨开始就为儿子的归来忙活，一大早买来食材准备晚餐。等待过程中，他回想起几年前自己重病，儿子对他的照顾。蒙俊源因为路上修车耽误了时间，回家比预定时间要晚，老父亲虽然心急，还是在电话里提醒儿子不要着急赶路，注意安全。晚上下雨，老父亲打伞出门等了半小时，才看到归来的儿子儿媳。晚餐桌上，热气腾腾，一家人其乐融融。这段内容看似简单，其实运用了多种表现手法体现一家人的亲情：平行蒙太奇叙述蒙俊源的赶路和老父亲的等待、悬念延宕引发观众担心、音乐渲染团圆的晚饭欢乐情绪……

第三集《沙县一家人》中，胡开烨是个传统型父亲。女儿胡雨钗因为将要离开北京转回老家沙县读书，内心非常担心不适应。胡开烨带女儿去买对联等过年装饰品，路上开导她回去不必刻意改变。在家里，他打包发快递，女儿很希望把古筝带回沙县，胡开烨起初觉得太大，路上不方便，后来看到女儿哭泣，便同意自己背着。临出发前，他带着一家人去公园玩雪，忘情投入……可以看出，胡开烨是个特别顾家特别有父爱之人，但编导并没有刻意渲染，而是通过他的一点一滴的行为自然展示。

三、细节生动传神，达到多种效果

第一集《回家的路有多长》，蒙俊源父亲在雨中站立半小时等他回家，写出了老父亲盼儿心切的心里，虽然人物一句着急的话都没说，但此细节已经体现得淋漓尽致。

第三集《沙县一家人》中姐姐胡雨钐帮4岁妹妹给小朋友写信，妹妹说："我要回沙县去上学，记得打电话。"姐姐问："打什么？打丫丫？"妹妹提高声音说，"打电话。"姐姐装着没听清，继续问："打什么？打丫丫？"妹妹大声说，"打电话。"姐妹嬉闹……这个细节既展现出了童趣，也展现了姐妹和谐的关系。

第四集《和奶奶过年》中，奶奶面对东子买的新衣服，不耐烦地推拒，说："这衣服到死也穿不过来啊！"她骂东子是"不听话的浑小子"。然而当她穿上衣服后，又说"哎呀，穿上这衣服我都舍不得死。"第二天，她穿着这件衣服去村里转悠，看似不经意地对村里人说："这是东子给我买的。"这一串细节深刻地塑造了人物"爱显摆"的性格，既"显摆"衣服，更"显摆"孙子的孝心，显示了人物内心的喜悦和自豪。

第八集《搬迁后的新年》塑造了一个吃苦耐劳、精打细算的贵州女人形象——陈丽荣，作品很多地方表现了她这一性格，让观众印象最深的是她回大山深处看爷爷奶奶，商量接他们搬到新房子过年。离开大山深处时，她背一个很大的筐，筐上架着一个大铁盆。崎岖的山路空着手走都辛苦，而她还要背着比人还大的行李……

四、叙事简洁，结尾富有哲理性

叙事简洁，不拖泥带水是这部作品的主要特点。比如第四集开端：第一个和第二个画面是空镜头，交代地点，然后一串短镜头表现宋熙东在北京胡同里骑车行进，画外音是他的自述："我特别喜欢我那个小车，贴地飞行，然后你能够跟空气充分地接触，骑上它的时候，我感觉我想去哪儿就去哪儿。"短短的几秒钟，人物爱自由的性格已经体现出来。接着，解说词介绍道："宋熙东，满语歌手，17岁那年，他从东北来到北京闯荡。"再一串短镜头，展示他带着猫粮走进小区喂流浪猫，之后，他交代朋友照顾流浪猫。人物富有爱心的一面得以展示，并且制造了一个悬念：他要去哪里？

《过年回家》各集结尾并不一样，有的用同期声，有的用歌曲，大部分采用解说词。第六集结尾解说词为："虽然远离故乡，但对于父母们来说，儿女在哪儿，家就在哪儿。"第九集结尾为："年年守岁，守的是一个家的圆满，即使太阳再次升起，孩子和父母又会分离，但思念的牵绊一直都在。无论身在何处，爹娘在哪儿，哪儿就是家。"两个结尾都在点题，文字上看似矛盾，但各有道理，和各自内容自成圆满，充分阐述了"家"的概念不完全是地理上的，更是内心感受上的。

"回家过年"是中国人最大的民俗，这部纪录片借民俗写生活、写社会，写出了民族心理，写出了当代社会的风貌，写出了生活的不易，也写出了生活的温暖和希望！

基本知识点 ◀◀◀

一、电视纪录片概述

纪录片被誉为人类的生存之境。纪录片不仅是一本相册，传承着一国的文化镜像和历史传统，也是一张名片，表征着一国的文化身份和地位影响。

纪录片一词，由英国纪录片运动创始人约翰·格里尔逊于1926年2月8日首先使用于影评《摩阿纳》(刊载于纽约《太阳报》)之中，并沿用至今。①

纪录片从诞生之日起，便有流派和定义之争。关于纪录片定义的经典阐释有很多，在此援引几例：

《电影术语汇编》(美国)中是这样界定纪录片的："纪录片是一种非虚构的影片，它具有一个有说服力的主题或观点，但它取材于现实生活，并且运用编辑和音响来增进其观念的发展。"②

法国人让·路普巴塞克主编的《电影词典》的定义是："具有文献资料性质的、以文献资料为基础制作的影片称为记录电影……总的来说，记录电影是指故事片以外的所有影片，纪录片的概念是与故事片相对而言的，因为故事片是对现实的虚构、搬演和重建。"

"电视纪录片是一个社会的晴雨表。作为一种工具和媒介的电视纪录片与社会的紧密度，是随着不同时代的社会特性和社会关系的变化而变化的。一般来说，社会环境越是特殊的时期，其紧密度越高，非本体的环境因素带给它的影响越大。"③

概括各种不同的解说，我们认为，电视纪录片，是用非虚构的纪实手法、真实地再现和表现现实或历史人物、事件和自然景物以及创作者的认识与评价的电视节目类型。从本质上说，电视纪录片是一种叙事过程，是叙述者通过某种叙述行为或者技巧，运用视听语言向受众叙述故事或者事件的一种动态的双向交流过程。

纪录片必须具备以下三个条件才能成立：

(1)纪录片是非虚构的电视作品；

(2)纪录片是作者观察、思考、选择后的产物，具有艺术感染力；

---

① 王哲平. 电视节目策划新论[M]. 杭州: 浙江大学出版社, 2015: 175.
② 何苏六. 纪录片的责任与影响力[J]. 现代传播, 2005(1).
③ 何苏六. 中国电视纪录片史论[M]. 北京: 中国传媒大学出版社, 2005.

（3）纪录片在拍摄和布局安排上，各部分之间要有一定的逻辑关系，使观众能够按一定的思路来思考、认识和想象。

二、国外纪录片的缘起与嬗变

电视纪录片始于纪录电影。1895年，法国路易·卢米埃尔兄弟拍摄的《工厂大门》《火车到站》《水浇园丁》等影片被视为世界纪录电影的先驱。自此之后，纪录片经历了这样几个发展阶段：

（1）美国人罗伯特·弗拉哈迪是世界公认的"纪录片之父"，是早期写实主义传统纪录片的代表人物。1922年，当早期记录电影尽显颓势时，是他的开山之作《北方的纳努克》重新焕发了纪录片的生机，开创了用影像记录社会的人类学纪录片类型，并把纪录片带入主流文化的行列。

（2）最早使用"纪录片"这一术语的，是英国著名导演约翰·格里尔逊。1986年2月8日，他在为纽约《太阳报》撰写的评论罗伯特·弗拉哈迪第二部影片《摩阿纳》的文章中写道：这部影片"是对一位波利尼西亚青年的日常生活事件所做的视觉描述，具有文献资料价值"。由此确立了"纪实"作为纪录片的美学思想。他组织进行的"英国纪录电影运动"影响深远，开创了"英国纪录片学派"。其代表作有《漂网渔船》《夜游》等。

（3）1960年夏季，法国人类学家让·鲁什和社会学家埃德加·莫兰拍摄的调查式纪录片《夏日纪事》为纪录片发展史树立起一座丰碑，创立了法国电影史上的一个新流派——"真实电影"。《夏日纪事》是一部记录巴黎城市居民社会生活的纪录片，也是一部"先锋实验作品"。让·鲁什在影片开头写道："影片不是由演员表演的，而是那些以自己生活中的一个个瞬间丰富的真实电影的新实验的男女的亲身经历。"他认为传统纪录片人为痕迹过重，对于那种在拍摄好的画面上添加解说词的技法不以为然。让·鲁什的真实电影又被称为"触媒电影"，他对采访的开拓性运用，丰富了纪录片的表现手法和创作题材。①

（4）"直接电影"诞生于20世纪60年代初的美国，以罗伯特·德鲁和理查德·利科克为首的一批纪录片人提出：摄影机永远是旁观者，不干涉、不影响事件的过程，永远只做静观默察式的记录，不需要采访，拒绝重演，不用灯光，没有解说，排斥一切可能破坏生活原生态的主观介入。其开山之作《初选》（1960年）以崭新的技术手段和艺术风格记录了1960年在威斯康星州举行的民主党候选人（约翰·F.肯尼迪对休伯特·汉弗莱）的总统初选。罗伯特·德鲁认为，电视应该记录生活的"本来模式"，而不是反映那些经过拍摄者修饰过的生活……应该按照电视媒体反映生活的规律来展示生活，即用一种富有戏剧性的电视语言来叙述故事，而不是让解说词牵着观众的鼻子来观看发生的事件。②

（5）"新纪录电影"模式20世纪90年代流行于欧美国家。美国学者琳达·威廉姆斯扛起了"新纪录片电影"的大旗，大胆地扮演了传统纪录片恪守"非虚构性"这一信条的叛逆者的角色。他在《没有记忆的镜子——真实、历史与新纪录电影》一文中首次提出"新纪录电影"的概念，并对传统纪录片定义进行质疑，对被"真实电影"和"直接电影"所否定的搬演和虚构手法重新给予充分的肯定，认为纪录片"可以而且应该采取一切虚构手段与策略以揭示真实"，从而帮助创作者完全从一个中立报道者向一个主动制造意义和进行电影化表述的参与者的角色转变。

纵观国外纪录片的发生与发展，概括地说，主要有三种发展模式：

一是以美国为典型代表的商业化运营模式；

二是以英国和日本为代表的公共体制；

三是以法国和韩国为代表的政府扶持模式；

但是，在不同的体制中，纪录片制作的资金构成存在着极大差异，直接影

---

① 刘立群，傅宁编.美国电视节目形态［M］.北京：中国传媒大学出版社，2008：230.
② 朱景和.纪录片创作［M］.北京：中国人民大学出版社，2002：274.

响了其直播模式和内容呈现。[①]

三、中国纪录片的历史演进

何苏六在《中国电视纪录片史论》一书中将中国电视纪录片自1958年诞生以来的发展历程，根据风格、类型、功能等彼此关联映照的多种环境因素，大致分为以下四个时期：

（1）政治化纪录片时期（1958—1977年），这一时期的电视纪录片具有浓厚的政治色彩，主题集中为宣传国家政治和阶级斗争，如《收租院》等。

（2）人文化纪录片时期（1978—1922年），这一时期的电视纪录片的特征是唤起民族激情，体察记录平民生活状态，具有鲜明的人文色彩，如《望长城》等。

（3）平民化纪录片时期（1993—1998年），此间的电视纪录片以关注记录社会主流现实生活为主，人的主题、百姓意识、平民化视角，这些国际化的纪录片表征较为显著，如《东方时空》栏目的"生活空间"版块等。

（4）社会化纪录片时期（1999年至今），这一时期的电视纪录片主题更趋多元，新闻因素愈发受到重视，"市场化"和"社会化"成为电视纪录片的不二选择，如《英和白》等。

何苏六认为，虽然是社会思潮和技术整体力量促进的结果，然而电视纪录片在局部的走向方面却有着很大的偶然性和随意性，这也是中国电视纪录片尚未成熟的一个标志。

中国纪录片从20世纪80年代开始，先后走过了传统电视专题片、新纪录片运动、独立纪录片运动、电视纪录片栏目、DV纪录片等过程，逐步走入大众生活中。其间，许多纪录片在选题方面显示出了独特、敏锐和社会责任意识，如《村民的选择》对于中国农村民主改革进程的关注；《爆炸》对社会问题和法

---

① 应启明. 新世纪美英纪录片发展趋势与启示［J］. 中国电视, 2013（12）.

律制度的考察;《一个艾滋病患者的命运》对艾滋病患者生存境况的社会化展示;《我们的留学生活》对海外学子生活的真切记录,对他们的命运的深切关注等。这些纪录片不仅有分量、有厚度、有张力,也有看点和卖点。

四、纪录片的选题策划

纪录片是纪实的艺术,不允许虚构,但是纪录片的纪实风格和手法不是呆板的、机械的原生态记录,而是创造性地利用现实。

2005年广州国际纪录片预案卖场上,国际买家主要关注以下六个方面的问题:

(1)拍这部纪录片干什么?

(2)给观众看什么?

(3)观众能不能看得懂?

(4)看懂了以后还能不能看下去?

(5)好不好看?

(6)观众对这个节目怎么看?

要处理好以上六个问题,就必须要做好与之对应的前期策划工作。策划是电视纪录片创作必不可少的一道程序,它应贯穿于纪录片创作的整个过程。

要创作一部纪录片,首先要明确"拍什么"的问题,所谓"拍什么",即纪录片的选题。在策划纪录片选题时,要区分题材和素材两个概念。在《辞海》中,素材是指作家、艺术家从社会生活中摄取出来的,而从未经过提炼和加工的原始材料。而题材则是文艺作品的内容要素之一,即作品中具体描写的,体现主体思想的一定社会及历史的生活事件和生活现象,它来源于社会生活,是作者对生活素材经过选择、集中、加工而成的。而要在万花筒般的生活中选取什么样的题材,通过什么样的渠道获取题材,这些都需要创作者在开始创作纪录片前认真考虑。

（一）选题的来源

要发掘好的纪录片选题，除了创作者自身的发现之外，建立良好的关系网及庞大的信息系统也是非常必要的，具体而言，选题的获得可以通过以下途径。

（1）来自任务安排和群策群力。

（2）来自其他媒介和观众。

（3）来自创作者自己的发现。

(二) 选题的原则

有好的选题就成功了一半，在确定选题时，应遵循以下原则：

1. 新鲜性

最好的选题是新鲜的，是别人没有拍过的人物或事物。有人说纪录片是发现的艺术，发现别人未发现的，拍摄别人未拍摄的世界。新鲜性通常可以从两个方面去理解。

一是选题策划的时候，我们应该着力寻找那些新鲜的、不同寻常的内容。这些内容不仅能够激起观众的好奇心，还可帮助大家开阔眼界。比如，《迁徙的鸟》把镜头对准我们不熟悉的候鸟世界，让我们对候鸟的生活习性有了新的认识，对生命充满了感悟。

二是需要以独特的视角去挖掘平常生活中不同寻常的内容，发现平淡中的不平淡。因为电影电视发展到今天，这个世界上几乎已经没有未被拍过的事物，完全新鲜的很难找到。因此，对于一些我们熟悉的题材，需要采用独特的视角去记录。比如我们之前说到的《幼儿园》，它通过真实的写照，表现了幼儿园小朋友身上一个个生动有趣的小故事。

2. 真实性

纪录片的创作者也必须以追求真实性为创作原则。不论是把纪录片比作

"打造自然的锤子"，还是"观照自然的镜子"，都毫无疑问地说明，在纪录片中，故事的真实性是纪录片的生命，这也是纪录片区别于故事片的根本所在。然而，纪录片给我们展示的又绝不是现实的原貌，创作者拍什么，不拍什么，表现什么，不表现什么，取舍之中已经具有了主观色彩。因此，一部好的纪录片，不仅仅是停留在事物表面的记录，而是能够通过客观事物的深层记录，体现事物本质的真实。有良知的纪录片创作者，所努力追求的正是最大化地接近事物本质的真实。

3. 故事性、趣味性

在电视竞争日趋激烈，娱乐化倾向越来越明显的今天，纪录片要想占有一席市场，离不开故事性、趣味性的选题。不会讲故事，缺乏趣味性是纪录片常见的问题，BBC（英国广播公司）的纪录片之所以能吸引人，原因就在于它的故事性强、趣味性强，这是非常值得借鉴的。在我国，像《走近科学》《探索发现》等栏目，在讲述的过程中，也纷纷采用了故事化的讲述方式，这样能够更好地吸引广大观众的注意力，让几十分钟的节目不至于枯燥。

要想提高纪录片的故事性、趣味性，首先在选题上就要严把关。那些本身就曲折离奇、具备故事性与趣味性的事件，往往更能吸引广大观众，也更容易成为纪录片的选题。

4. 可操作性

就像拍摄电影需要考虑场景、光线、环境、音效等客观因素一样，纪录片的拍摄也要选择好适当的时间、地点以及拍摄方法。对于小说家来讲，他不必太多考虑故事发生的场地，纪录片的创作者却不同，他必须时刻留意情节、人物与场景的关系。如果情节的安排遭到了被拍摄对象的拒绝，或者现场的状况不允许拍摄，那么就要采取另外的方式表达相同的主题。作为一般纪录片的创作者，我们需要考虑这些客观因素对于拍摄的制约及影响，以便选择合适的时机，拍摄出最能体现镜头魅力的影像。

此外，创作团队自身的人力、物力、财力等也在我们需要考虑的范畴之内。一个很好的选题，如果因为编导不能驾驭，不但拍不出好片子，还浪费了一个好选题。对于一些宏大的选题，资金和技术上也应该首先要有所保障。

选题的原则，除了新鲜性、真实性、故事性与趣味性、可操作性之外，有时还需考虑选题的普遍性、信息量等，普遍存在的，信息量多的，更可能成为纪录片的选题。

五、纪录片的叙事策划——故事化

故事是人类最基本的娱乐方式，广大观众对故事有一种天然的喜好。人们爱听故事，也爱讲故事。现代汉语词典对故事是这样定义的："真实的或者虚构的用作讲述对象的事情，有连贯性，富吸引力，能感染人。"故事是由一个个矛盾构成的，纪录片在策划选题时，可以考虑故事性较强的选题，看所拍摄的题材中有没有矛盾，能不能形成矛盾，在拍摄中是否可以拍到矛盾或有故事化因素的情节和细节。此外，在后期的制作中，还可以采用故事化的叙述方式，使用设置悬念、人物铺垫、加快节奏等故事片的创作手法，加强纪录片的故事化创作。

具体来讲，纪录片的故事化创作有几种不同形态：(1)采用画面语言直接叙述故事；(2)在后期制作时对画面进行故事化剪辑；(3)讲述故事的同时兼有画面接应；(4)用话筒采访故事，再配上相应的画面；(5)用解说词直接叙述故事。在纪录片的创作过程中，不管使用以上哪一种形式，纪录片都应该是供人观赏以及沟通的艺术品，而艺术品的主要价值就是好看，所以为了做到好看，采用故事化的创作方法就非常有必要。事实上，我们今天看到的很多纪录片中，都已经大大加强了节目的故事性。例如，像纪录片《毛毛告状》《伴》等，不仅有故事、矛盾，还有人物之间的冲突。

（一）故事的主题

主题是一个故事的中心思想，就像我们写文章，需要有一个中心思想一样，好的纪录片主题，能够引发观众的共鸣，就像我们看《幼儿园》的时候，会觉得这些事情不仅仅发生在小孩身上，我们大人身边何尝又不是每天都在上演这样的一些故事呢？

故事的主题决定纪录片的方向。在所拍摄的事物中，什么让人最好奇，故事中最有趣的地方在哪里，从这个故事中我们可以知道哪些以前未知的东西，这些就可以作为重点表现的主题。比如，美国探索发现频道的选题都是"人类已经感兴趣，但还弄不清楚的内容，是现实生活中曾经存在的或有待证实的事情。选题大体上可分为三类，分别是自然现象、历史文化、人类自身，如《驯鹿返乡》《伊斯坦堡传奇》《认识两性》等节目"。总之，纪录片在策划选题时应注重故事化。

（二）故事的结构

结构是将素材进行排列组合的方式，不同的结构会产生不同的叙事效果。比如，《生活空间》曾播出过一部短纪录片《姐姐》，之前编导准备将拍摄回来的素材剪辑成一部反映先进警察人物的纪录片。后来，栏目制片人发现如果这些素材重新组合，可以形成一个反映儿童的纪录片，会比之前的效果更好，于是才有了《姐姐》的出现。

纪录片常见的结构有线型结构和版块式结构。

线型结构最主要的特点就是整个影片有一条或多条线贯穿，根据这一特点，又可以把线型结构分为单线结构和复线结构。单线结构指整个影片只有一条线索贯穿，所有的问题都是围绕着这条线去进行的，如《最后的山神》，和线索内容相关的则拍，反之则舍弃。复线结构则不仅仅是一条线索，往往是两条或者多条线索贯穿全片，这些线索可以是平行的，也可能是会出现交集的，如《沙与海》就是典型的两条线平行的结构。

但是在实际操作中，并不是所有的纪录片都有一条线，如一些主题先行的纪录片，从头到尾基本上都是解说词，因此拍摄的素材往往缺少内在的逻辑性，成了论证主题的工具，像这种没有合理的主线存在的情况，就只有采用另外一种结构——版块式的结构。所谓版块式的结构，就是按照人物、时间、地点或主题，将不同的内容分成不同的部分，各部分之间可以毫无联系，也可以有起承转合的一种结构方式。如《舌尖上的中国》，每一集都是一个相对独立的版块，分别是"自然的馈赠""主食的故事""转化的灵感""时间的味道""厨房的秘密""五味的调和""我们的田野"等，各部分虽然都是围绕着美食去叙述的，但是各部分又相对独立，关系不大。

（三）悬念的设置

设置悬念是故事化叙述方式的重要手段。所谓悬念，《现代汉语词典》是这样解释的："欣赏戏剧、电影或其他文艺作品时，对故事发展和人物命运的关切心情。"也有观点认为，悬念就是戏剧性故事的讲述者运用更有诱惑力的技巧来吊你的胃口的一种方式……

纪录片在真实记录的基础上，其叙事方式与故事片没有多大区别，比如，像悬念、细节、铺垫、重复、高潮等，这些不仅仅是故事片的专利，纪录片同样也可以用。从现实情况看来，打击犯罪的纪录片收视率会高于普通纪录片，如《中华之剑》《潜伏行动》等之所以曾经引起过收视高潮，主要就是因为画面故事中的未知元素对观众构成了视觉悬念。

具体来讲，纪录片悬念的设置可分为结构性悬念、兴奋性悬念、冲突性悬念和抑制性悬念等。

结构性悬念是贯穿节目始终的总体悬念，是大悬念，其主要作用在于构建节目的整体框架，突出节目的总体构思，揭示作品的主题和思想内涵。比如，《探索发现》栏目的一期节目《山村古墓之墓主之谜》，整期节目都围绕着墓主是谁这样一个悬念展开。

兴奋性悬念通常是小悬念，诸多的小悬念在节目中起到铺垫故事情节，烘托人物形象，提高观众收视兴趣的作用。比如，纪录片《列国图志——中国》，挑选了不同领域具有代表性的小人物，不断地设置小悬念，其中有12岁的小女孩金杨是否能够成功突围选拔进入国家体操队，从而出征2008年北京奥运会；在上海从事高空窗户清洁工作的宋峰，能否圆他的梦想买一辆车；整容能否为城市女青年伊丽莎的工作以及生活带来好的转变等。纪录片中类似这样的悬念设置让观众不断发现问题，然后又不断解决问题，能够持续地吸引观众的注意力。

冲突性悬念是指把故事的全部、局部或某种迹象与征兆向观众作预先提示，或通过对游戏规则的操作，去加剧人物冲突，增强故事的曲折性，使观众随收视对象的命运、遭遇而悲喜交加、紧张、焦虑。

抑制性悬念是指抓住观众急于获知内情的迫切心理，故意放慢叙事节奏，延缓时间进程的一种悬念表现方式。如中央电视台的《走近科学》栏目，就经常使用这样的悬念手法，像在《牛下了蛋》这期节目中，本来直接把蛋剖开检查就可以知晓结果，但是栏目编导并没有这样做，而是先对蛋进行生理结构推测、仪器检测等，排除层层疑惑后，才从最为关键的地方入手，延缓了观众知晓结果的速度。

（四）细节刻画

纪录片的细节是指纪录片中能够集中反映事物本质特征，揭示作品内涵或激发观众兴趣的"特写"。它往往是整个纪录片的闪光点，纪录片不一定有情节，但应该有细节，有了细节，可以让影片的主题得到升华，并且形成更为生动的形象。这种细节是创作者从现实生活中抓取出来的，是依靠"挑""等""抢"的技巧拍摄下来的，而不是由编导臆造后让人表演出来的。

1. 细节激发情感

一部优秀的纪录片会有多个鲜活的细节，同时这些细节能够深深地吸引并感染观众。如日本获国际大奖的《小鸭子》里，编导从公园里野鸭群中捕捉到了最小最弱的一只，并用两个细节紧扣住观众的心弦：第一个细节是当鸭群纷纷离开池塘的时候，只剩下最小的一只在那里，它几次想跳过最后一个石阶，却都没有成功，但是它并不灰心，一直在那里跳，终于跳了十几次后成功了。第二个细节是当鸭群长大，欲离开公园的时候，所有的小鸭子都张开翅膀冲向云霄，只有那只最小的鸭子试飞了一次又一次，失败了一回又一回，直至第八次才成功地升空与伙伴们会合。观众在看这些细节的时候绷紧了神经，这些细节给观众的心灵造成巨大的冲击与洗礼。纪录片之美在于它蕴含着深刻的哲理，这些哲理隐含在平凡的生活细节中，需要观众自己去感受、领悟。

2. 细节刻画人物

在文学创作中，细节描写对刻画人物至关重要，在纪录片中也是如此。试想纪录片如果没有细节，会让人觉得很空洞。为了揭示人物复杂多变的内心世界，传达各种情感和思想，反映人物的特征，可以通过特写，细微表情和眼神的变化来表现，细节是进入人物内心世界的窗口。

3. 细节具有强调作用

通过特写镜头反复表现的细节具有强调作用。它能抓住人们的视线，紧扣住人们的心弦。纪录片《神奇的非洲三角洲》中有个细节：非洲草原上金钱豹在伺机准备猎取羚羊时，镜头反复地从不同角度记录金钱豹进攻前的"准备"工作，它伏在草丛中慢慢地挪动身体，眼睛死死地盯住羚羊，就在羚羊放松警惕低头吃草的时候，金钱豹发动了袭击……这一细节的刻画让人印象非常深刻，它强调即便是动物，为了生存也要用智慧，人类又何尝不是这样呢？当金钱豹吃饱之后，欲望得到了满足，它没有再次发起攻击而选择了休憩。同样是作为动物的人，其欲望有得到满足的时候吗？因此我们说："纪录片是一面镜子，从镜子中，我们理解了人类自身的处境和状态。"

（五）以人为中心

纪录片是以真实生活为创作素材，以真人真事为表现对象，以展现真实为本质，并对其进行艺术加工与展现，用真实引发人们思考的艺术形式。纪录片的这一特性决定了它必须以人为本，以人为中心。古希腊哲学家普罗泰戈拉提出："人是万物的尺度，是存在的事物的尺度，也是不存在的事物不存在的尺度。"春秋时期齐国名相管仲在《管子·霸言》篇中说："夫霸王之所始也，以人为本。本理则国固，本乱则国危。"人是纪录片一个永恒的话题。人的思想、人的情感、人的行为、人的真善美、人的假丑恶等，都可以成为纪录片的内容，这也是电视观众渴求看到的主题。

首先，纪录片创作者在题材选取阶段就应该树立以人为本的意识。纪录片的题材内容非常广泛，国内纪录片选题大多集中在记录普通人、抒发人性和人道主义情感的内容上，取材面相对比较窄。而国外的纪录片中，植物、动物、人物、科教、历史、风俗、采风、人物传记、社会问题等都可作为选题。但是，不管纪录片选材范围窄或宽，更为重要的是都应该树立人文关怀意识，也就是说，应将对人、人性以及人民生活福祉的关切融入纪录片的主题中来，在客观记录的同时要折射出以人为本的意识。如纪录片《壁画后面的故事》，主人公陶先勇是一名癌症患者，他的老师刘玉安一直帮助他和死亡抗争。虽然刘玉安做了他所能做的一切，但是最终还是没能挽救陶先勇的生命，刘玉安再次经历了生命被破坏的情感体验，他在壁画上记录了一个生命抗争的过程，拓展出"生命即美"的哲学层次。在这样一些优秀作品中，虽然没有什么深邃的哲学语言，但是片中所记录的人的心灵、人的内心世界和人文关怀，往往给观众以启迪，历久弥新的。还有在其他一些非人物类的纪录片中，像《再说长江》《舌尖上的中国》等，虽然是介绍国家地理、美食的影片，但在其中无不是以人的故事贯穿下去的，长江两岸的人，做美食的人，通过这些人的故事来有力地表现主题，反之，如果少了这些人，整个影片只说长江、美食，势必会让观众觉得缺少了人情味儿和共鸣感。

其次，在选择中心人物时，需要遵循一些原则，要选择引人注目的中心人物。在一部纪录片中，要表现一个主题，会出现多个适合表现这个主题的人，那我们究竟选择谁作为整部影片的主要人物，这是我们接下来要讨论的问题。具体而言，中心人物在选择的时候，应该具备这样三个特点：第一，有典型性；第二，有个性；第三，表达能力强。纵观很多纪录片中的主要人物，无不具备这几个特点。如《再说长江》中《告别家园》这一集的中心人物冉应福，首先，他是千千万万三峡移民中的一员，他有这些移民身上共有的一些特点，具备典型性；其次，他是这个村子里驾驶技术最好的船长，个性坚韧、有魄力，在他身上具有"家国"情怀；最后，冉应福语言幽默，敢于表达真实的自我，在谈到自己要迁徙去安徽居住时，他准备在新家贴一副对联，上联是"满清兵乱填山川"，下联是"中华建设移平原"，横批是"反正爱国"。

项目实践

实践项目一

项目名称：纪录片的策划文案的撰写。

实践目的：了解纪录片的策划流程。

实训条件：多媒体视听教室、投影仪、网络。

实践要求：对节目具体内容、结构、形式等进行考虑。具体而言，包括根据选题确定具体内容，节目各部分的结构安排、表现手法、拍摄方法、剪辑风格、电视手段的运用等。

实训步骤：包括目的意义、节目内容、节目定位、节目形式、人员设置、时间进度、经费预算等。

项目实践结论：在写作策划案时，应做到简明扼要、形象生动、条理清晰、逻辑性强，具有可操作性。

> **实践项目二**
>
> **项目名称**：纪录片的拍摄制作。
>
> **实践目的**：通过一部纪录片的拍摄制作，使学生掌握纪录片制作的基本流程，同时检验纪录片策划方案的科学性和可行性。
>
> **实践要求**：节目的拍摄制作应严格按照构思创作、现场录制、编辑混录等流程进行，节目组学生按照制片人、编导、摄像、主持人、嘉宾、后期编辑等岗位进行分工，共同完成一期节目的制作。
>
> **项目实践结论**：要求作品具有完整性，从片头、节目内容、字幕到片尾一气呵成，能系统地体现节目策划的基本框架。

思考题

1. 什么是纪录片策划？

2. 纪录片的策划要点是什么？

3. 选择一档你所熟悉的纪录片进行阐述，并对该剧的主要人物进行评析。

4. 纪录片如何讲好故事？

经典节目案例分享 ◀◀◀

高空俯瞰，你竟如此之美

——纪录片《航拍中国》（第一季）赏析

"你见过什么样的中国，是960万平方公里的辽阔，还是300万平方公里的澎湃……像鸟儿一样，离开地面，冲上云霄，结果超乎你的想象……"《航拍中国》的开端出人意料：设问加比喻，引起观众好奇心；主观视角的镜头加上快节奏的剪辑给人以强烈的代入感；"哒哒哒……"的飞机声和充满激情的解说鼓动着人们出发的心，"前往平时无法到达的地方，看见专属高空的奇观……"就这样，《航拍中国》（第一季）给了观众一段前所未有的极致体验。

一、高空俯瞰，处处令人惊艳

《航拍中国》（第一季）选择了6个省（市）：新疆、海南、黑龙江、陕西、江西、上海，一集一地展现了中国东南西北中截然不同的地形地貌、气候环境、自然生态，以空中视角俯瞰中国，立体化展示中国的历史人文、地理风貌及社会形态，画面奇美辽阔，时时令人惊艳。

第一集，新疆巴音布鲁克草原上的开都河全长500公里，拥有弯道一万多处，太阳落山时，只要找准最佳观赏点，人们甚至能同时看到9个太阳的倒影；安集海大峡谷色彩丰富，河流将不同的砂岩和泥岩冲刷溶解，形成了一幅大地抽象画；伊犁河谷的杏花、薰衣草创造了"塞上江南"的风景；特克斯县城从空中俯瞰，竟然是一幅八卦图的结构……

第二集，海南岛虽是海岛，许多年前却是火山活跃之地，如今许多洞口已被层层植被覆盖；海南东部有一条绵延15公里的"椰海长廊"，生长着两百万棵椰树；蜈支洲岛上玩海的方法层出不穷，玩家们在海面上随心所欲的运动轨迹竟然是一幅幅美丽的图案；永乐群岛的蓝洞，从高空看仿佛大海的瞳孔，

这是历经亿万年形成的自然奇观……

第三集，黑龙江的雾凇奇观是水蒸气遇冷形成冰凌，聚集在树枝表面形成的，库尔滨有长达四个月的雾凇期。黄昏时节，温暖的霞光洒在雾凇上，画面如梦如幻；冰雪大世界美得仿佛是另一个时空，特别是在夜晚，多彩的灯光营造出迥异于现实的童话世界；冬天的镜泊湖，水流冻结在崖壁上，形成"冰瀑奇观"……

画面唯美的纪录片并不少见，《航拍中国》更加出色，以高空俯瞰的独特视角创造了"每一帧都是壁纸"的效果。

二、关注各地风俗和野生动物，趣味频出

《航拍中国》不仅拍摄了大量自然地貌，也拍摄了许多民俗，增加了作品的人文气息和趣味性。

第五集记录了江西的许多传统年俗：正月十五，秋溪村每家每户一人带一条板凳、两三个灯笼，连接成板凳龙，队伍越长说明村庄人丁越兴旺。有些地方的板凳龙要在祠堂三进三出，按照老人的说法，舞龙跌倒的人在新一年会交上好运；桥帮灯则是专门用来庆祝添丁增口之喜的，头灯追尾灯，尾灯极力躲闪，最终头灯追上尾灯，寓意无论经过怎样的曲折，都能迎来圆满的结局。

年俗之外还有农俗：九月，篁岭迎来"晒秋"，晒匾里的粮食搭配出各种图案和文字，构成一道美丽的风景；江西各地普遍栽种樟树，过去谁家生了女儿就在房前屋后种上一棵樟树陪女儿长大，等女儿出嫁时，用这棵樟树打制箱子，作为嫁妆。

民俗中最令人印象深刻的是正月十六的"搜傩"，人山人海，热闹神秘，傩班弟子身穿彩衣，戴着面具扮演钟馗，前往各家捉鬼降妖。

对野生动物的关注是《航拍中国》中另一重要内容，《航拍中国·江西》这一集拍到了非常少见的野生鸳鸯。此外，还让观众看到了一种酷似熊猫的鸟，

面对飞行器，它们毫不怯场，频频点头，不断卖萌。

《航拍中国·海南》这一集中描绘了猕猴的生活，中午时分，猕猴们纷纷下水避暑，猴王担负起教练职责。它只在岸上观望，却从不下水，即使有猕猴上岸拉它下水，它也会强行摆脱……

《航拍中国·黑龙江》则介绍了小兴安岭的梅花鹿和哈尔滨虎园的东北虎。梅花鹿身上的斑点是保护色，在树林中，它只要静止不动就不容易被发现；东北虎的"野化"训练令人关注，一只东北虎跟随飞行器快速奔跑，双爪扑向镜头，令观众充分感受到它们的"野性"正在逐渐恢复。

《航拍中国·上海》介绍了"上海野生动物园"：袋鼠、狐獴、麦哲伦企鹅、火烈鸟、熊家族……最可爱的是狐獴，害羞又好奇地盯着飞行器。

三、后期剪辑中多处运用极快的运动镜头，产生了特殊效果

这部纪录片的大部分画面处于缓慢的运动中，仿佛带领观众乘坐飞机俯瞰大地山河，特别是介绍绵延的山脉时，感觉尤为突出。介绍地面风景时，节奏往往有所加快。另外，还有些地方运用了快如闪电的运动镜头。

《航拍中国·新疆》从魔鬼城到克拉玛依油田的转场时运用了极快的镜头，起到了转换场景的作用。另外，说到塔克拉玛干沙漠、胡杨林、罗布泊、楼兰古城等处都使用了极快的镜头，起到了在单一节奏中调节视觉的效果。

《航拍中国·山西》说到明长城时，镜头有所加快，并且三次使用极快的运动镜头，给人以视觉冲击。

《航拍中国·陕西》介绍榆林市莲花汕时，解说为"不动声色的风光之下掩藏着严酷的生存考验"，语言中暗藏悬念。然后，画面由俯角远景极快地转为平角推镜头，似乎是让观众从正面仔细端详山峰，解说继续："这种颜色鲜艳的岩层叫作砒砂岩"，再一个极快运动镜头转为特写，"它们极其贫瘠，就像剧毒的砒霜……"这两个极快运动镜头创造了一种恐怖气氛。

《航拍中国·海南》说到环岛高铁时，镜头跟随奔驰的火车运动，速度较快。在火车经过隧道时，运用闪电般的运动镜头由隧道的进口到达出口，渲染了高铁的速度感。

四、背景音乐紧密配合内容，起到了多种作用

《航拍中国》不同于一般的纪录片，没有同期声采访，许多潜台词由音乐负责传达。

《航拍中国·新疆》在介绍乌鲁木齐的"国际大巴扎"（集市）时，音乐欢快浪漫，富有异域风情，传达了乌鲁木齐既民族又国际的独特风格。

《航拍中国·海南》说到大洲岛的沉船时，解说为："海南岛是海上丝绸之路的重要补给站，在它漫长的海岸线上曾经有过不少像大洲岛这样的停靠站，沉没在大洲岛附近的古船是那段岁月留下的标本，南海之下还沉睡着许多比它还要大的船只，它们曾经是这片海域上勇敢的开拓者。"伴随这段解说的是一段清远悠长的背景音乐，似乎在传递历史的悠远，引发人们的无限想象。解说结束后，音乐继续不断，给人言之不尽，回味无穷之感。

在谈及历史时，片中没有使用常见的"情景再现"手法，也没有使用"专家介绍"的方式，主要依靠解说词陈述、音乐传情的方式。

《航拍中国·黑龙江》这一集说到雪乡时，画面极具童话感，背景音乐轻松活泼，散发着小清新的舒适气息，完全消除了冰雪带来的寒冷感，和画面一起营造了浪漫温馨的氛围。

《航拍中国》（第一季）豆瓣评分9.2，可见其质量之高，特别是惊艳的画面令人赞叹。但笔者认为该片在内容方面稍显散乱，虽然有飞机航线作为叙述线索，保证了条理清晰，但整体缺少鲜明主题，有面面俱到却不知所云之嫌。有网友评价其"太过走马观花，解说没有深度"。

学习单元八
电视广告策划

学习目标

1.电视广告策划的界定与作用

2.电视广告的特性

3.电视广告的定位

4.电视广告策划的工作程序

案例学习与分析 ◀◀◀

德芙巧克力案例分析

　　德芙是目前中国的巧克力第一品牌，它不仅代表着巧克力的"黄金标准"，德芙的丝滑香浓也成了新时代女性的情感代言出口。这部2008年拍摄制作的德芙橱窗篇的影视广告片反映的是在一个复古的英伦风街道上，一位身着小

礼服的年轻女人走到商店的橱窗口，看着镜子里的自己，想象着自己佩戴橱窗里面的帽子的样子。

2013年，德芙推出了一支由奥黛丽·赫本"主演"的广告片，该广告片一经推出，就在社交网站上被人们疯转。

广告片借用了奥黛丽·赫本的经典电影作品《罗马假日》的故事情节。德芙的广告制作人花了一年的时间寻找奥黛丽·赫本的生前资料并制作了这则广告，我们知道，德芙的广告更新换代是很快的，德芙曾经找了许多当红女明星来代言，但是奥黛丽·赫本这个广告真的让人印象非常深刻。这则广告片主旋律依然是浪漫的爱情，但是人工合成技术的完美运用，使得整个广告片有种经典大片的即视感。

一、电视广告创意表现分析

德芙在不同时期推出的电视广告片秉承了其一贯的理念，温暖的画面，甜蜜的爱情场景，年轻女性细腻的举动，给消费者传递出一种良好的消费讯号，极大地刺激了消费者的欲望。其广告创意主要体现在以下几个方面：

（一）朗朗上口的广告语

广告语基于长远的销售利益，向消费者传达一种长期不变的观念。而在这则德芙广告中，主要的广告语依然是德芙长期使用的"此刻尽丝滑"，它使用了"类比联想"手法将丝绸的质地与巧克力的纯正口味进行类比，使消费者在观看广告的同时展开想象，增强了广告的深度和广度，让消费者通过视觉感受到了巧克力的美味，加深了购买欲望。总的来说，这则广告的广告语表现出以下特点：

首先，广告语表达出单一明确的观念信息，在橱窗篇、明信片篇的德芙电视广告片中，我们可以看到的产品是单条散装德芙，广告片中都是以年轻女性为主角，主打女性的浪漫及富有想象力的气质，广告语为"此刻尽丝滑"。广告语围绕消费主体和目标群体设定并且根据不同的宣传角度而变化，但是始终要围绕着产品特征。

其次，广告语为简短有力的口号性语句，而每一个部分的广告语都简短有力，让人能够快速记忆，便于重复和流传，"此刻尽丝滑"不仅表现了产品的特征，还能增强观众对广告的理解力，引导受众注意产品，从而产生产品联想，有效地传播了产品的观念。

（二）引人入胜的广告情节

在这则广告之中，情节性的表现手法是整个广告的一大亮点，现在的电视广告不仅数量多，而且同类型产品间的广告竞争也十分激烈，如果广告平淡无奇，不能引起消费者的注意，那么就不能有效地进行宣传。而德芙广告首先在角色设置上就抓住了观众的眼球，橱窗篇中的短发女孩经过珠宝橱窗戴项链的一幕，相信会引起许多爱美女性的共鸣，店员并没有轻视女主，随着她们会心一笑广告显得温暖而富有人情味，总的来说，情节在广告中发挥着重大作用，"它使人们在引人入胜的情节中，认知、感受产品，接受广告意向。"

（三）度身订造的画面感

广告中的画面表现也是吸引观众注意的另一个方面，具体体现在：明信片篇中画面的色彩吸引了受众的注意力。在这则广告中，女高中生从房间、街道、彩色的气球，到天马行空的想象中的空间，这些环境色彩赋予了德芙巧克力对观众传递的浪漫温情以及营造出无限的想象空间。赫本篇的画面则是罗马假日老电影中的那种经典怀旧气息，由虚拟技术设计的赫本代言在视觉上本身就是一种经典，强化了受众对德芙巧克力的理解和记忆，当然所有的德芙广告中最特别也是持久不变的一个画面是广告最后的品牌标识亮相，特别是丝绸般的巧克力一同划过画面，刺激着受众的听觉和视觉，使受众产生了持久的联想和记忆。

（四）长期持久一致的主题

不管是2008年的"橱窗篇"还是2009年的明信片篇，抑或是2013年的赫本篇，德芙的广告都在尝试从情感上贴近、亲近消费者；在主题选择上，德芙一直坚持"甜蜜爱情"这个文化核心，同时向理性诉求方面倾斜。

二、德芙电视广告的成功经验

通过大家熟悉的生活场景来表现产品给人们的生活带来的享受，使观众产生共鸣，产生购买欲。

坚持持续一致的宣传理念。广告的宣传主题要突出，不能面面俱到，否则就会模糊受众的视线和观念，在德芙的这几则广告中，一直延续了将年轻人作为广告诉求的对象这一目标，广告的主题宣传理念来源于实际，创意思想来源于生活，立意单纯，主旨集中统一，才会有更强的说服力。

注重关注消费者的情感诉求。德芙广告利用关于爱情的主题很好地满足了观众的情感诉求，让消费者产生了情感上的共鸣，广告的情感诉求很大程度上让消费者满足了其情感上的需要，广告制作者若是通过极富人情味的诉求方式来表现广告，则能激发消费者的情绪，满足其自尊、自信的需要，使之萌发购买动机，产生购买行为。

注意广告细节上的精雕细琢。通过精心设计的广告主题和布景、合适的配乐、独具匠心的画面及色彩的搭配等，通过视觉表现直接刺激消费者，引人注目的同时提升品牌质感，让产品宣传更具竞争力。

三、电视广告片的创意意义

在广告的表现中，创意是灵魂，它具有感染力，具有说服力，也是让消费者产生消费欲望的主要动力，它能转移消费者的注意力，感染消费者的情绪，使其改变对商品原有的看法，提高认知能力，最后激发消费者去购买、去接受广告所推销的商品或服务。一则广告作品要称得上优秀，就要在它的表达方式上创造性地运用各种手法，采用新颖而独特的表达形式，使人们感觉到新奇，心灵为之一震。唯有如此，广告作品才能在消除人们长期以来的审美疲劳的同时，激发起了人们的购买欲、占有欲，广告的效果就达到了。优秀的创意策略能造就一个品牌，同样能让品牌在竞争中轻松胜出。

基本知识点 ◀◀◀

一、电视广告策划的界定与作用

电视广告的信息容量受到极大限制，电视广告的视听语言必须简洁，同一时刻传递的信息可以是多元的。经典的电视广告不会错综复杂，不会让观众做许多头脑体操，欲使受众记住你的产品，就必须意念单一，单一并非简单，要做到"意料之外又在情理之中"，电视广告在极其短暂的时间里，展示了极其巨大的想象力与创造力。不断发展的电视广告，凝聚了创作者的智慧，从某种意义上来说，电视广告策划，其实也是一项最富有挑战性的智力博弈。一个合格的电视广告策划者，应当具有丰富全面的理论素养、敏锐的判断力、丰富的想象力、较强的组织运作整合能力，同时也应是对电视媒体运用的各个层次、环节拥有广泛的知识储备，并能根据电视媒体运作规律乃至社会经济、政治、文化的变动善于灵活变通的人，应是具有开阔的视野和创造性思维的人。

（一）电视广告策划的界定

电视广告策划，顾名思义，是对电视广告的策划，具体而言是指广告人通过周密的市场调查和系统分析，利用已经掌握的知识、情报和手段，借助特定的电视媒体信息、素材和表现手段，为实现广告的目的、目标而提供的创意、思路、方法与对策。

电视广告策划具有两方面的特征，一是事前的行为，二是行为本身具有全局性。因而，电视广告策划是对电视广告活动所进行的事前性和全局性的筹划与打算。

电视广告策划在整个电视广告活动中处于指导地位，贯穿于电视广告活动的各个阶段，涉及电视广告活动的各个方面。电视广告策划的重点一般集中在两个部分——电视广告制作的策划和电视广告发布的策划。整个策划过程可分三个阶段进行：

第一阶段，策划准备阶段，主要解决电视广告的定位问题；

第二阶段，策划创意阶段，主要解决电视广告的创意及表现方式的问题；

第三阶段，策划实施阶段，主要解决电视广告制作和发布的操作问题。

作为一种商业行为的电视广告，具有极强的目的性和功利性。因此电视广告策划是一种目的性和针对性非常强的策划，就是说要做到"有的放矢"。这个"的"是什么？这个"靶子"在哪里？在策划前首先要考虑好。

从某种意义上讲，电视广告策划生产的不是物质产品，而是一种科学化的知识成果。它对企业具有不同程度的增值作用。在电视广告策划活动中，人是策划的主体。由于电视广告策划活动是众多学科知识渗透交叉的产物，必须充分发挥集体智慧的作用。因此，一个企业要想进行成功的电视广告宣传，就必须依靠素质全面的电视广告策划人。电视广告策划人的思维特征包含着感性、理性及艺术性。由于电视是多符号的、立体信息场的传播，所以电视广告人的思维特征是立体信息的场性思维，电视广告人运用创造性的思维方法进行广告创意。

电视广告策划一般会委托拥有专业人才的广告公司运作。广告公司围绕广告主委托的任务，以取得最好的经济效益和社会效益为目标进行电视广告策划，制定出一个与市场情况、产品情况、消费者群体相适应的科学的电视广告策划方案。方案一得到广告客户认可，即可成为未来电视广告活动的蓝图。

（二）电视广告策划的作用

电视广告策划是整个电视广告过程的核心和灵魂，对广告运作具有指导性和决定性的作用。任何成功的电视广告运作，都需要预先精心策划，尽最大可能使电视广告"准确、独特、及时、有效、经济"地传播信息，以刺激需求，引导消费，促进销售，开拓市场。电视广告策划的优劣，是决定广告运作成败的关键。任何一个电视广告运作，首先都要明确广告为什么目的而做，要达到什么目标，应该如何预算，怎样做，向谁做，何时何地以何种方式做，如何测定效果等，这些基本的原则和策略都要通过电视广告策划来确定。

1. 保证广告活动的目标性

广告方案是按照目标制定的。它运用科学的方法，集中丰富的经验，事先将各项活动都做了安排。各项活动又紧紧围绕最终的总体目标而展开，具有共同的指向性。在进行广告策划时，要按既定广告方针保证广告活动有条不紊地进行，使广告活动符合客观实际，有效地避免广告活动的盲目性。

2. 保证广告活动的计划性

在广告活动的初期，广告只是一种临时性的促销工具，广告活动比较分散、零乱，缺乏系统、长远的规划。随着广告活动的日益增多，广告活动的范围、规模和经费投入日渐增大，所使用的工具、手段也日渐复杂。广告不再是简单的购买一个播放时间和刊登版面的机械劳动，而发展成为一个极为复杂的系统工程。因此，现代意义上的广告活动，必须具有高度的计划性，必须预先设计好广告资金的数额和分配比例、广告推出时机、广告媒体的选择与搭配、广告口号的设计与使用、广告推出方式的选择，等等，而这一切都必须通过策划来保证和实现。通过科学的策划，一可以选择并确定广告目标和诉求对象，使整个活动目的明确、对象具体，防止出现盲目性。二可以有比较地选择广告媒体和最有效的推出方式。三可以有计划地安排广告活动的进程和次序，合理地分配和使用广告经费，争取最好的广告效益。总之，通过广告策划可以保证广告活动自始至终有条不紊地进行。

3. 保证广告活动的连续性

促进产品的销售，塑造名牌企业和名牌产品形象，这是广告的根本目的。而要达到这一目的，并非一朝一夕之事，仅仅通过一两次广告活动是不能解决问题的，必须通过长期不懈的努力和持之以恒的追求，逐步累积广告效果，才能实现广告的最终目标。

过去，广告主的广告活动往往是"临时抱佛脚"。当产品滞销、市场疲软和竞争激烈时，广告主便向市场投放"广告"这颗炸弹；一旦打开市场，便偃旗息鼓，坐享渔利。这样的广告活动，由于缺乏精心筹划，很难保持广告活动的连续性，也很难累积广告效果。而通过广告策划，既可以总结和评价以前的广告活动，保证广告活动不间断、有计划、有步骤地推出，又可以在此基础上，设计出形式新颖独特，内容与主题与以前的广告活动有机联系的广告活动方案，从而在各个方面确保广告活动在效果上的一致性和连续性。

4. 保证广告活动的创造性

创造性地开展广告活动，使每一次广告活动都能像子弹一样击中消费者，使之产生相应的购买行为，可以说，这是每一个广告活动所追求的目标。广告人员的创造性是保证达成此目标的关键所在。通过广告策划，可以把各个层次、各个领域的创意高手聚集起来，利用集体的智慧，集思广益，取长补短，激发创意，从而保证广告活动的各个环节都充满创意。

5.保证广告活动的竞争性

通过广告策划能够发现企业的优势和劣势，企业可以采取恰当的广告策略，从而提高市场竞争力。在进行广告策划时，要仔细分析竞争对手状况，知道在什么条件下可以与对手竞争，什么条件下不能与对手竞争。经过广告策划，可使广告产品扬长避短，使其长处得到充分的宣扬，避开竞争对手的锋芒，化劣势为优势。从某种意义上说，市场竞争就是策划的竞争。谁的策划更高明，谁就能赢得市场，在市场竞争中立于不败之地。

6.保证广告活动的最佳效果

广告策划将企业的长远计划和短期计划相衔接，使广告活动的重点更为突出。在策划中根据产品生命周期的不同阶段，采用不同的广告战略，兼顾眼前目标与长远利益，可以使整个广告活动的宣传效果更为显著。因为市场竞争最重要的原则就是效益第一，广告主投资广告最直接的目的就是追求广告效果。欲达此目的，必须经过系统周密的广告策划。

通过广告策划，可以使广告活动自觉地沿着一条更简捷、更顺利、更迅速的途径运动，可以自觉地使广告内容的特性表现得更强烈、更鲜明、更突出，也可以自觉地使广告功能发挥得更充分、更完全、更彻底，从而降低成本、减少损耗、节约广告费用，形成广告规模效应和累积效应，确保以最少的投入获得最大的经济效益、社会效益、近期效益和长远效益。

二、电视广告的特性

电视广告是采用电视的艺术表现方式向目标受众传递广告信息的一种广告形式，视听兼备，声画合一。电视媒体所独有的个性，赋予了电视广告区别于其他广告形式的特性。

（一）传播符号综合性

与其他广告形式相比，电视广告所使用的传播符号要多得多，它是视觉符号与听觉符号、语言符号与非语言符号的一种兼容与综合。心理学的实验结果证明，用视听觉手段传递信息给人留下的记忆效果，要比只用视觉手段传递信息的效果高三倍以上。用音像传递信息，具体写实、表现丰富、感染力强。据分析，一般在两个人的会话中，语言所表达的意义平均不到该环境的社会意义的35%，有65%的社会意义是用非语言符号传递的。也就是说，非语言符号所传递的信息，比语言符号传递的信息要丰富、感人、准确。电视广告中非语言符号的成分占的比重较大，便于表现广告信息的质感，并且能营造一种情境，对受众有强烈的感染力和诱导性。这也决定了电视广告虽画面丰富，但广告语却短小精悍。

（二）传播范围广泛性

电视广告的传播范围相当广泛。从理论上讲，只要通过卫星进行电视广告传播，世界上90%的人都有可能看到播出的广告。我国是发展中国家，文化生活和娱乐活动尚不够丰富，致使电视节目备受欢迎，电视是每个家庭的必需品。据调查，在每天可以收看电视节目的公众中，大约有90%的人一天要看一次以上电视，每天的平均收看时间超过三小时。

（三）信息传播强制性

绝大多数观众看电视的目的不是为了看广告。大多数情形下，观众极不想看广告，甚至讨厌广告。电视广告对观众是一种强制性的灌输。由于电视是时间与空间的艺术形式，既然是时间的，它的存在就具有顺序性和不可逆转性。这一点，任何人的意志都无法改变。观众在收看电视节目时，就不得不被动、不情愿地收看该节目前后和中间插播的广告。这就不像其他广告形式，观众可以自主选择，想看就看，不想看可以撇开。电视广告以插播的方式播出，经常打断电视观众的收看情绪，易使观众产生逆反心理。电视观众被迫接受广告信息时，收看节目越受到影响，产生的逆反心理就越强烈。针对电视广告播出的这一劣势，为保证广告信息较高的到达率，应该做到插播的电视广告总长度尽量不超过节目规定的时间比例，以减少其负面效应。

（四）传播效果的实效性与瞬时性

由于电视广告以光速传播，令其具备了很强的时效性，各种信息通过电视台迅速传播，让公众立即知晓，而且还可以使受众几乎在同一瞬间知晓。

由于电视广告在传播中是以时间为结构的，所以具有瞬时性。无论看清看不清，听懂听不懂，你都无法再看再听，不像其他纯视觉的广告，如报刊广告、摄影广告、路牌广告等，可以反复看，直到看清为止。电视广告在观众面前稍纵即逝，一闪而过。尽管绝大多数电视广告都会重复播放，但也会受到广告经费与广告预算的限制，这决定了其传递的信息必须单一、简洁。

（五）传播相对成本较高

电视广告成本在所有广告媒介中是最高的，其制作费和播出费均十分昂贵。电视广告制作是综合性、集体性、艺术性合为一体的技术。电视广告制作技术含量高，工艺复杂，需要多工种配合。另外，电视广告的播出费用更是贵得惊人！美国黄金时间的每分钟广告费用高达几十万美元，一些中小企业是承担不起的。当然，能拿得出巨额经费用于做广告，是广告主经济实力的一种体现，对提高企业形象有积极的意义。但巨额广告费的支出，无形中也增加了消费者的负担。同时，电视广告的制作时间长，应变能力弱，不易更改。

（六）干扰因素多，广告到达率差

电视广告传播，受到的客观干扰和制约因素很多。有来自传播技术方面的，有来自受众收看方式、收视习惯方面的，也有来自电视广告制作水平方面的。电视广告有时经常被台标、片头、片尾字幕、公益广告以及六七个其他广告所包围，所有这些讯息，一同争夺着观众的注意力，因此，观众时常感到气愤、迷惑，往往把产品弄混。电视广告发布者应掌握充分的第一手材料，有针对性地处理电视广告的传播，尽量避免干扰因素的产生。

三、电视广告的定位

电视广告策划必须在准确的定位——市场定位、产品定位、品牌定位以及受众定位的前提条件下开展。电视广告策划是一项目的性和针对性非常强的工作。定位是一个心理接受范畴的概念，是承认顾客心中已有的对各种产品、品牌、市场、利益的知觉和印象的现实。在这种已有的知觉现实的基础上，寻求广告诉求的产品品牌的位置，目的是在潜在顾客心中获得有利的地位。

电视广告的定位主要包括三大内容和步骤：

第一，沟通客户，明确方向。

第二，市场调查，收集信息。

第三，受众分析，确定策略。

优秀的电视广告策划，都应有恰当而明确的定位。要表明产品最突出的特点、优点和用途，强化产品超凡脱俗、与众不同的关键点，进而赢得一个消费群。做到这一点，通常需要做好如下准备工作：

（1）以超前意识预测市场环境，特别要把握和准确推测与自己展开竞争的同类商品的市场占有情况。

（2）透彻地了解消费者群体的最新情况，判定自己的消费群，认真调查了解消费者对产品的要求，掌握各种人对产品的态度和使用产品的情况。

（3）考察产品的销售重点，主要包括特定的商品效益和独特的、唯一的、其他同类竞争商品从未采用过的诉求点。

（4）树立明确单一的定位思想，首先判定什么是最主要、最有可能成功的目标。对产品厂家来说，似乎产品各方面都重要，希望一并说清楚；但如果主次不分、详略不当的话,这个广告将一塌糊涂。

(5)表现商品的重要优点,而不是明显优点。电视广告不仅要表现商品一目了然的优美造型,更要强调和揭示商品不外露的重要特质。

(6)掌握最能促使人们产生购买欲望的承诺和保证。承诺是广告的灵魂,广告必须阐明产品能提供给消费者的实实在在的好处。

(7)收集人们谈论该项产品的言辞,以期用于电视广告的解说词中,增加亲切感和感召力。

(8)参阅同类产品的竞争性广告,避免雷同沿袭,力求胜其一等。

四、电视广告策划的工作程序

电视广告的策划工作分工很细,一般来说,广告公司只负责构思,制作公司负责拍摄,后期制作公司则负责后期剪辑、配乐、配音、计算机特技、动画等工作。

(一)构思

构思是广告公司创作人员的主要工作。一般而言,在接到客户服务部的新工作简报后,创作总监会指派文案与美术指导共同负责构思,并给予适当的创作指引。通常只有5—10天的工作时限让创作人员去构思点子。创作人员构思完毕,要与创作总监商讨。创作总监会凭经验给予指导、修改,可行的点子就会与客户服务部进行内部商讨,若发现有任何问题,就会再修改,或者重新构思。不过,见客户的时间通常会占据工作人员大量时间,因此构思的时间往往变得只有一两天,甚至一个晚上。

创意是电视广告有效的前提条件,也是电视广告策划与制作中的核心问题。创意是创造性思维的一种,它既具有创造性思维的一般特征,又具有自身的独特之处。广告创意原则的积累和提炼,是人类广告活动发展的体现。广告创意的原则,深刻地影响着广告人的创意思路和具体实践。在进行广告创意

时,我们通常会遵循以下几个基本原则:

1. 关联性

关联性是指广告创意必须与广告主或广告商品相关联,还必须和目标消费者的需求相关联,以取得树立品牌,促进销售的功效。

2. 广泛性

广泛性是指广告创意存在于广告活动的各个环节。从小的方面来说,广告创意体现在语言的妙用,画面的设计等方面;从大的方面来说,广告创意可以体现在战略战术的制定、媒体的选择搭配、广告的推出方式等广告活动的要素上。

3. 独特性

独特性就是要发前人所未发,言前人所未言,要超凡脱俗、标新立异。我们平常所说的独辟蹊径、打破常规、独具匠心等,都是指广告创意具有的独特性,即新观念、新设想、新理念。那么,如何才能做到独特与吸引人呢?这就得靠人们去思索、去探求、去比较。最根本的,就是要在突出主题的基础上,配以巧妙的衬托(画面、音效),去实现创新。

4. 形象性

既然我们所讲的广告创意是针对广告作品的创意,那么广告的创意就必须能使受众感知到形象化的点子,而不是抽象化的、概念化的点子。这一点特别重要,因为广告策划的意图,广告的主题最终是要靠广告作品来传播的,尤其是对于电视广告来讲,如果不能把广告的主题转化为视觉化与听觉化的符号,转化为活生生的形象化的语言,观众就无法理解与接受。这时候,任何抽象、美丽的概念都无济于事。广告艺术化作业阶段的难点,就在于广告创作者是否能利用自己的知识和才智,把广告主题的诉求转化为具体的视听形象。

5. 求异性

创意是关于创造的艺术，创造就要求新，但凡新奇的事物，总能毫无例外地吸引众人的目光。人们受好奇心的驱使，也往往会对新奇稀有的事物多加关注。创意需要不断地创造，不断地推陈出新。创意的生命时效很短，是不断变化的，并且是迅速变化的。要想不断地出奇出新，需要创业者具有多元的知识积累和果敢的创新魄力。创意不仅来源于产品和服务的专业背景、功能信息、市场资料等基础信息，同时，生活等经验与感悟永远是好创意产生的源泉。

6. 创新性

电视广告创意是一种创造性思维，一个完整的的广告运作包含着许多环节，每个环节都有创造性的课题，即使是执行某一个计划，也需要有创造精神。但这与我们所谈的广告创意有着极大的不同。我们知道，任何一项广告活动，都是由科学化和艺术化作业两大块内容构成的，这两大块内容分属于两个不同的阶段，也是艺术化作业的前提阶段。虽然这两大阶段的奋斗目标相同，但各阶段的具体任务却各不相同。在广告科学化作业阶段，创意者主要是运用科学化的手段，对有关市场进行调查研究，以量化及定性分析为基础，进行广告整体策划，确定广告目标，找出广告的目标对象，确定广告策略，并最终确定广告主题。而广告目标和主题确定之后，工作重点才转移到广告艺术作业阶段。如果说科学化作业阶段主要解决的任务是"对谁说"和"说什么"，以及"怎么说"的总体表现方针，那么艺术化作业阶段的主要任务就是如何运用艺术手段解决将广告主题转化为受众易于接受、乐于接受的活生生的广告作品的问题。

7. 灵活性

电视广告创意的外在形式及生产均没有固定的模式，这就是说电视广告创意的点子千变万化，没有固定的样式，其魅力也正在于此。好的创意都是不同的，其形成的方法也没有固定的模式，不能用复制的方法获得，而且往往不能通过冥思苦想来获得。

（二）阐述

从前，广告创作人员是不用到处跑的，阐述是客户服务部的工作。时至今日，创作人员大都逢会必到。因为，创意人员演绎自己的作品，大都比较得心应手，加上客户对创作人员一般都比较尊重，所以成功拿下广告的概率相对较高。创作人员要做好铺排，把构思变得更有策略，更要明白客户的需要。每个创作人员阐述广告创意的方式都不同，有的会像演戏般演绎，有的会用大量图画或视像参考材料，有的甚至会把构思剪辑或拍摄成广告片，让客户更易明白。

（三）报价

很多时候，由于制作费的预算太高，会令广告胎死腹中。制作预算包括三大部分：拍摄费，后期制作费及广告公司费用。拍摄费由广告复杂程度及导演级数而定，从十几万元至几百万元不等。后期制作费则包括剪辑、计算机效果、配乐、配音等。广告公司一般收取制作费的17.65%作为报酬。总体而言，最小型的制作约需三四十万元，中型的制作约七八十万元，过百万的是大制作。

（四）送检

从前审查是电视广播管理局的工作，如今已变为由电视台自行审查。若电视广告播放后，收到任何投诉，电视台将会被检控，甚至停牌。所以电视台审查广告都很苛刻。

（五）制作

电视广告的拍摄和剪辑是电视广告业务运作的重要环节，拍摄和剪辑水平的高低，直接影响着电视广告作品的质量。作为电视广告的创意人员，为了创作出高质量的广告作品，除了掌握一定的创意理论和创意方法之外，还应该熟悉电视广告的制作流程，了解电视广告的拍摄和剪辑过程，了解当前影视拍摄制作技术能够达到的效果，才能有针对性地提出可供拍摄的好创意。

1. 挑选广告片制作公司

电视广告制作的第一步就是挑选影视制作公司。挑选影片制作公司，是进入电视广告制作流程的首要步骤。制作公司挑选得正确与否，从根本上影响着电视广告的制作质量，也影响着电视广告制作的其他步骤。影响挑选制作公司的因素有：

（1）广告制作预算

挑选影视制作公司要量力而行，广告制作预算是影响挑选影视制作公司的最基本的要素。如果广告客户的实力较强，广告制作预算较高，则应该选择大型的专业影片制作公司、制片工作室等类型的制作公司。反之，如果广告客户实力不强，广告预算不高，则应该选择小型制作公司、地方电视台等收费调较低的制作公司。

（2）广告创意要求和创意风格

挑选制作公司之前，需要仔细地审阅创意脚本，研究广告的创意要求和创意风格。如果广告的情节设置或者画面表现需要质量非常高的图像效果，则需要选择胶片制作形式的广告制作公司，比如大型专业影片制作公司和制片工作室。如果广告的创意风格是追求真实、自然，要求真实地反映现实生活，就要选择小型的制作公司。

（3）商品的特点

如果商品本身非常精致，要让消费者体会到商品的特点，刺激消费者的购买欲望，就需要用精美的电视画面来呈现商品的外观，比如高档手表、钻石首饰、汽车、名牌服装等。有这种需求的商品广告，就应该选择拍摄技术高、专业性强的制作公司，如拥有摄影棚的大型专业影片制作公司。

（4）制作公司的风格和专长

不同的制作公司有不同的特点和专长，在挑选制作公司的时候，要充分考虑到这一点。如果制作公司的风格与电视广告的创意特点和风格能够吻合，则能够提升电视广告的拍摄质量和表现效果。

（5）制作公司的收费情况

制作公司的收费情况也是影响挑选制作公司的重要因素之一。在对制作公司的挑选过程中，面对两家拍摄实力相当的制作公司，应该挑出价格较低的那一家。

2. 搭建拍摄团队

电视广告制作的第二步是搭建拍摄团队。一旦制作公司已确定，下一步就需要根据电视广告的创意特点和制作需要来搭建拍摄团队。团队成员的素质将直接影响电视广告的拍摄质量，因此，需要对团队的每个成员进行仔细的考量和挑选。

（1）拍摄团队的成员数量

电视广告制作是一项专业分工非常细致的工作，因此，拍摄团队的每个成员都应是各自领域的行家里手，他们在整个摄制团队中彼此不可取代。电视广告作为商业影片，由于时长较短，又需要有比较强的吸引力，因此，电视广告的拍摄需要高素质的摄制团队。

（2）拍摄团队的人员构成及其职责

根据广告影片的拍摄需要，要搭建一个完整有效的拍摄团队，大致需要安排以下人员：

制片人。制片人是整个拍摄团队的管理核心。制片人的工作将贯穿整个拍摄任务的始末，主要有拍摄前的准备工作，包括筹备拍摄，安排财务预算，实地观看拍摄场地等；拍摄过程中联络拍摄团队成员，安排拍摄人员的饮食住宿等；拍摄结束之后核算拍摄费用，做好各项善后工作等。

导演。导演是整个拍摄工作的灵魂，主管整个拍摄工作，也是拍摄质量的主要责任承担者，因此，导演的工作决定着整个拍摄的成败。导演还参与演员挑选，指导演员拍摄，并指挥整个团队的拍摄工作。不同的导演有不同的工作方式，也有自身的拍摄风格，因此，要选择与广告影片风格相符的导演。

　　摄影师。广告影片的全部拍摄工作是由摄影师来承担的，摄影师工作质量的高低，将直接影响广告的画面效果。因此，摄影师在整个拍摄团队中也占有非常重要的地位。摄影师应该对其装备器材非常熟悉，知道什么样的拍摄方式能够获得什么样的画面效果。摄影师还要了解所有的灯光技巧，懂得利用摄影棚内及外景的灯光技术。同样，不同的摄影师也有自己的风格和擅长拍摄的领域，比如有的摄影师擅长拍摄人物，有的擅长拍摄雨中的场景，有的擅长拍摄静物，所以一定要选择适合广告风格的摄影师。

　　灯光师。灯光师又被称为"鱼叉人"，这是因为灯光师搬移灯光设备时，不是去攀登梯子，而是直接用一根长杆或者鱼叉来勾动和调整，因此获得了"鱼叉人"的称呼。要达到很好的画面效果，灯光师需要全力配合摄影师，听从摄影师对灯光调整的指令。灯光师负责拍摄现场的所有灯光设施，整个拍摄所需要的灯光搬移、架设、接通及对焦等都由灯光师负责，并且灯光师要随时调整各种会影响灯光强度的特别装置，如铁纱网、旗版、隔离网、一般网子或者网状物、遮光板等。由于拍摄时间有一定的限制，因此，灯光师还应该动作娴熟。

　　布景设计师。在广告的拍摄过程中，尤其是在摄影棚内进行拍摄时，有时需要为广告拍摄设计布景，这正是布景设计师的职责。布景设计师负责绘制各种背景幕布、现场布景及壁纸，有时也涉及一些标志和图样。

　　道具师。在广告影片的拍摄过程中，为了获得逼真的画面效果，需要准备相应的道具。道具师是广告拍摄团队中，按照导演指示或者摄影师的指示，寻找、制作和搬运摄影棚内或者外景地所需要的各种道具的人员。

　　化妆师。如果广告创意脚本里面出现了广告人物，拍摄团队中就需要有化妆师了。化妆师负责对广告模特的面部妆容和发型进行设计，这些工作有时由美容师和美发师分别完成，有时勉强合为一体，我们把这类工作人员统称为化妆师。化妆师的工作非常重要，对于一些化妆品、美发用品类的商品广告尤为重要。

服装师。如果广告情节中有人物演员进行表演，拍摄团队中就需要服装师了。服装师负责为演员挑选、设计、制作服装，并且在表演前负责对演员的所有行头进行熨烫和美化。对于那些对服装要求非常严格的广告，拍摄现场还需要有可以挂衣服和放置熨衣板及熨斗的空间，甚至还会有缝纫机、洗衣机和干衣机等设备。

场记。广告拍摄现场还需要有人专门监督拍摄时间和流程，这就需要用到场记了。场记的职责主要有两项：一是负责估算每个场景所需的拍摄时间，并把这个时间告诉导演，以方便导演安排每个镜头的取景和拍摄时间。如果某个场景实际拍摄时间超出了原定时间，场记负责提醒导演，否则会影响后面镜头的拍摄。二是负责监督不同镜头之间的连贯性。在拍摄过程中，创意脚本中的镜头顺序经常被打乱，因此，场记要监督连续镜头中的道具或演员的姿态动作是否因变换而失去连贯性和一致性。

录音人员。录音人员是指那些为广告拍摄收录音效的专业人员，一般包括录音师和吊杆控制员。录音师是专职收录镜头里所有按口型配音的对话的录音工程师；吊杆控制员则是通过控制一根长杆，把杆上的麦克风悬挂在演员上方来录音。为了避免不小心将头顶上的麦克风拍进画面，常用短波麦克风架在演员的衣服上来替代，然后把麦克风收录的声音以无线方式传输给录音设备。

广告演员。广告演员也是整个拍摄团队中的重要成员，负责广告影片的表演。需要特别指出的是，如果演员是儿童，还需要监护教育工作者。

（3）召开开拍前会议

开拍前会议，是指在电视广告正式拍摄前，召集相关人员举行的会议。召开开拍前会议是电视广告正式拍摄前的一项必要的工作。一次成功的开拍前会议是电视广告得以顺利拍摄的重要前提。

在会议召开之前，根据会议的主要议程内容，会议主办者应该为参加会议的人员准备相应的资料，比如电视广告创意说明和创意脚本、广告音乐和音效的录音带，备选演员的试镜录像带，棚里搭景的布景设计图，外景地的照片，拍摄分工明细表，与会人员的通讯录等。

（4）正式开拍

经过前期充分的准备，以及开拍前会议的探讨协商之后，按照拍摄进度表的安排，正式开拍日就到了。在正式开拍日，除了拍摄团队的各成员必须到达现场外，广告公司的创意代表、企业的代表也都应该到场。如果现场需要一些临时的决策，各方成员都可以参与讨论和协商。

为了顺利开机拍摄，参加拍摄的每个成员都要按照时间表准时到场，为第一个镜头的拍摄做好准备，培养情绪，进入状态。为了获取更好的拍摄效果，在拍摄的时候，要合理安排镜头拍摄的先后顺序。通常先拍摄复杂的、有难度的镜头。因为拍摄之初，拍摄团队成员的精力一般比较好。另外，有人物对话的镜头也往往会优先拍摄，可以趁着演员情绪、精力好的时候拍摄。

为了方便后期剪辑的需要，还需要在拍摄的空档拍摄一些演员的特写、产品的镜头、演员和产品的合影图片、环境的镜头等，以供后期剪辑时衔接镜头使用。

（5）后期剪辑

经过拍摄团队各成员的共同努力，电视广告的画面素材资料已经取得，下面就需要剪辑工作人员进行后期制作了。剪辑师会根据电视广告创意脚本的要求，对这些画面素材进行剪辑和配音。在后期剪辑过程中，还需要根据客户的要求和广告的创意表现要求，提供合适的数字剪辑特效，以进一步完善广告的表现效果。

项目实践

实践项目一

项目名称：电视广告的策划文案的撰写。

实践目的：了解电视广告的策划流程。

实训条件：多媒体视听教室、投影仪、网络。

实践要求：对节目具体内容、结构、形式等进行考虑。具体而言，包括根据选题确定具体内容，节目各部分的结构安排、表现手法、拍摄方法、剪辑风格，电视手段的运用等。

实训步骤：包括目的意义、节目内容、节目定位、节目形式、人员设置、时间进度、经费预算等。

项目实践结论：在写作策划案时，应做到简明扼要、形象生动、条理清晰、逻辑性强，具有可操作性。

实践项目二

项目名称：电视广告的拍摄制作。

实践目的：通过一部广告片的拍摄制作，使学生掌握电视广告制作的基本流程，同时检验广告策划方案的科学性和可行性。

实践要求：节目的拍摄制作应严格按照构思创作、现场录制、编辑混录等流程进行，节目组学生按照制片人、编导、摄像、主持人、嘉宾、后期编辑等岗位进行分工，共同完成一期节目的制作。

项目实践结论：要求作品具有完整性，从片头、节目内容、字幕及片尾一气呵成，能系统地体现节目策划的基本框架。

思考题

1. 什么是电视广告策划？

2. 电视广告创意的表现手法有哪些？

3. 选择一档你熟悉的广告进行阐述，并对该广告的主要创意表现手法进行评析。

4. 电视广告策划要掌握哪些创意原则？

5. 简述电视广告制作的流程。

参 考 文 献

一、著作

时间，乔艳琳.《实话实说》的实话［M］.上海：上海文化出版社，1999.

吴郁.主持人的语言艺术［M］.北京：北京广播学院出版社，1999.

斯克特.脱口秀：广播电视谈话节目的威力与影响［M］.苗棣，译.北京：新华出版社，1999.

阚兆江.相约夕阳红［M］.北京：中国大百科全书出版社，2001.

冯晨.子夜集［M］.长春：吉林人民出版社，2001.

杨晓凌.解码电视湘军［M］.北京：中国传媒大学出版社，2009.

崔保国.2009年：中国传媒产业发展报告［M］.北京：社会科学文献出版社，2009.

伯杰.眼见为实——视觉传播导论［M］.张蕊，韩秀荣，李广才，译.3版.南京：江苏美术出版社，2008.

国家广播电影电视总局发展改革研究中心.2006年中国广播影视发展报告［M］.北京：社会科学文献出版社，2006.

张海潮.中国电视节目分类体系［M］.北京：中国传媒大学出版社，2007.

胡智锋.电视审美文化论［M］.北京：中国传媒大学出版社，2004.

张国良，黄芝晓.全球信息化时代的华人传播研究：力量汇聚与学术创新［M］.上海：复旦大学出版社，2004.

波兹曼.娱乐至死［M］.章艳，译.桂林：广西师范大学出版社，2004.

刘智.新闻文化学［M］.北京：新华出版社，2001.

邵培仁，陈建洲.传播社会学［M］.南京：南京出版社，1994.

张国良，黄芝晓.全球信息化时代的华人传播研究：力量汇聚与学术创新［M］.上海：复旦大学出版社，2004.

韩青，郑蔚.电视生活服务节目新论［M］.北京：中国广播电视出版社，2005.

于烜.转向：中国电视生活服务节目之变迁［M］.北京：清华大学出版社，2013.

胡智锋.电视节目策划学［M］.上海：复旦大学出版社，2007.

王哲平.电视节目策划新论［M］.杭州：浙江大学出版社，2015.

何苏六.中国电视纪录片史论［M］.北京：中国传媒大学出版社，2005.

刘立群，傅宁.美国电视节目形态［M］.北京：中国传媒大学出版社，2008.

朱景和.纪录片创作［M］.北京：中国人民大学出版社，2002.

二、期刊论文

胡智峰，顾亚奇.《传奇故事》的成功之道［J］.中国广播电视学刊，2006（2）.

靳智伟.《传奇故事》与电视模式化运营［J］.中国广播电视学刊，2006（2）.

梁民.谈话节目主持人的必备素质［J］.声屏世界，2003（1）.

郭瑶.《中国好声音》节目特色分析［J］.传播力研究，2018（6）.

高红波.中国电视语态的变迁［J］.电视研究，2008（11）.

孙宝国.试论区域性电视元素的内涵与价值［J］.电视研究，2006（9）.

郭艳民.中国电视剧创作访鉴美国电视剧的方法及思考［J］.现代传播，2009（1）.

周星.《电影传奇》的四个传奇性特色［J］.电视研究，2004（7）.

孙林林，郭书.文字的力量［J］.新闻战线，2017（19）.

程云.电视生活服务类节目转型刍议——以中央电视台《生活早参考》为例［J］.电视研究，2011（11）.

沈慧萍.透析上海电视生活服务类节目［J］.新闻爱好者，2009（11）.

何苏六.纪录片的责任与影响力［J］.现代传播，2005（1）.

应启明.新世纪美英纪录片发展趋势与启示［J］.中国电视，2013（12）.

三、学位论文

柴延峰.中国公共辩论型电视谈话节目研究［D］.曲阜：曲阜师范大学，2010.

杨舒迪.《中国好声音》媒介融合传播策略研究［D］.昆明：云南大学，2017.

沈雅君.竞演类真人秀《声临其境》的传播研究［D］.长沙：湖南师范大学，2019.

孙艺真.文化循环视角下朗读类综艺节目大众化传播探析——以《见字如面》《朗读者》为例［D］.济南：山东大学，2019.

王欢.情感类电视谈话节目研究—以东方卫视《幸福魔方》为例［D］.合肥：安徽大学，2013.

王佳华.用"魔方智慧"寻找幸福之门—东方卫视幸福魔方栏目分析［D］.苏州：苏州

大学，2011.

　　徐旭.《非诚勿扰》节目持续性发展研究［D］.西安：西北大学，2015.

　　韩晓静.交换的空间 情感的故事［D］.开封：河南大学，2009.

　　向雨希.身份认同与现实焦虑：都市剧场《欢乐颂》的文化批判［D］.重庆：四川外国语大学，2017.

　　申雪洋.大众文化批判理论视野中的宫廷剧《甄嬛传》研究［D］.昆明：云南大学，2017.

四、报纸文章

　　奇言妙语"脱口秀"［N］.中华新闻报，2003-04-23.

　　仲呈祥，张应辉.传承与变异［N］.光明日报，2004-08-18.

　　佟彤.大将罗瑞卿的女儿罗点点——从急诊室走出的写作者［N］.北京晨报，2001-12-24.

　　潘昕."克隆剧"也看会抄不会抄，业内人士称无伤大雅［N］.新闻午报，2005-02-24.

　　任嫣.分段播出吊胃口《大宋提刑官》借鉴美剧［N］.北京娱乐信报，2005-06-03.

　　潘昕.《远东第一监狱》开播中国版《越狱》不和美剧对决［N］.新闻午报，2007-09-24.

　　仲呈祥，张应辉.传承变异［N］.光明日报，2004-08-18.

　　杨峭立.论传媒文化的精神品格［N］.光明日报，2005-04-11.

五、网络资源

　　中国电视娱乐节目形态的发展走向分析[EB/OL].（2010-11-21）[2021-08-23]. https：//wenku. baidu. com/view/291d0705cc175527072208e7. html.

后　记

　　本教材是在我主讲的精品课程"电视节目策划"的校本教材的基础上不断修订完善而成的，集结了我多年的教学实践经验。本教材的编写获得2019年度高校学科（专业）拔尖人才学术资助项目(gxbjZD62)资助，并入选中国传媒大学出版社广播影视类"十四五"规划应用型教材系列。

　　本教材的编写突出了职业教育的特点，充分考虑应用型院校生源的实际情况以及培养目标的要求，突破了传统的学科体系，每个教学单元以任务（项目）要求为依据整合基础知识，明确完成本项任务（项目）的基本技能目标；按照任务驱动的教学理念，每个教学单元设置了难易程度合理的工作任务（项目）作为实训内容；每个教学单元选择典型的案例来引导学生完成学习任务。

　　我主要完成了学习单元一、三、四、五、六这五个部分内容的编写，杨莉芳完成了学习单元二和学习单元七这两部分内容的编写，王子琳完成了学习单元八的编写。虽然我们来自三所学校，但拥有共同的职业理念与学术追求，对于本教材的写作持有统一的理念：确保理论适度有用，精心选择案例，强化职业技能和策划能力的培养，合理设置实训项目，突出策划岗位能力培养。

　　教材编写历经三年，六次修改，感谢责任编辑蒋倩、姜颖昳的辛苦付出，感谢学校给予的项目资助。在教材编写的过程中，笔者参考了大量国内外学者近年发表的论文、出版的著作和教材（详见参考文献），在此一并表示感谢。

许海潮

2022年3月29日